国家重点档案专项资金资助项目

抗日战争档案汇编

抗战时期江苏和南京地区人口伤亡及财产损失档案汇编 1 · 综合卷

江苏省档案馆 编

中華書局

图书在版编目（CIP）数据

抗战时期江苏和南京地区人口伤亡及财产损失档案汇编. 综合卷 / 江苏省档案馆编. －北京：中华书局，2023.12
（抗日战争档案汇编）
ISBN 978-7-101-16413-8

Ⅰ. 抗… Ⅱ. 江… Ⅲ. 抗日战争－损失－历史档案－汇编－江苏 Ⅳ. K265.063

中国国家版本馆CIP数据核字(2023)第214923号

书　　名	抗战时期江苏和南京地区人口伤亡及财产损失档案汇编·综合卷（全五册）
丛 书 名	抗日战争档案汇编
编　　者	江苏省档案馆
策划编辑	许旭虹
责任编辑	李晓燕
装帧设计	许丽娟
责任印制	管　斌
出版发行	中华书局 （北京市丰台区太平桥西里38号 100073） http://www.zhbc.com.cn E-mail:zhbc@zhbc.com.cn
图文制版	北京禾风雅艺文化发展有限公司
印　　刷	天津艺嘉印刷科技有限公司
版　　次	2023年12月第1版 2023年12月第1次印刷
规　　格	开本889×1194毫米 1/16 印张130¼
国际书号	ISBN 978-7-101-16413-8
定　　价	2000.00元

抗日战争档案汇编编纂出版工作组织机构

编纂出版工作领导小组

组　长　陆国强

副组长　王绍忠　付　华　魏洪涛　刘鲤生

刘玉峰　刘灿河　刘忠平　刘新华　汤俊峰　孙　敏
苏东亮　杜　梅　李宁波　李宗春　吴卫东　何素君
张　军　张明决　陈念芜　陈艳霞　卓兆水　岳文莉
郑惠姿　赵有宁　查全洁　施亚雄　祝　云　徐春阳
郭树峰　唐仁勇　唐润明　黄凤平　黄远良　黄菊艳
梅　佳　龚建海　常建宏　韩　林　程潜龙　焦东华
童　鹿　蔡纪万　谭荣鹏　黎富文

编纂委员会

主　任　陆国强

副主任　王绍忠

顾　问　杨冬权　李明华

成　员（按姓氏笔画为序排列）

于学蕴　于晓南　于晶霞　马忠魁　马俊凡　马振犊
王　放　王文铸　王建军　卢琼华　田洪文　田富祥
史晨鸣　代年云　白明标　白晓军　吉洪武　刘　钊

编纂出版工作领导小组办公室

主　任　常建宏

副主任　孙秋浦　石　勇

成　员（按姓氏笔画为序排列）

李　宁　沈　岚　贾　坤

江苏省抗日战争档案汇编编纂出版工作组织机构

编纂出版工作领导小组

组　长　顾　俊

副组长　陈万田　孙　敏　薛春刚　蔡宜军　赵　深　宫　琳

成　员（按姓氏笔画为序排列）

卜兴荣　孔爱萍　刘　峰　许思文　齐　华　陈海兵

陈永平　张曙峰　张士林　李长凯　金云江　金德海

康　岚

编纂委员会

主　任　顾　俊

副主任　薛春刚

成　员（按姓氏笔画为序排列）

王　沛　王道兴　冯晓群　朱　庆　朱　莉　陆卫东

周云峰　周建华　赵弘迈　赵志俊　贾　莉　袁　光

钱耀明　秦　岭　盛　铁　蔡世源　蔡　和　蔡炜斌

潘　莺　薛同武

编纂出版工作领导小组办公室

主　任　周云峰

副主任　朱芳芳

成　员　卢　珊　范小燕

总序

为深入贯彻落实习近平总书记「让历史说话，用史实发言，深入开展中国人民抗日战争研究」的重要指示精神，国家档案局根据《全国档案事业发展「十三五」规划纲要》和《「十三五」时期国家重点档案保护与开发工作总体规划》的有关安排，决定全面系统地整理全国各级综合档案馆馆藏抗战档案，编纂出版《抗日战争档案汇编》（以下简称《汇编》）。

中国人民抗日战争是近代以来中国反抗外敌入侵第一次取得完全胜利的民族解放战争，开辟了中华民族伟大复兴的光明前景。这一伟大胜利，也是中国人民为世界反法西斯战争胜利、维护世界和平作出的重大贡献。加强中国人民抗日战争研究，具有重要的历史意义和现实意义。

全国各级档案馆保存的抗战档案，数量众多，内容丰富，全面记录了中国人民抗日战争的艰辛历程，是研究抗战历史的珍贵史料。一直以来，全国各级档案馆十分重视抗战档案的开发利用，陆续出版公布了一大批抗战档案，对揭露日本帝国主义侵华罪行，讴歌中华儿女勠力同心、不屈不挠抗击侵略的伟大壮举，弘扬伟大的抗战精神，引导正确的历史认知，发挥了积极作用。特别是国家档案局组织有关方面共同努力和积极推动，「南京大屠杀档案」被联合国教科文组织评选为「世界记忆遗产」，列入《世界记忆名录》，捍卫了历史真相，在国际上产生了广泛而深远的影响。

全国各级档案馆馆藏抗战档案开发利用工作虽然取得了一定的成果，但是，在档案信息资源开发的系统性和深入性方面仍显不足。正如习近平总书记所指出的：「同中国人民抗日战争的历史地位和历史意义相比，同这场战争对中华民族和世界的影响相比，我们的抗战研究还远远不够，要继续进行深入系统的研究。」「抗战研究要深入，就要更多通过档案、资料、事实、当事人证词等各种人证、物证来说话。要加强资料收集和整理这一基础性工作，全面整理我国各地抗战档案、照片、资料、实物等……」

国家档案局组织编纂《汇编》，对全国各级档案馆馆藏抗战档案进行深入系统地开发，是档案部门贯彻落实习近平总书记重要指示精神，推动深入开展中国人民抗日战争研究的一项重要举措。本书的编纂力图准确把握中国人民抗日战争的历史进程、主流和本质，用详实的档案全面反映一九三一年九一八事变后十四年抗战的全过程，反映中国共产党在抗日战争中的中流砥柱作用以及中国人民抗日战争在世界反法西斯战争中的重要地位，反映国共两党「兄弟阋于墙，外御其侮」进行合作抗战、共同捍卫民族尊严的历史，反映各民族、各阶层及海外华侨共同参与抗战的壮举，展现中国人民抗日战争的伟大意义，以历史档案揭露日本侵华暴行，揭示日本军国主义反人类、反和平的实质。

编纂《汇编》是一项浩繁而艰巨的系统工程。为保证这项工作的有序推进，国家档案局制订了总体规划和详细的实施方案，明确了指导思想、工作步骤和编纂要求。为保证编纂成果的科学性、准确性和严肃性，国家档案局组织专家对选题进行全面论证，对编纂成果进行严格审核。

各级档案馆高度重视并积极参与到《汇编》工作之中，通过全面清理馆藏抗战档案，将政治、军事、外交、经济、文化、宣传、教育等多个领域涉及抗战的内容列入选材范围。入选档案包括公文、电报、传单、文告、日记、照片、图表等多种类型。在编纂过程中，坚持实事求是的原则和科学严谨的态度，对所收录的每一件档案都仔细鉴定、甄别与考证，维护档案文献的真实性，彰显档案文献的权威性。同时，以《汇编》编纂工作为契机，以项目谋发展，用实干育人才，带动国家重点档案保护与开发，夯实档案馆基础业务，提高档案人员的业务水平，促进档案馆各项事业的发展。

守护历史，传承文明，是档案部门的重要责任。我们相信，编纂出版《汇编》，对于记录抗战历史，弘扬抗战精神，发挥档案留史存鉴、资政育人的作用，更好地服务于新时代中国特色社会主义文化建设，都具有极其重要的意义。

抗日战争档案汇编编纂委员会

编辑说明

在日本帝国主义发动的侵华战争中，江苏是遭受损失最为严重的省份之一。九一八事变后，江苏就开始遭受日本帝国主义的侵害。一·二八淞沪抗战时，苏州太仓等地遭到日军炮击，造成人口伤亡和财产损失。一九三七年日军占领上海，旋即分兵两路进犯江苏，十二月十三日南京失陷，至一九四〇年整个苏北地区相继失陷，江苏境内大部分地区在日军铁蹄的蹂躏之下。日军侵占江苏期间，肆意杀戮平民，残酷蹂躏妇女，疯狂掠夺财产，毁坏侵占文物，造成江苏重大的人口伤亡和财产损失。作为手工业发祥地之一，一九三二年时就拥有四千六百余家工业企业、近十一万名产业工人的江苏，许多重要的工业设施被焚毁劫掠殆尽，商业、金融、交通、邮电、文教等均损失惨重，成为江苏历史上遭受外侮时间最长、程度最重的灾难，严重影响了江苏经济和社会的发展。

抗战期间和抗战胜利后，国民政府和江苏省、南京市等各级政府及机构，陆续开展战时损失调查与统计工作，形成的人口伤亡及财产损失调查档案直接反映了日军在江苏所犯的累累罪行。其中，人口伤亡调查档案记录了因日、伪军实施轰炸、烧、杀、强奸等各种残暴行径造成的伤亡及失踪人口情况，还记录了被俘被捕以及劳工、灾民中的伤亡和失踪人口情况。财产损失调查档案则记录了国民政府和江苏部分机关、团体、单位及各行各业、居民个人在日军侵华期间所遭受的种种公私财产损失。这些调查所形成的档案文件，其总量有多少已很难探究，但据我们排查情况来看，有为数不等的此类档案保存于江苏省各级国家综合档案馆。从这些档案中能够看出，日军的轰炸、焚烧、抢劫、掠夺等暴行给江苏人民造成了重大的人口伤亡，给江苏社会和居民财产造成了巨大的损失。根据二〇一四年江苏省抗日战争期间人口伤亡和财产损失调研工作不完全统计，日本侵略给江苏造成的可计算的财产损失总数近七百四十六亿元（一九三七年法币），之所以说这是一个不完全统计数据，很主要的原因是所依据的保存至今的档案，仅仅涵盖了全省部分地方和行业、单位，因而这个数字肯定要远远小于实际财产损失数。

为深入系统开发江苏省各级国家综合档案馆馆藏的抗战损失档案资源，充分揭露日本侵华暴行，自二〇一六年起，在国家档案局的统一领导下，江苏省档案局、档案馆组织江苏省、南京市、常州市、苏州市、南通市、镇江市等各级国家综合档案馆，甄选、整合馆藏民国时期江苏和南京地区开展战时损失调查与统计工作档案七百余组（件），编纂出版了《抗战时期江苏和南京地区人口伤亡及财产损失档案汇编》丛书。丛书共十九册，第一至五册为综合卷，第六册为南京卷，第七至十三册为常州卷，第十四册为苏州卷，第十五册为南通卷，第十六至十八册为镇江卷，第十九册为其他地区卷。

丛书所称的江苏和南京地区，涵盖了今天的江苏省全部、安徽萧县和上海部分地区。因从民国时期至今，包括江苏省在内的各地行政区划及称谓已经发生了重大变化。如，今江苏省省会南京市，在抗战时期为中华民国首都，并不属于江苏省。一九二七年国民政府定都南京后，析置江苏省江宁县设立南京特别市，直隶于国民政府行政院，直至一九五二年九月，南京与苏南、苏北行政区合并成立江苏省，十一月南京改为省辖市。同样，国民政府析置江苏省上海县、宝山县设立上海特别市，今上海地区的上海、嘉定、宝山、松江、川沙、青浦、南汇、奉贤、金山、崇明等十县仍隶属江苏省，直至一九五八年才先后划入上海市。另外，今位于苏、鲁、豫、皖四省交界处的安徽萧县，民国时期至中华人民共和国初期属于江苏省铜山专区（铜山今属徐州）分管，一九五五年四月才由江苏省划归安徽省。为了体现抗战时期民国行政区划原貌，保持江苏省各级国家综合档案馆馆藏人口伤亡及财产损失档案的完整性，并方便有关专家学者查阅参考，本丛书不仅收录了民国时期江苏地区、南京地区相关档案，还保留了民国时期属于江苏的今上海地区各县及安徽萧县相关档案，编入其他地区卷。除综合卷外，各地区卷中所涉及的地市名称，以江苏省各地现行区划名称为准，如苏州卷、常州卷等。

综合卷共五册，内容均选自江苏省档案馆馆藏，形成时间起自一九四〇年十一月，迄至一九四八年七月。共分为六个部分，分别是：战时损失调查的组织与开展、金融业战时损失调查、农林工商业战时损失调查、交通业战时损失调查、教育业战时损失调查、其他战时损失调查。

南京卷一册，内容多数选自南京市档案馆馆藏，形成时间起自一九三七年八月，迄至一九四八年五月。共分为四个部分：南京市市政机构战时损失调查、南京市各区及乡镇战时损失调查、金融工商业战时损失调查、个人战时损失调查。

常州卷共七册，内容选自江苏省档案馆、常州市档案馆、溧阳市档案馆、金坛区档案馆馆藏，形成时间起自一九四五年，迄至一九四八年七月。共分为三部分：武进县战时损失调查、金坛县战时损失调查、溧阳县战时损失调查。

苏州卷一册，内容主要选自苏州市档案馆、吴江区档案馆、常熟市档案馆、昆山市档案馆馆藏，形成时间起自一九三八年，迄至一九四八年七月。共分为四部分：吴县战时损失调查、昆山县战时损失调查、吴江县战时损失调查、常熟县战时损失调查。

南通卷一册，内容主要选自南通市档案馆馆藏，形成时间起自一九三八年，迄至一九四八年九月。共分为四部分：战时损失调查的组织与开展，各地被灾损失调查，人民团体机关企业战时损失调查，居民个人战时损失调查。

镇江卷共三册，内容选自句容市档案馆、丹阳市档案馆馆藏，形成时间起自一九四五年九月，迄至一九四九年四月，共分为两部分：句容县战时损失调查、丹阳县战时损失调查。

其他地区卷一册，内容均选自江苏省档案馆馆藏，形成时间起自一九四五年十一月，迄至一九四八年三月。共分为五部分：无锡地区战时损失调查、上海地区战时损失调查、徐州地区战时损失调查、连云港地区战时损失调查和其他地区战时损失调查。

本丛书选用档案均为馆藏原件全文影印。档案中原标题完整或基本符合要求的使用原标题，原标题有明显缺陷的进行了修改或重拟，无标题的加拟标题。标题中机构名称使用机构全称或规范简称。档案成文时间一律采用公元纪年，以落款时间或封发时间为准。部分档案无封发时间的，以收文时间为准。档案所载时间不完整或不准确的，作了补充或订正。对于无法考订准确时间的档案，只有年份、月份而没有日期的排在该月末，只有年份的排在该年末。

本丛书使用规范的简化字。对标题中人名、历史地名、机构名称中出现的繁体字、错别字等，予以径改。限于篇幅，本丛书不作注释。

由于时间紧，档案公布量大，编者水平有限，在编辑过程中可能存在疏漏之处，欢迎斧正。

编　者

二〇二三年八月

综合卷总目录

财政厅第四科、江苏省农民银行总行关于报送战时损失事的往来公文

三、农林工商业战时损失调查

（一）农业损失

（二）工商业损失

（三）货物税收损失

综合卷第二册

（二）各机关战时迁移、防空及其他（间接）损失

综合卷第三册

（三）江苏省教育厅及所属各单位人口伤亡及私人战时财产损失调查

综合卷第四册

综合卷第五册

五、教育业战时损失调查（续）

（八）镇江教育系统财产损失调查

本册目录

三、农林工商业战时损失调查

（一）农业损失

（二）工商业损失

一、战时损失调查的组织与开展

重庆市社会局关于调查抗战公私损失事的训令（一九四〇年十一月七日）

公私抗戰損失報告表以憑彙報由

市社會局訓令　字第三二〇四號

令

十一、十四

第二〇六号

案奉

教育部二六一五一號訓令內開：

「案奉

行政院本年十月二日呂字第一一九六四號訓令內開：

『查調查抗戰公私損失前經本院制定表式二十九種及查報須知於本年七月一日以呂字第七四三四號訓令通飭遵照辦理並飭將二十八年六月底以前損失於一個月內追查補報在案現在限期已逾尚未據查報到院合行令仰遵照前令迅將二十八年六月底以前損失分次追查明確填表補報以後每遇有損失務

須即時查報並轉飭所屬一體遵照此令。」等因，奉此，查此
案前於奉令後當經本部於八月間以第二〇六二三號訓令
轉飭遵照辦理在案，茲奉前因，合行令仰迅遵前令辦理
具報，並轉飭所屬一律遵照辦理。此令。」
等因，奉此，查此案本局曾以社三字第一二四四號訓令轉飭遵照
辦理在案，為時已久，各該校館遵令呈覆者固多，迄今未報者亦
不在少，奉令前因，合再檢同財產損失報單式樣一紙，令仰該
迅予依式填報，以憑彙報，萬勿延誤為要！二二
此令。

中華民國二十八年十一月　日

局長戴經塵

中華民國廿八年十一月七日 送交

通知本務處調查填報

十一、十六、

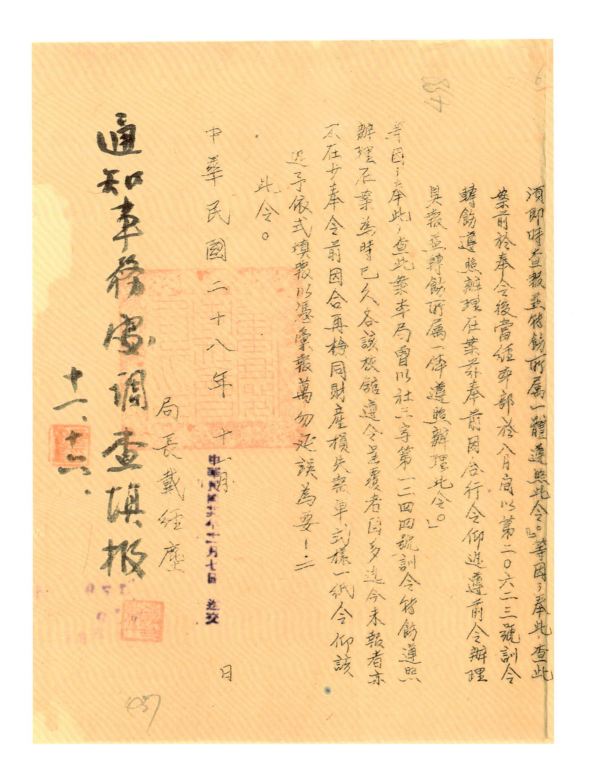

江苏省政府关于修正抗战损失查报须知事致江南行署的训令（一九四一年十月十六日）

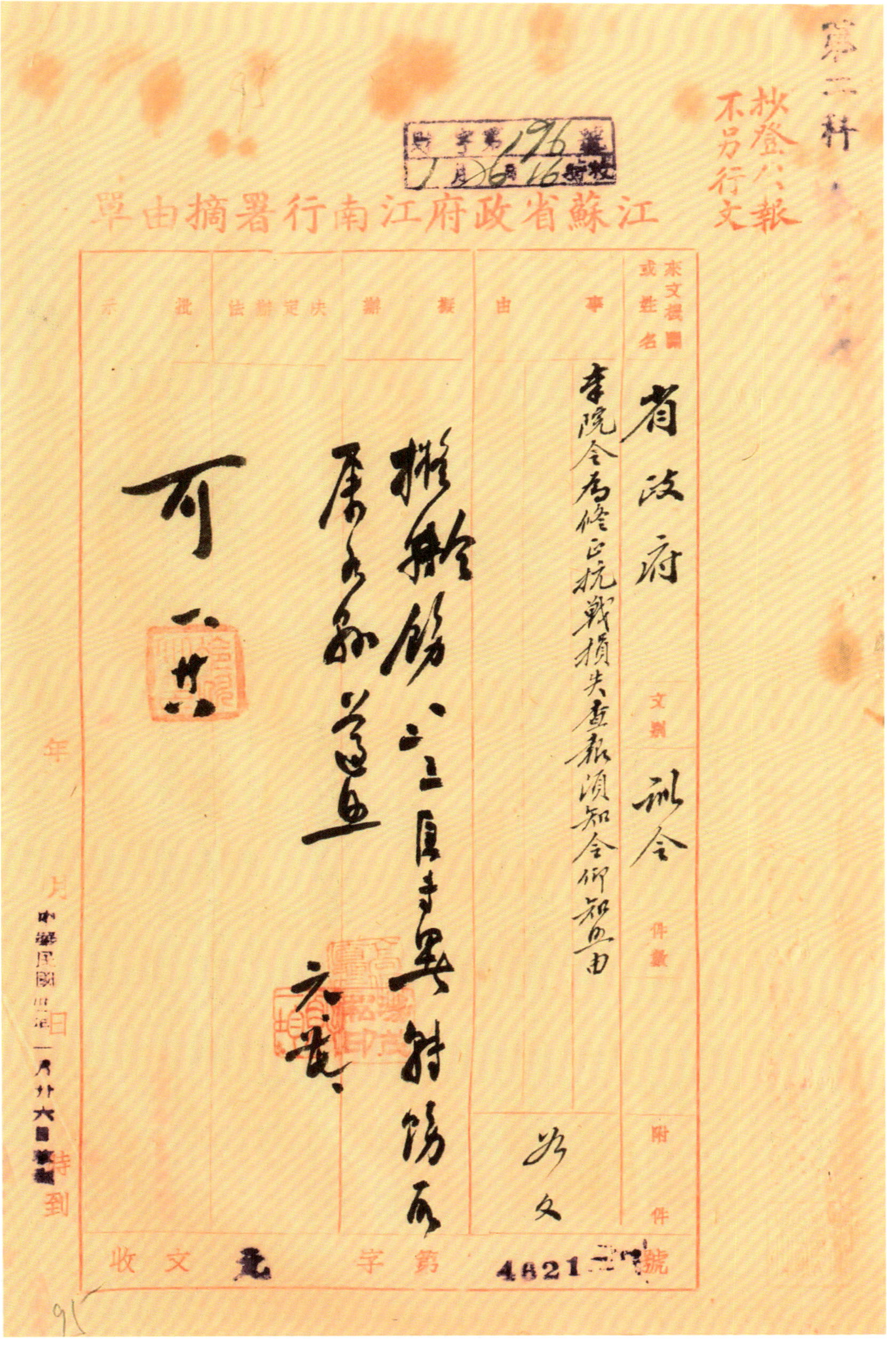
第二科

抄登公報
不另行文

第196號

江蘇省政府江南行署摘由單

來文機關或姓名	事由	擬辦	決定辦法	批示
省政府	奉院令為修正抗戰損失查報須知令仰知照由			可
文別：訓令				
件數				
附件：照文				

中華民國卅年十一月廿六日 時到

收文 字第 4821 號

第二件

江蘇省政府訓令

（事由）奉院令為修正抗戰損失查報須知令仰遵照由

淮秘字第一二六五號

中華民國三十六年十月十六日

令江南行署

案奉

行政院本年七月十九日第八三五七號訓令開：

「查關於抗戰損失查報之資料係由主計處負責審核彙編，當二十八年本院行知所屬各機關造具此項抗戰損失報表時，曾頒訂「抗戰損失查報須知」通飭如式呈院，然後由院送主計處。對於所送資料有須指正者，亦即函由本院轉令各原報機關予更正後仍呈由本院照轉。茲為節省報轉郵遞手續起見，仰以後將抗戰損失資料逕送主計處，原頒「抗戰損失查報須知」之呈院一節字句即改為送國民政府主計處〻等字據此，合行檢發修正抗戰損失查報須知一份，令仰遵照，並轉飭所屬遵照〻等因〻附修正抗戰損失查報須知一份，奉此，除分行外，合行抄發原件〻令仰遵照，並飭屬遵照〻！

此令。

附抄發修正抗戰損失查報須知一份

主席　韓德勤

97

附：修正抗战损失查报须知

修正抗戰損失查報須知

一、人口傷亡查報方法　人口傷亡除傷亡將士由軍政部督同各部隊調查外，概由各市縣政府每遇敵軍攻擊或遇敵機轟炸後即派員督同該管警察及保甲長依照行政院頒發人口傷亡調查表式（表式1）逐户調查據實填載，報由市縣政府於同一關係事件人口傷亡查齊後填列人口傷亡彙報表（表式2）連同調查表送國民政府主計處並另繕彙報表一份呈送該管省政府備查。

二、公私財產直接損失之分類　公私財產之直接損失除關於軍事方面者統由軍政部督飭所屬機關部隊查報外，約分左列各類：

1. 中央直轄機關及其所屬機關之損失
2. 國立學校及私立專科以上學校之損失
3. 國營事業之損失

4、省市政府及所屬機關之損失
5、省或市立學校及私立中等學校之損失、
6、省或市營事業之損失。
7、縣市政府及所屬機關之損失。
8、縣或市立學校及區坊鄉鎮立小學私立小學之損失。
9、縣或市營事業之損失。
10、民營事業之損失。
11、人民團体之損失。
12、住户之損失。

三、財產直接損失查報方法：

1、第一條(1)(2)(3)各款之損失由各該機關學校或事業之主辦人員於遇敵軍攻擊或遭敵機轟炸如財產受有損失即於事發生後三日內填具財產損失報告單（表式3）報告主管部會由該部會於關係同一事件之報告單收齊後分別填列彙報（表式4至18）（但如有官商合辦事業遭受損失其商股名下應攤損失數目應另列一表彙報私立專科以上學校損失亦應與國立學校損失分別彙報以免公私混淆）連同原單送主計處如該部會本身受有損失亦應填具財產損失報告單隨同該部會及所屬機關財產直接損失彙報表送處。

2、第三條（4）（5）（6）各款之損失由於該機關學校或事業之主辦人員每遇敵軍攻擊或遭敵機轟炸如財產受有損失即於事變發生後三日內填具財產損失報告單（表式3）報告該管省市政府由省市政府於關係同一事件之報告單收齊後分別填列彙報表（表式4至18）（但如有官商合辦事業遭受損失其商股名下應攤損失數目應另列表彙報私立中等學校損失亦應與省市立學校損失分別彙報以免公私混淆）連同原單送主計處。如該省市政府本身受有損失，亦應填具財產損失報告單，隨同該省市政府及所屬機關財產直接損失彙報表送處。

三、第二條(7)(8)(9)各款之損失，由各該機關學校或事業之主辦人員，每遇敵軍攻擊或遭敵機轟炸，如財產受有損失，於事變發生後三日內即填具財產損失報告單（表式3），報告市縣政府，由縣市政府於關係同一事件之報告單收齊後，分別填列彙報表（表式11至18）。但如有官商合辦事業遭受損失，其商股名下應攤損失數目，應另列一表彙報。私立學校損失亦應與縣市立學校及區、鄉鎮小學損失分別彙報，以免公私混淆，連同原單送主計處，並另繕彙報表呈送該管省政府備查。如該縣市政府本身受有損失，亦應填具財產損失報告單，連同該縣市政府及所屬機關財產直接損失彙報表送處。

四、第二條(10)(11)(12)各款之損失，由各縣市政府每遇敵軍攻擊或遭敵機轟炸後，即派員前往出事地點督同該管警察保甲長及農工商會等團体令受損失之人民或人民團体於限內據實填具財產損失報告單（表式3）交由該管保甲長或所屬團体加章轉報縣市政府（如不能覓得物主時可由鄰居同業或保甲長代為填報）由縣市政府於閱係同（單件）及報告單收齊後分別填列彙報表（表式5及6）連同原單送主計處並另繕彙報表（份呈送該管省政府備查。但銀行業之損失得報由銀行公會連同原單逕報財政部填列彙報表送處，惟須與國家銀行損失分別彙報，以免公私混淆。

公、官商合辦之事業，其官股如原由國庫支出則視為國營事業，其損失逕報主管部會；其官股如為省款或市縣款，則視為省營或市縣營業事其損失報告省或市縣政府。但各項附設官股商股成份，該部會或該省市縣政府於彙報損失時對於此種官商合辦事業應將其各項損失

數目按照官商股成份攤與官股應攤損失填入國營或省市
而將商股應攤損失填入民營事業財產損失分類報表內
縣營事業財產損失分類報表內以示區別

四、佈告人民報告損失　各地方人口傷亡及私有財產損失除由縣市政府於事件發生後依照(一)(三)兩條辦法調查外並當於事前佈告人民遇有上項損失可即向該管保長或所屬職工商会等團体報告以期週密

五、追查補報　除自二十八年七月一日以後各地方每遇敵軍攻擊或遭敵機轟炸所有傷亡人口及公私財產所受之直接損失應由各部会及各省市縣政府督飭所屬依(一)(三)兩條之規定於事變發生後即行查報外其自抗戰發生之日起至二十八年六月底止歷次傷亡之人口及公私財產所受之直接損失則應由各部会及各省市縣政府督飭所屬限於奉到此項須知後一個月內追查明確仍依

(一)(三)兩条之規定分次填具单表補報

其地方現已淪陷者應由各部会及各省市政府飭令撤退之機關學校事業之原主辦人員及縣政府臨時辦事處負責辦理追查補報事宜（淪陷區域人口傷亡及公私財產損失亦只就爲敵人殺傷之人口及所破壞掠奪之財產查報並非將敵人佔領區内之人口財產全數列作損失

六、間接損失之分類　公私財產間接損失只查報左列五類

1、稅收之減少

2、振濟費之支出

3、各机關各學校費用之增加

4、各種營業可能生產額暨可獲純利額之減少及其費用之增加

5、傷亡人口之醫葯埋葬等費

154

七、間接損失查報方法　前條各類間接損失均限於奉到此項須知後一個月内先將二十六年下半年份及二十七年份損失數目查報以後如戰事延長每年報告一次報告表限於次年一月内送出其查報方法如左

1、關於國稅及省市縣稅收之損失應分別由財政部及各省市縣政府於每年年終依據以往稅收之情形及其趨勢估計本年可能收數并查明實收數求出損失數列表（表式廿四）送主計處縣市政府則應另繕一份呈送該管省政府備查

2、關於因抗戰支出之振濟費無論係由國庫支出或由省市縣政府籌撥或由國内外人民或團体捐募統由振濟委員會於每年年終查明實數列表（表式廿五）送處

3、關於各機關及學校因抗戰增加之支出如遷移費防空設備費疏

散費救济費撫卹費等應由各該機関学校之主辦人員於每年年終将实在支出数目列表（表式〤6）分别報告主管部会及各省市縣政府（各部会直属機関國立学校及私立專科以上学校報告主管部会省属機関省立学校及私立中等学校報告省政府市或縣属機関市或縣立学校區坊鄉鎮小学及私立小学報告市或縣政府）該部会及該省縣市政府於收齊所属機関学校表報後並加入本機関間接損失彙列總表（表〤6一）但私立学校之損失應與國有市縣立学校之損失分别列表以别公私）送處縣市政府則應另繕一份呈送該管省政府備查

4、各種營業（所能生產額暨可獲純利額之減少）國營者應由該事業之主辦人員於每年年終依後列計算方法覈实估計並查明因抗戰增加之費用（限於拆遷費防空費救济費撫卹費四項）列（表式〤7）報告主

五

管部会彙列總表（表式又5）送處省市營者則報由省市政府彙列總表（表式又7）送處縣市營者則報由縣市政府彙列總表（表式又7）二份以一份送處以一份呈送該管省政府備查民營者則由農工商会等團体於每年了終調查估計列表（表式又8）報由市縣政府彙列總表（表式又7）二份以一份送處以一份呈送該管省政府備查官商合辦事業间接損失仍照（三）（五）款所定辦法查報可能生產減少之計算方法如左

可能生產減少＝戰前三年生產額平均數（如無三年數字則兩年一年均可）－本年實際生產額

生產在戰前有長期增或減之趨勢者用下式

可能生產減少＝依照趨勢推測之本年可能生產額－本年實際生產額

可獲純利減少計算方法

107

營業在戰前獲利而本年獲利較少者用下式

營業進款淨數或營業虧損淨數＝營業進款與營業用款之差

1.可能純利減少＝戰前三年營業進款淨數平均數（如無三年數字一年亦可，如進款淨數有長期增減之趨勢須依照趨勢推算本年營業進款可能淨數）－本年實際營業進款淨數

營業在戰前獲利而本年虧損者用下式

2.可能純利減少＝戰前三年營業進款淨數平均數（如無三年數字一年亦可，如進款淨數有長期增減之趨勢須依照趨勢推算本年營業進款可能淨數）＋本年營業虧損淨數

營業在戰前虧損而本年虧損更多者用下式

3.可能純利減少＝本年營業虧損淨數－戰前三年營業虧損淨數平均數（如無三年數字一年亦可，如虧損淨數有長期增減之趨勢須依照趨勢推算本年營業虧損可能淨數）

八、盟旗地方損失之查報　蒙古各盟旗地方人口傷亡及公私財產直接間接損失由蒙藏委員會仿照以上各條辦法制定表式令飭各盟旗長官查報

158

九、旅日華僑損失之查報　旅日華僑因抗戰遭受之損失由僑務委員会制定表式委託僑團調查填報

十、土地淪陷克復之登記　某地淪陷後應由該管縣或市政府立時將淪陷日期地名面積（方公里數）及經過情形報告省政府記入表內（表式乙）直轄市之土地淪陷則自行記入同式表內某地克復後亦應由縣或市政府將克復日期地名面積（方公里數）克復經過情形及淪陷區內被敵人窃發資源種類數量及估值（此處所謂資源係指各地方尚未開採且未設定礦業權之礦業而言如已設定礦業權之礦產於淪陷期內被敵佔據開採則應歸入國省市縣營或民營事業礦業部份之損失查報）報告省政府記入同一表內直轄市之土地克復則自行記入均每屆半年照抄一份送主計處仍先將二十八年六月底以前情形於奉到此項須知後一月內追查補報

109

十一、價值之計算及其單位　物品損失價值均依照購置時之價值折
实計算及其單位為國幣一元

十二、查報各表紙幅　表格紙幅一律長二八公分濶二〇、五公分

110

重庆市社会局关于造报战时遭受损失事致江苏省立旅川临时中学的训令（一九四二年七月）

22

归防空卷

重庆市社会局训令　社九三字第　号

民国三十一年七月　日

№5200

事由　奉教育部令饬造报遭受抗战损失一案令仰遵照由

令江苏省立旅川临时中学

案奉

教育部统字第八六四八公号训令开：

"案奉行政院本年五月四日顺统字第[illegible]号训令内开：

'查抗战损失之查报极关重要，早经本院制发抗战损失查报须知及应用表式令饬自二十六年度勤抗戰時起切實查填送數國民政府主計處在寧遷渝為機關遷四查損者因多其未報致損不全者亦復不少合再令飭注意檢查凡以前未報部份概應趕速補報將來如有損失更應隨時查報不得缺漏延遲報國民政府主計處仰飭切實遵照並飭屬遵照為要此令等因奉此自應遵辦為轉飭校過去遭受抗戰損失尚未造報齊金額並仰剋速補報嗣後如有損失亦應按照規定隨時呈報以憑核辦除分令外合行令仰遵照辦理並轉飭所屬一律遵照辦理

等因奉此自應遵辦除分令外合行令仰遵照辦理

此令

局長 □華國

二、金融业战时损失调查

（一）江苏省农民银行

江苏省农民银行总行关于汇报战时损失事致财政部的代电（一九四五年八月二十八日）

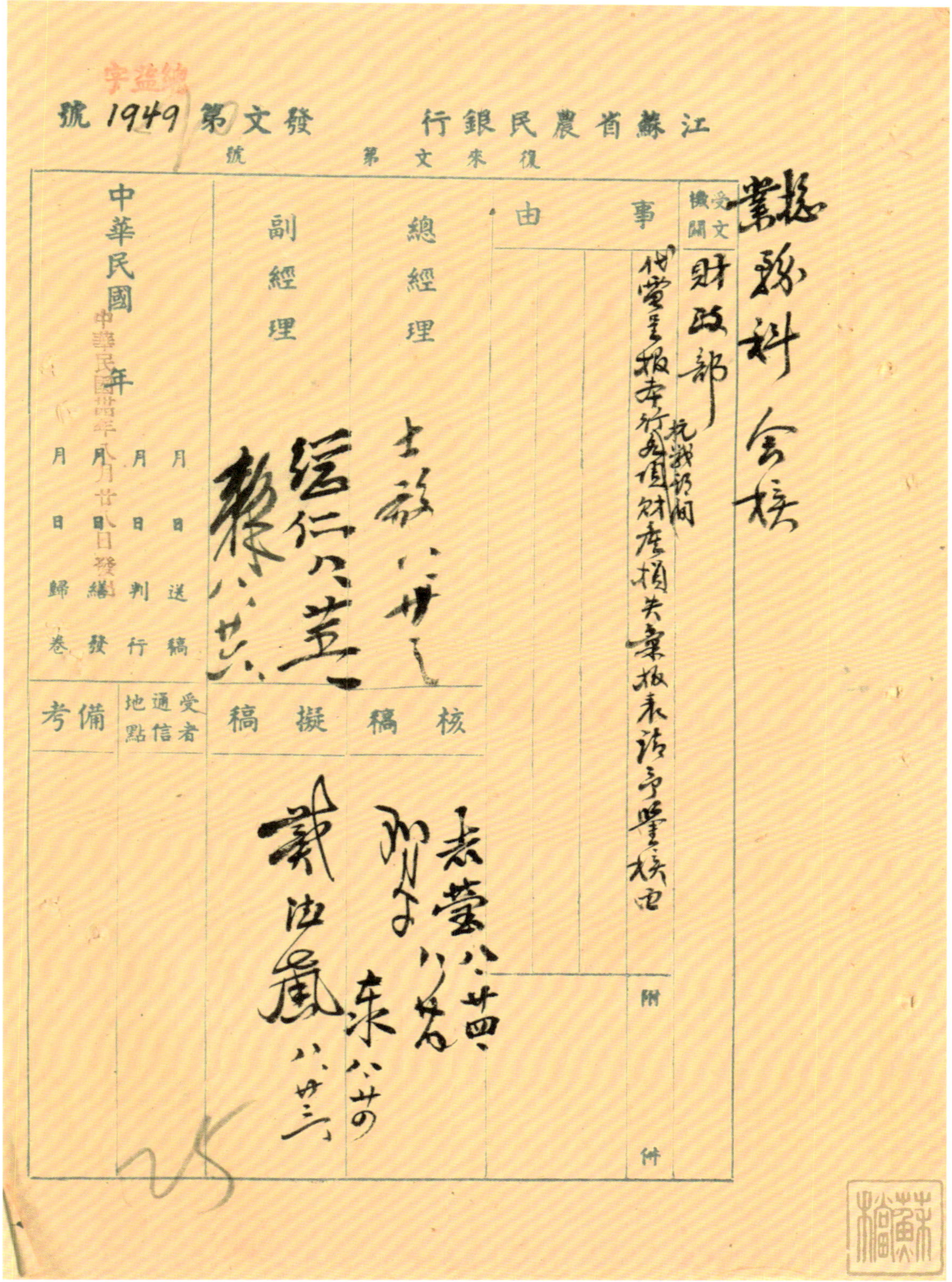

江蘇省農民銀行 發文第1949號

復來文第　號

受文機關：財政部

總務科會核

事由：代電呈報本行抗戰期間直接財產損失彙報表請予彙核由

總經理

副經理

核稿

擬稿

中華民國卅四年八月廿八日發

送稿　月　日

判行　月　日

繕發　月　日

歸卷　月　日

受者通信地點

備考

附件

財政部鈞鑒：奉11855錢丁116817代電飭將抗戰以來所受戰事損失切實詳查具報等因自應遵辦茲特具本行抗戰期間各項財產損失彙報表一份（計一頁）理合隨電賫呈敬祈鑒核備查江蘇省農民銀行總行未儉

附表一份

26

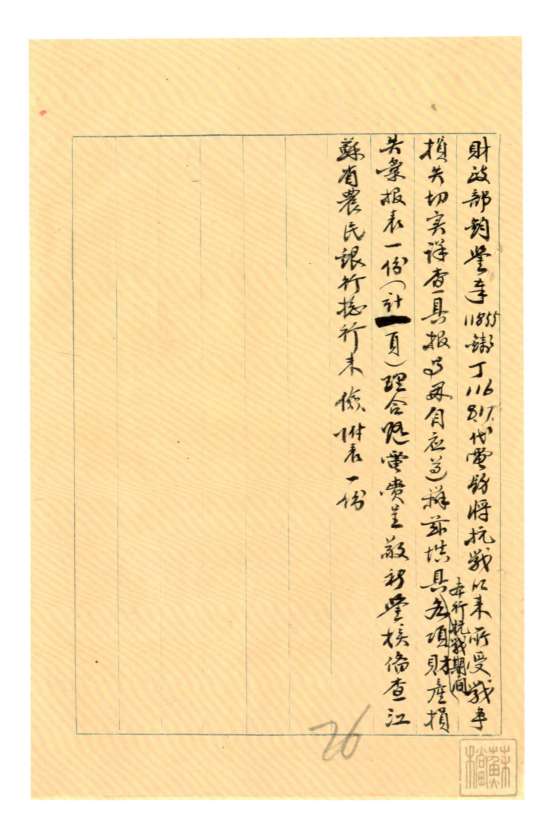

江蘇農民銀行在抗戰期間二十六年七月至三十四年

八月財産直接損失彙報表

一　房屋　貳百陸拾玖萬貳千叁百元

二　器具　壹百叁拾捌萬貳千叁百元

三　現款　叁百壹拾壹萬捌千元

四　運輸工具　貳百叁拾陸萬元

五　信用放款　叁百捌拾肆萬玖千壹百柒拾叁元

六　抵押放款　壹仟零壹拾貳萬玖千元

七　其他　貳百壹拾肆萬捌千柒百元

共计貳仟伍百陸拾柒萬伍千肆百柒拾叁元

21

说明

上项损失总数统计达两千余万元

若以目前币值计算已达二百亿元

復员整建费用至少需二亿元

總表（全）　　省　　　　（表式12）

（2）金融機行

（1）抗戰期間　廿六年七月至卅四年八月

分類	價值
共計	4,25,675,473.—
房屋	2,692,300.—
器具	1,382,300.—
現款	3,114,000.—
生金銀	
保管品	
有價證券	
運輸工具	2,360,000.—
信用放款	3,849,173.—
抵押放款	10,129,000.—
其他	2,148,700.—

報告者　江蘇省農民銀行　卅四.八.廿

附註：上項損失總數統計達兩千餘萬元之系，以目前幣值計算已達二百億之
經（營業之）費用需要[illegible]之
至少需二億

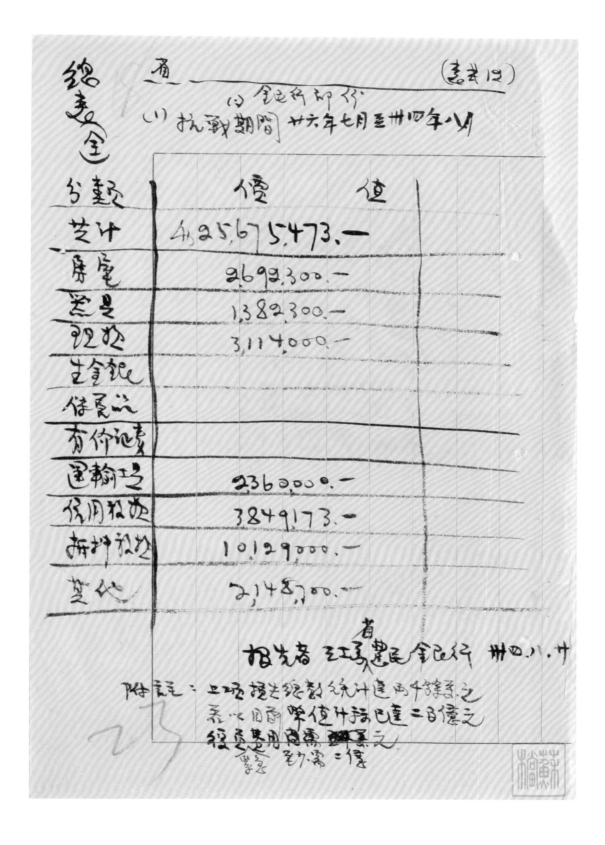

總表之續

32年淮東戰事及蘇南戰役

地點：淮安，宜，溧，廣等地

分類	價值
共計	4013840000.—
房屋	9200000.—
器具	1000000.—
現款	2780000.—
生金銀	
保管品	
有價證券	
運輸工具	2360000.—
信用放款	1300000.—
抵押放款	3200000.—
其他	1000000.—

24

财政厅第四科、江苏省农民银行总行关于报送战时损失事的往来公文

（一九四六年五月二十九日至一九四七年三月二十二日）

江苏省农民银行总行致财政厅第四科的函（一九四六年五月二十九日）

江蘇省農民銀行總行稿

事由：函送本行財產損失表由

送達機關：財政廳第四科

接准

貴科五月廿日大函囑即查填本省省公營機關之損失列表送科以憑彙報等由准此茲查填完竣隨函附奉即希查收彙報為荷此致

財政廳第四科

附表一份

中華民國卅五年五月廿九日

附：江苏省农民银行抗战损失表

江蘇省農民銀行抗戰損失表

分類	價值
共計	~~25,675,475.00~~ 36,330,487.90
房屋	2,692,300.00
器具	1,382,300.00
現款	3,114,000.00
運輸工具	2,360,000.00
各項放款	(24,633,187.90)
其他	2,148,700.00

附註：上項損失總數統計建國幣叁仟陸百叁拾叁萬零四百捌拾柒元玖角，~~貳仟伍百陸拾柒萬伍仟肆百柒拾叁元~~若以目前幣值壹元以三萬倍計算達~~柒仟柒百餘億元~~國幣壹仟零玖拾億零捌佰……萬元

報告時參考數

财政厅第四科致江苏省农民银行总行的便签（一九四七年三月二十二日）

江蘇省農民銀行總行收文字第03465號

來文機關	財政廳第四科
文別	便箋
字號	
文到日期	中華民國卅六年叁月廿四日
摘由	為檢送省營事業財產直接損失彙報表及財產損失報告單等件，希查填於四月十五日以前彙送本科彙報由
附件	
本件交	整理組
擬辦	查本行關戰時損失，前經由總務處擬調查彙編，函送總務處核辦。三、廿六
決定辦法	
復文字號	字第　號
復文日期	中華民國　年　月　日
歸卷日期	中華民國　年　月　日
備考	

奉

省府本年三月〈卅〉府民字第三二七九七號代電飭繼續查報抗戰損失等因，遵經擬具本廳查報事項與查報辦法簽請核准，茲將本省公營機關之損失檢同原表送請

貴行查填，並希於四月十五日以前惠送本科彙報為荷。

此致

江蘇省農民銀行

附送：省營事業財產直接損失彙報表（表式三）一份

財產損失報告單（表式一）一份

第四科 啓 三月廿二日

江蘇省財政廳用箋

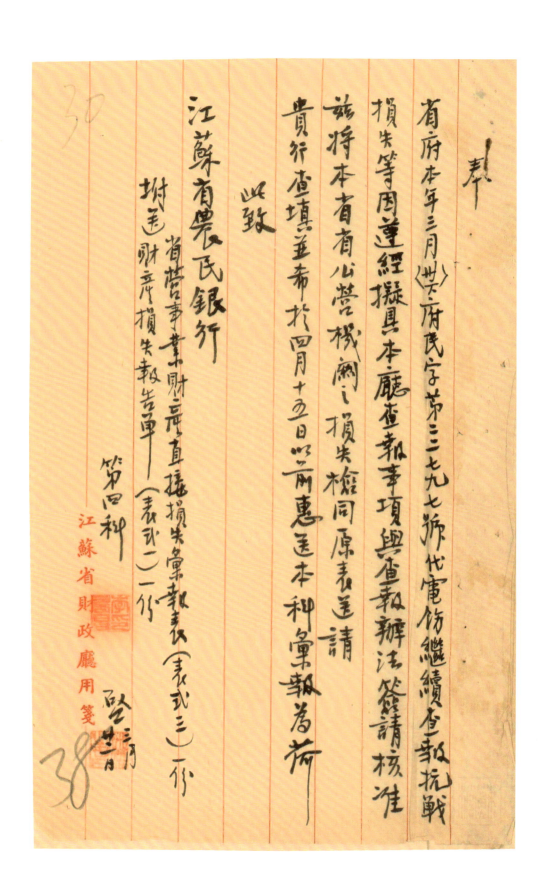

省營事業財產直接損失彙報表（表式三）

（銀行部份）

事件：

日期：

地點：

填送日期　　年　　月　　日

分類	價值
共計	
房屋	
器具	
現款	
生金銀	

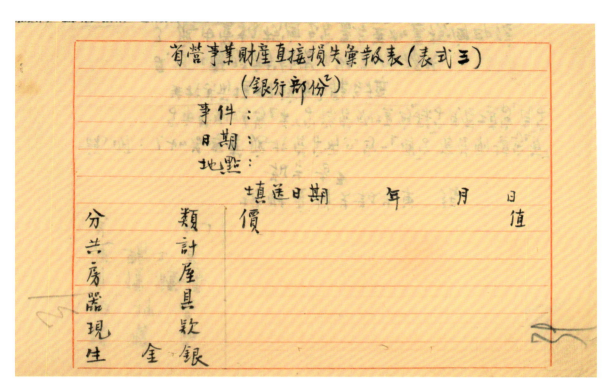

保管品	
抵押品	
有價證劵	
運輸工具	
其他	

附財產損失報告單　張

報告者

說明：1、如為國營應於營字前只寫一「國」字，省營則填寫「省」字，市營則填寫「市」字，縣營則填寫「縣」字，民營填寫「民」字，並於其前填明該省市縣名稱

2、可以聲明補領者不能列作損失

3、應由呈報機關長官署名並加蓋機關印信

財產損失報告單（表式一）

填送日期　　年　　月　　日

損失年月日	事件地點	損失項目	購置年月	單位	數量	價值（國幣元）		證件
						購置時價值	損失時價值	

直轄機關學校團體或事業名稱　　印信　　受損失者填報者

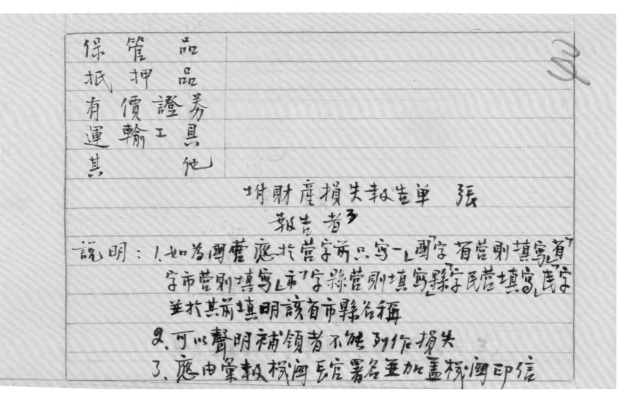

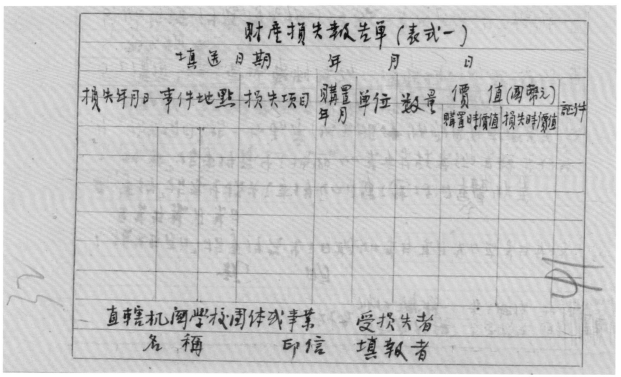

姓名 服務處所與所任職務 與受損失者之關係 通信地址 蓋章

說明

1.「損失年月日」指事件發生之日期如某年某月某日或某年某月某日至某年某月某日

2.「事件」指發生損失之事件如日軍之進攻日軍之轟炸等

3.「地點」指事件發生之地點如某市某縣某鄉某鎮某村等

4.「損失項目」指一切動產（如衣服什物財帛舟車證券等）及不動產（如房屋田園礦產等）所有損失逐項填明

5.「價值」如係當地幣制除折成國幣填列外並須填原幣名稱及數額

6.如有證件應將名稱與件數填入「證件」欄內

7.受損失者如係私人填其姓名如係機關學校團體或事業填其名稱

8.私人之損失由本人填報或由代報者填報機關團體學校或事業之損失由各該主管人填報

省營事業財產直接損失彙報表（表式三）

（銀行部份²）

事件：

日期：抗戰期間廿六年七月至卅四年八月

地點：

填送日期卅六年五月二十九日

分類	價值
共計	＄25,675,473.00
房屋	2,692,300.00
器具	1,382,300.00
現款	3,114,000.00
生金銀	
保管品	
抵押品	
有價證券	
運輸工具	2,360,000.00
信用放款	3,849,173.00
抵押放款	10,129,000.00
其他	2,148,700.00

江蘇省農民銀行

報告者 江蘇省農民銀行

附註：上項損失總數統計達貳仟伍佰陸拾柒萬伍仟四佰柒拾叁元，若以目前幣值計算已達貳仟億元

江苏省农民银行宜兴支行关于陈报战时损失事致农民银行总行的公函（一九四六年八月十七日）

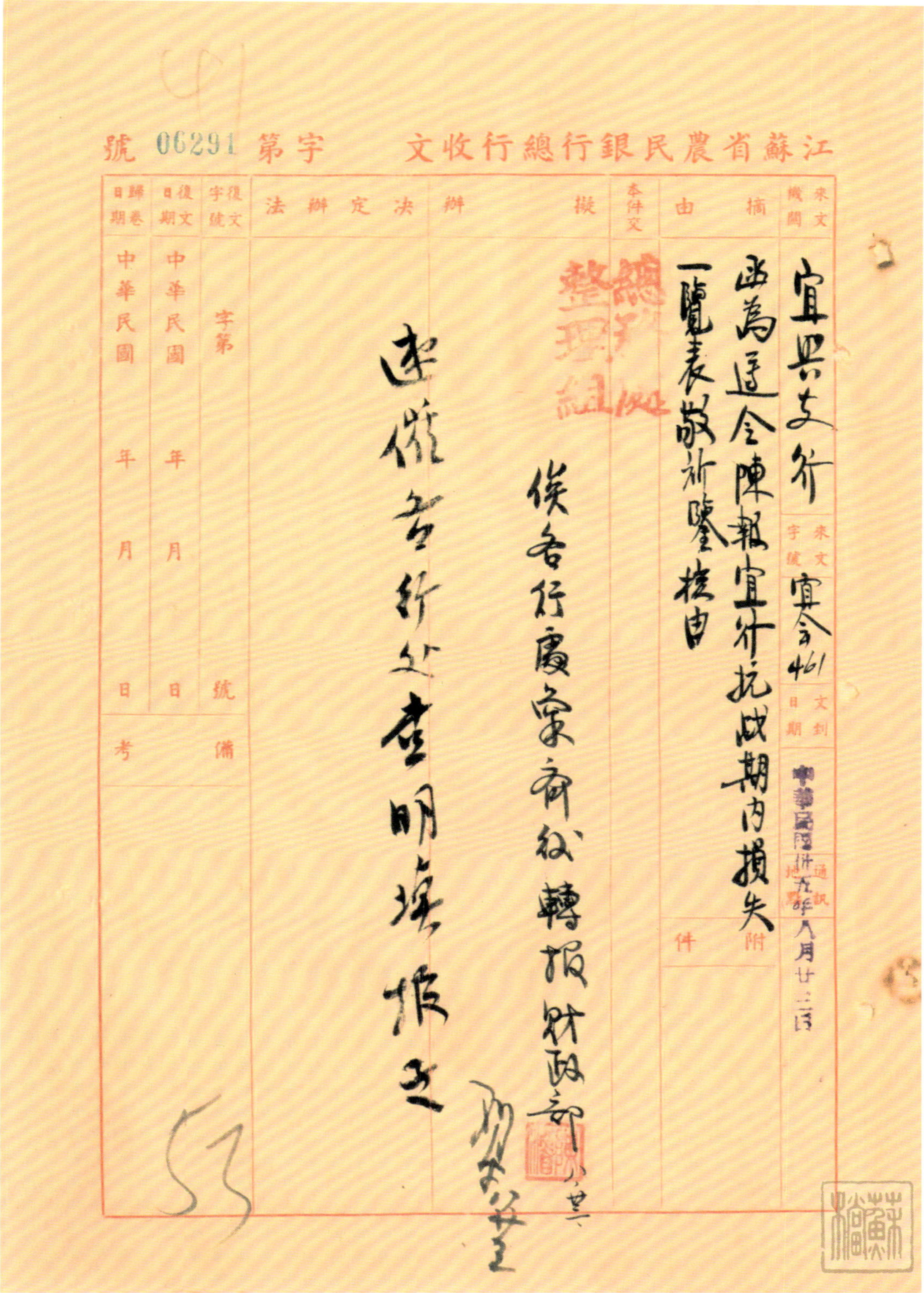
江蘇省農民銀行總行收文 字第 06291 號

來文機關	宜興支行
來文字號	宜字461
文到日期	中華民國卅五年八月廿三日
摘由	函為遵令陳報宜行抗戰期內損失一覽表敬祈鑒核由
附件	
本件文	總行整理組
擬辦	俟各行處案齊彙轉報財政部 八廿六
決定辦法	速催各行處查明填報之
復文字號	字第 號
復文日期	中華民國 年 月 日
歸卷日期	中華民國 年 月 日
備考	

江蘇省農民銀行宜興支行公函

宜審字第461號

事由：函為遵令陳報宜行抗戰期內損失一覽表敬祈鑒核由

附件：如文

第　頁

總行：

奉三十五年八月十日通字第282號（楚）

鈞函：為各分支行處抗戰期內所受損失，飭赶日根據帳冊查明確數詳細列表具報等因，敬悉。茲遵即造具屬行抗戰期內損失一覽表，隨函附陳，敬祈

鑒核為禱！

附陳宜行抗戰期內損失一覽表壹份

江蘇省農民銀行宜興支行 謹啟

中華民國卅五年八月十七日發出

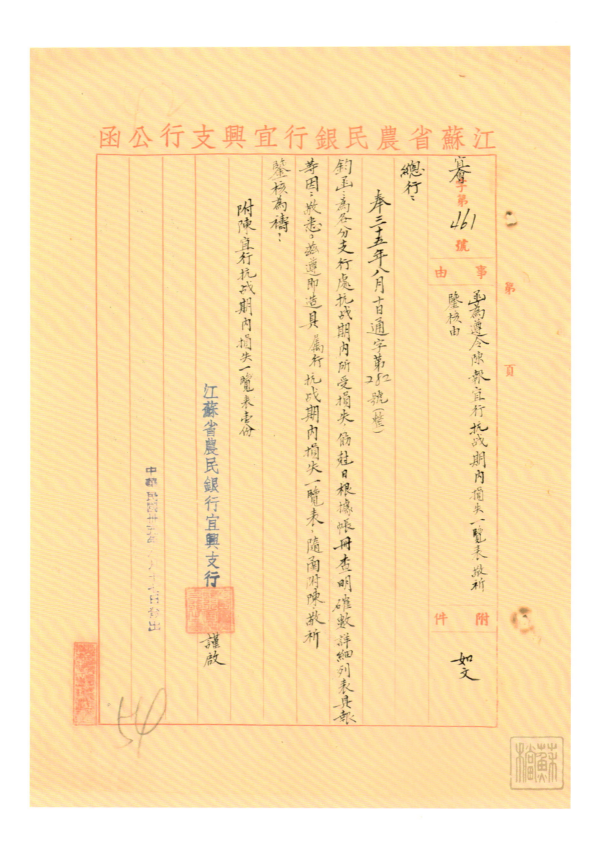

附：江苏省农民银行宜兴支行抗战期内损失一览表

江蘇省農民銀行宜興支行抗战期内損失一覽表

名稱	損失金額		備註
營業用房地產	一四、五二七	九〇	行址係自建二層洋房，設備完美，除歷年攤銷外，尚餘此數。
營業用器具	四五、五四四	三五	包括本行和橋、張渚、官林、王茂公橋、漕橋等办事處倉庫在内。
文具購置印刷品	一、七九三	四〇	包括各種文具購置物品印刷品等在内。
倉庫存	七、八八〇	二〇	包括各倉庫因受战事之一切現金損失。
運送現金	二、六〇〇	〇〇	因受战争關係，途中運送現金損失。
倉庫儲押放款	一六一、六五一	三五	因战争倉庫儲押物損失。
合作運銷放款	二一、〇三九	六八	因战争合作運銷物品損失，無法收回。
活期抵押放款	二三、九五八	六〇	因战争活押放款抵押品損失，無從收回。
定期抵押放款	二、七五四	〇〇	因战争定押放款抵押品損失，無從收回。

55

科目	金額	備考
活存透支	六、三四九.四三	因戰爭活透放款，無從收回。
貼現	九、二四〇.〇〇	因戰爭貼現，各户無從收回。
催收款項	五二、〇五九.六六	因戰爭人事變動，無從向借款人催收。
儲蓄處放款	二七、二〇四.九五	因戰爭儲處各户放款無從收回。
儲蓄處暫欠款項	二〇五.〇〇	因戰爭暫欠款項，無從收回。
同人疏散費	六六二.〇〇	戰事緊急同仁倉皇逃難借支等費。
戰時縣政府暫欠	一、〇〇〇.〇〇	向收税處付支款項，無從收回
戰時特別費	六四三.七九	因戰事發生特別用費如膳食糧煤油，均損失無餘。
各同人衣服行李	八、五〇〇.〇〇	戰事發生同仁倉皇逃難，行李衣服，損失殆盡。
合計	三四五、六一三.二〇	

56

江苏省农民银行六合办事处关于陈报战时损失事致农民银行总行的公函（一九四六年八月二十一日）

江蘇省農民銀行總行收文 字第 0636 號

來文機關	六合辦事處
來文字號	六126
文到日期	中華民國卅五年八月廿六日
通訊	
摘由	造具抗戰期内所受損失詳冊陳報鑒核由
附件	
本件文	
擬辦	抄案呈財政部
決定辦法	
復文字號	字第 號
復文日期	中華民國 年 月 日
歸卷日期	中華民國 年 月 日
備考	

八、廿六

八、廿六

總務組

128

江蘇省農民銀行六合辦事處公函

六字第[illegible]號

事由：造具抗戰期內所受損失詳冊陳報鑒核由

附件

總行：

接奉通字第二八二號(整)鈞函飭將抗戰期內所受損失查明確數詳細列表具報等因遵將敝處及所屬竹鎮倉庫所受損失詳細列表具函陳報敬祈鑒核為禱

附抗戰期內所受損失詳冊一份

江蘇省農民銀行六合辦事處

中華民國三十五年八月廿一日

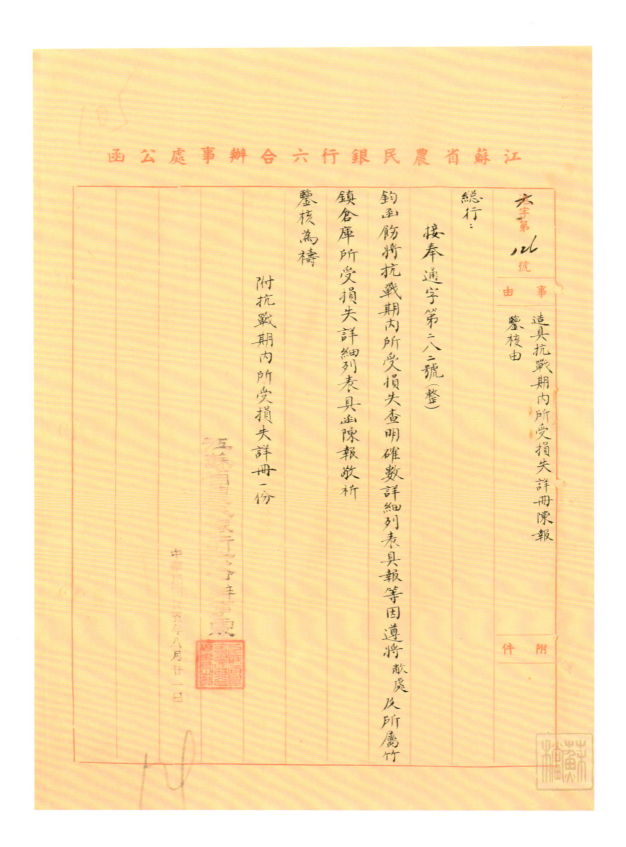

106

抗戰期內損失器具清單

名稱	原價	購買年	月	日
圓茶抬一張	五〇〇	二五	二	
西斗桌一張	二五〇	〃	〃	
36 保險箱一只	八五〇〇	〃	〃	
22 保險箱一只	二五〇〇	〃	〃	
印鐵箱一只	八〇〇〇	〃	〃	
手提鉄箱一只	〤六〇	〃	〃	
自鳴鐘一只	八〇五〇	〃	〃	
中漢油印机一架	八八七〇	〃	〃	
號碼机一只	一二〇〇	〃	〃	
三尺半鉄床五張	三五五〇	〃	〃	
二尺半鉄床四張	八二六〇	〃	〃	
柳安轉椅六張	四〇六〇	〃	〃	
柳安面盆架字檯五張	五五〇〇	〃	〃	
柳安印櫥一張	八六〇〇	〃	〃	
柳安書櫥一張	二六〇〇	〃	〃	
柳安茶式方桌一張	〤〇〇	〃	〃	

130

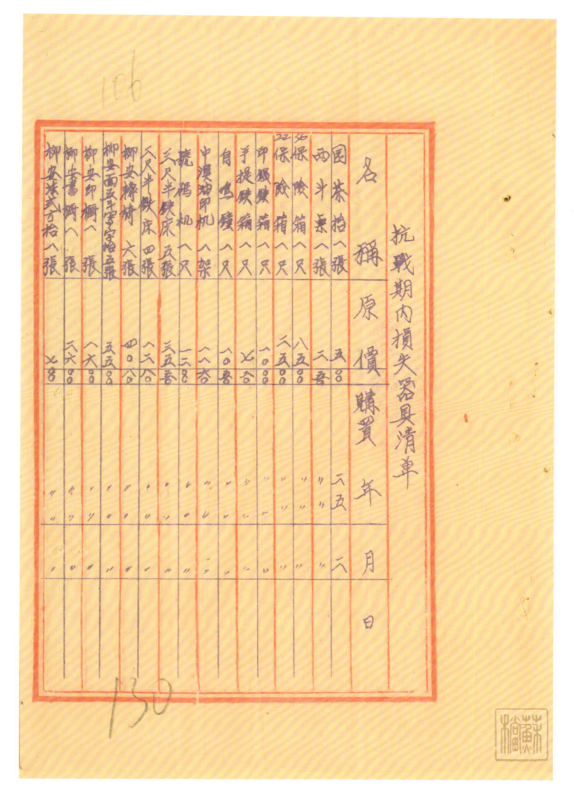

白色铁面架 六只	六〇〇	〃 〃	〃
硬印 一架	一四〇〇	〃 〃	〃
三斗桌 六張	一五〇〇	〃 〃	〃
法式板面椅 六張	一七〇〇	〃 〃	〃
帳簿架 二張	一三〇〇	〃 〃	〃
衣架 二只	三六〇	〃 〃	〃
柳安木玻璃面茶几 一只	七〇〇	〃 〃	〃
铜招牌 一塊	三四〇〇	〃 〃	〃
铜牌（畫览、存放、出）五座	六五〇〇	〃 〃	〃
收付款用铜牌 壹百枚	一五〇〇	〃 〃	〃
二十寸皮箱 一只	三〇〇	〃 〃	〃
皮面大沙发 一張	三五六〇	〃 〃	〃
皮面小沙发 六張	三七〇〇	〃 〃	〃
藤椅 四張	九〇〇	〃 〃	〃
园木凳 一張	一〇〇〇	〃 〃	〃
四灯收音机及蓄电池全套	四一〇〇	一六	〃
两门子電話桌几 一架	五四〇〇	〃 〃	〃
避雷器 一具	二〇〇	〃 〃	〃
方桌 一張	一〇〇	〃 〃	〃
沙滤缸 一只	一一〇〇	〃 〃	〃

131

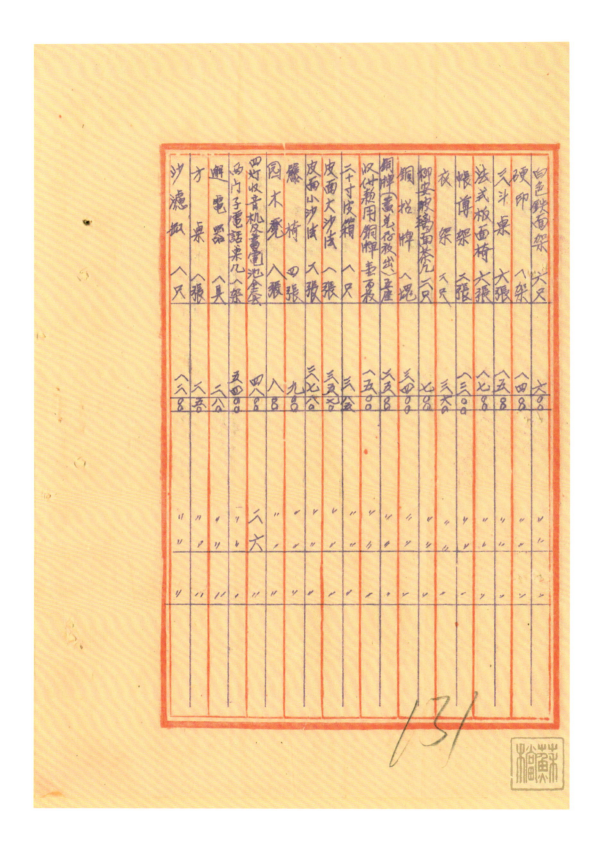

107

品名	數量	價		
華生牌電風扇	一架	一六〇〇	〃 〃	〃 〃
双火吊灯	一具	四五〇		
燕織玻璃鏡屏	四只	一二四八		
三抽桌	二張	四七〇		
五尺鐵架床	二張	三三〇〇		
行軍床	一張	五〇〇		
痰盂	六只	二〇〇	〃 〃	〃 〃
國棉毯	一只	一〇〇〇	〃 〃	〃 〃
裝帳冊皮箱	一只	八〇〇	〃 〃	〃 〃
裝帳冊白鐵木箱	二只	七三六	〃 〃	〃 〃
高凳	一只	一一六	〃 〃	〃 〃
椅子	八張	九六〇	八六	十八
圓凳	四張	三二〇	〃 〃	〃 〃
三斗桌	三張	七五〇	〃 〃	〃 〃
圓桌	二張	一六〇〇	〃 〃	〃 〃
信櫥	一張	八〇〇	〃 〃	〃 〃
書櫥	一張	一二〇〇	〃 〃	〃 〃
箱架	四只	三二〇	〃 〃	〃 〃
面盆架	六只	五五〇	〃 〃	〃 〃
合計		八九八九五		

132

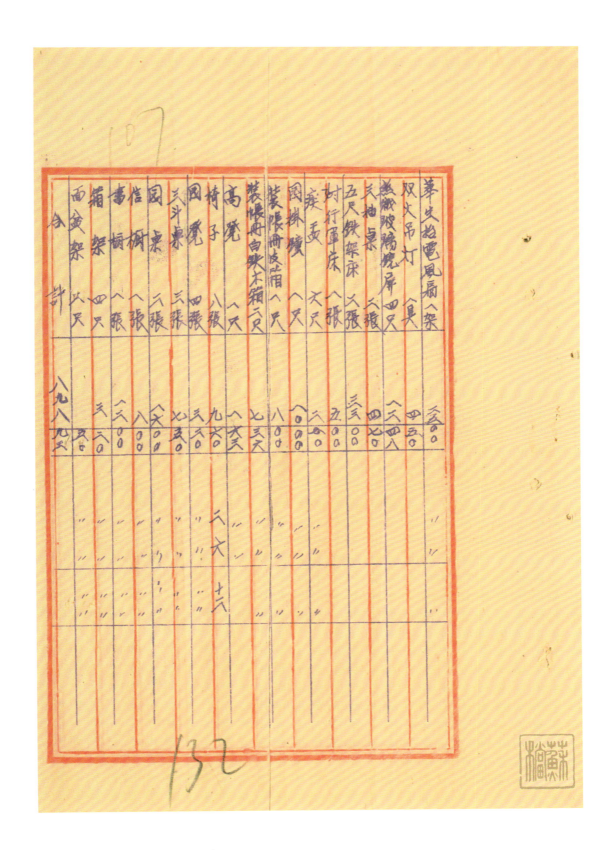

科目	金額		備註
各種放款	六〇三九八	八五	
存出保証金	五七〇	〇〇	内三百元係本行行址押租
暫付款項	八〇三九	四八	
合計	六八九九七	六四	

108

抗战期间竹镇仓库损失清册

名称	原价	购买年	月	日期
双棕棚代架床四張	八三六〇	廿六	八	
大小市秤二根	三六〇	〃	〃	
市斗八只	七六〇	〃	〃	
办公桌三張	六八〇〇	〃	〃	
茶几八張	六〇〇	〃	〃	
三屜桌六張	四四〇	〃	〃	
法式方凳八張	六四〇	〃	〃	
法式椅子五張	七五〇	〃	〃	
法式方桌八張	四〇〇	〃	〃	
雜木橛门書櫥八張	八〇〇〇	〃	〃	
双鈴鬧鐘八隻	七四〇	〃	〃	
24保險箱八只	六〇〇〇	〃	〃	
桅灯六盏	六三〇	〃	〃	
市斛八隻	六〇〇	〃	〃	
竹倉招牌八塊	三五〇	〃	〃	
蔴袋棕印八只	七〇〇	〃	〃	
踏脚市竹牌八塊	六八	〃	〃	
馬桶八只	八〇〇〇	〃	〃	

134

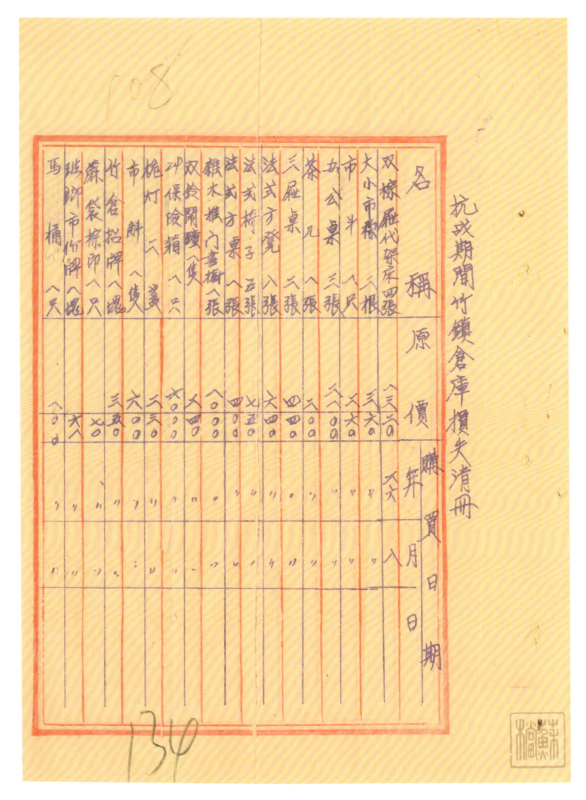

光華牌汽灯 〡只	〡〇〇〇	〃	〃
面盆架 〢只	〡〇〇	〃	〃
銅黄 〣只	〡七〇	〃	〃
竹籌桶 〢只	〢四〇	〃	〃
碗櫥 〡只	〣〇〇	〃	〃
量斗籮 〢只	七〢〇	〃	〃
洗澡盆 〡只	〢〣〇	〃	〃
灰印合 〢只	〢〣〇	〃	〃
鐵鍬 〢付	〥〦〇	〃	〃
蘇包木架子 五十張	七五〇〇	〃	〃
木櫈 〢張	〤〇〇	〃	〃
跳板 四塊	〡〣〇〇	〃	〃
高凳 〡張	〢〣〣	〃	〃
七八口及八五槍 〡支	〡〦〇〇〇	〃	〃
倉庫庫存	〡九五〡〇〇	〃	〃
合計	〢〣〡五五九四		

卅七年十二月楊明琨經手

135

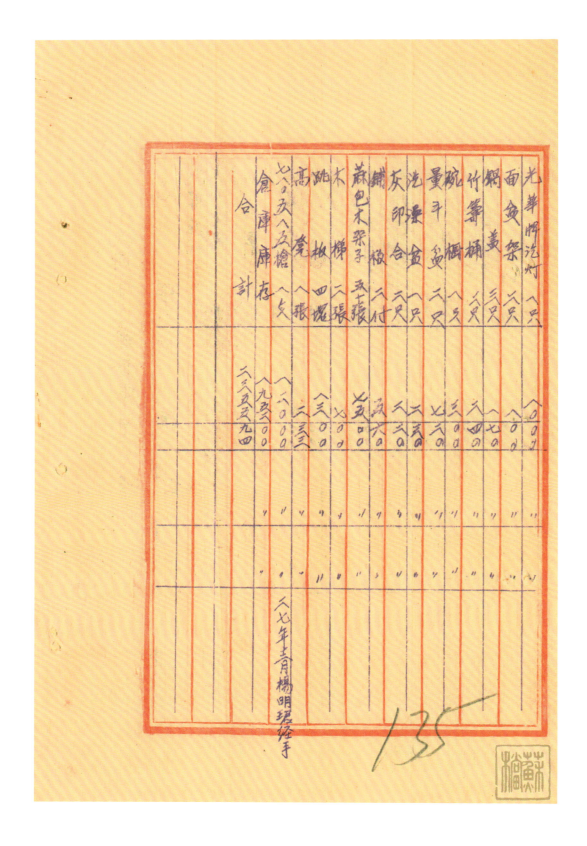

江苏省农民银行江阴分行关于陈报战时损失事致农民银行总行的公函（一九四六年八月二十一日）

江蘇省農民銀行總行收文　字第 06358 號

來文機關	摘由	本件交	擬辦	決定辦法	復文字號	復文日期	歸卷日期
江陰分行	函陳分行戰時損失統計清單一份敬祈鑒核由		擬彙呈財政部		字第　號	中華民國　年　月　日	中華民國　年　月　日

來文字號：澄業303

文到日期：

通訊地點：

附件：

中華民國卅五年八月廿六日

備考：

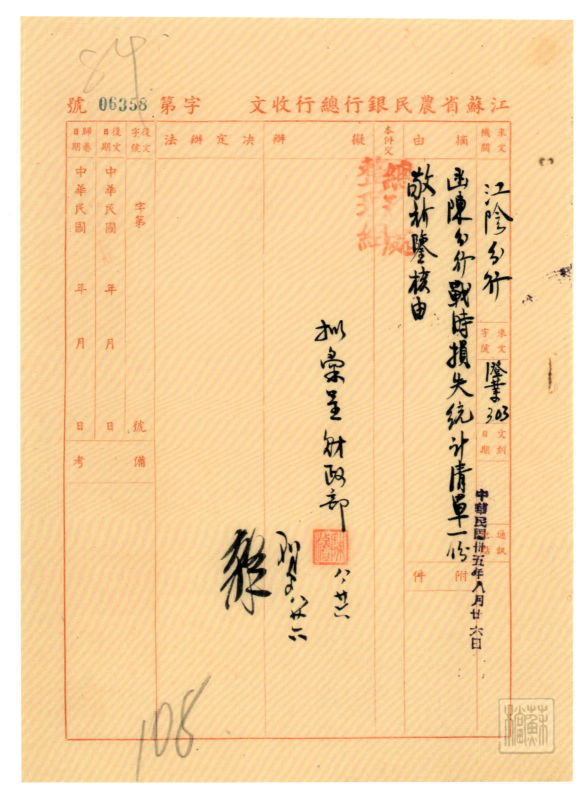

江蘇省農民銀行江陰分行公函

澄業字第303號

事由：函陳分行戰時損失統計清單一份（十八頁）敬祈鑒核由

附件：如文

總行：

接奉

鈞行八月十日總通字第282號函開：「查本行各分支行處抗戰期內所受損失亟須調查明瞭以便陳報茲特通函務希剋日根據帳册查明實際精確數字詳細列表具報勿延」等因奉此分行遵即依據實際情形查明精確數字製表一份（計十八頁）衡以物價指數約計四五千倍則為數極鉅隨函附陳報請

鑒核備查為禱。

附戰時損失統計清單一份（計十八頁）

江蘇省農民銀行江陰分行

中華民國卅五年八月廿一日

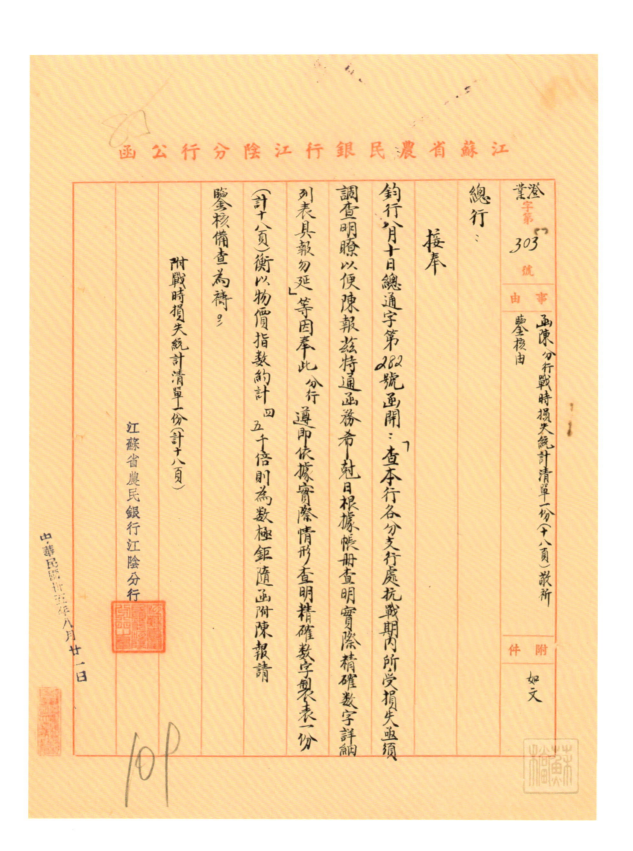

86

江蘇省農民銀行 戰时损失统计清单

江陰分行

科目…… 中華民國　年　月　日　第　頁共　頁

帳號	摘要	金額（萬千百十萬千百十元角分）	備考
	運送現金	41287	附表
	存放同業	636425	〃
	倉庫儲押放款	21184851	〃
	合作運銷放款	3034430	〃
	活期抵押放款	5618515	〃
	定期抵押放款	1100000	〃
	活期信用放款	1262428	〃
	往來透支	392296	〃
	催收款項	471503	〃
	託收款項	70000	〃
	營業用器具	23717	〃
	暫記欠款	78973	〃
	存出保證金	81000	〃
	應收利息	3675554	〃
	總分行往來	2514679	〃
	活期放款	4205716	信者處
		共 43401374	

112

經理　副理　會計　營業　覆核　製表

~~江苏省农民银行~~江蘇地方銀行儲蓄部所得税利息附表

江陰分行

行名

科目 運送税金　中華民國　年　月　日　第　頁共　頁

帳號	户名	~~利息~~金額	~~應扣所得税~~	備考
		(4128)		
		8(4128)		

總經理

協理

稽核

表廿18

經副襄理主任　會計　營業　覆核　製表

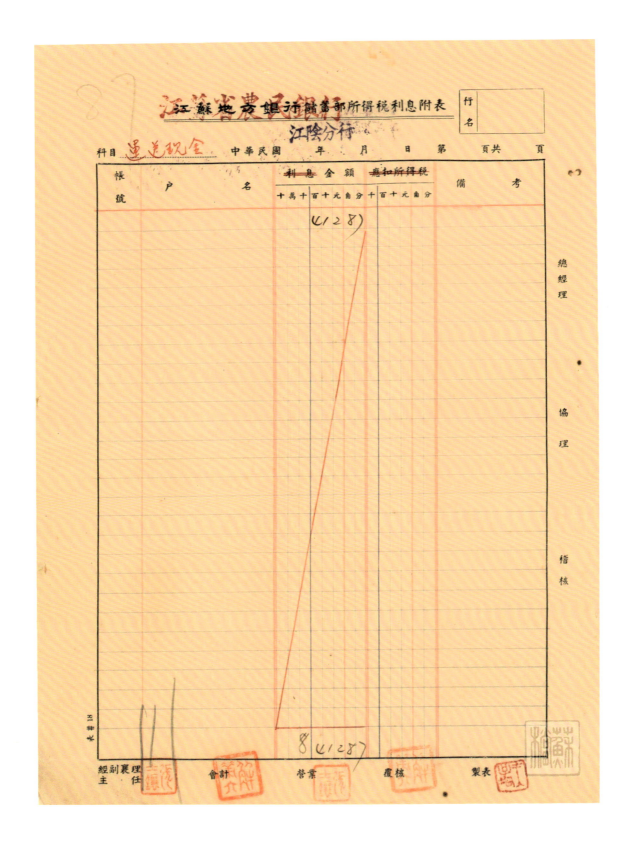

86

江蘇省農民銀行
江陰分行

科目 存放同業　　中華民國　　年　　月　　日　　第　　頁共　　頁

帳號	摘要	金額 萬	千	百	十	萬	千	百	十	元	角	分	備考
	中行彝記户							6	9	9	4	7	
	中行農記户							1	7	6	3	1	
	永誠莊						2	3	3	8	6	2	
	協成莊						3	1	4	9	8	5	
						8	6	3	6	4	2	5	

12

總理　副理　　會計　　營業　　覆核　　製表

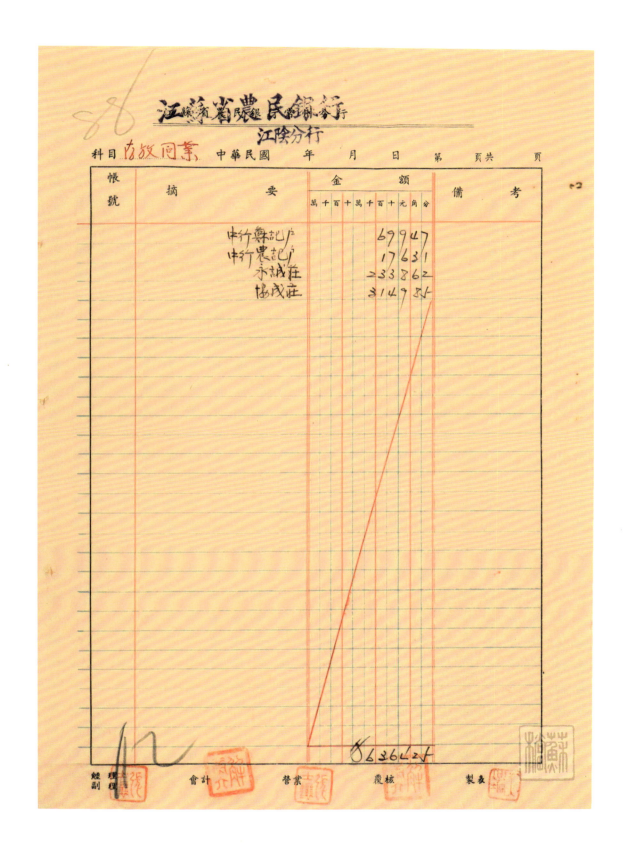

江蘇省農民銀行 常州分行

江陰分行

科目 倉庫信託押放款　中華民國　年　月　日　第　頁共　頁

帳號	摘要	金額	備考
	布足（？）庄	5562.00	
	西橋倉庫	19016.20	
	后塍倉庫	13710.80	
	陸橋倉庫	5168.00	
	楊舍倉庫	2004.80	
	月橋倉庫	2781.80	
	靖江中橋倉庫	4222.97	
	利港儲藏社	44576.71	
	靖江東興鎮倉庫	6815.03	
	南閘倉庫	9591.69	
	太平鎮倉庫	12198.74	
	顧山倉庫	24163.82	
	石莊鎮倉庫	26994.68	
	靖江柏木鎮倉庫	5080.70	
	周莊倉庫	18829.64	
	璜塘倉庫	11130.93	
		＃211848.51	

113

經理 副理　會計　營業　覆核　製表

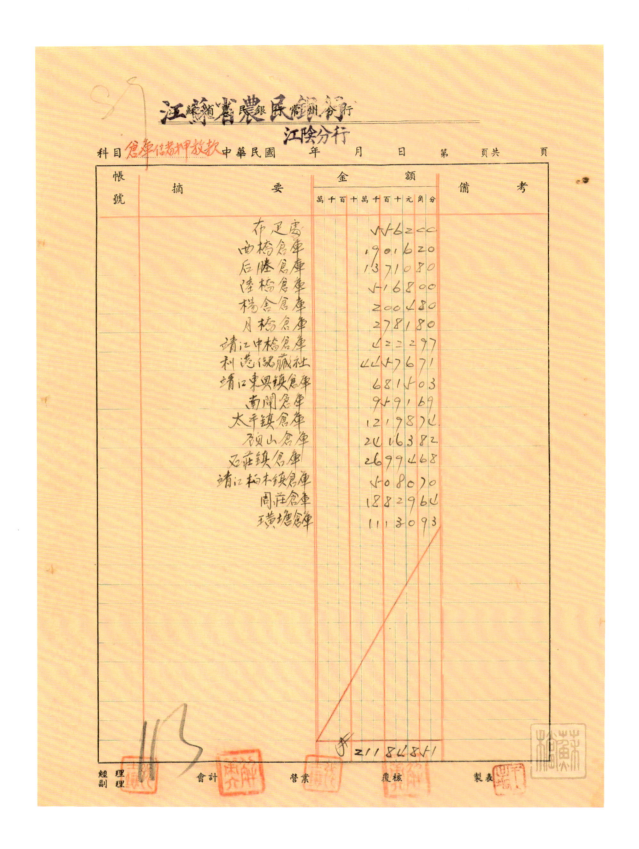

90

江蘇省農民銀行 江蘇省農民銀行常州分行

江陰分行

科目 合作運銷放款 中華民國　年　月　日　第　頁共　頁

帳號	摘要	萬	千	百	十	萬	千	百	十	元	角	分	備考
	中興鄉棉花運銷社						1	1	0	3	9	0	
	太平鎮供給社					1	8	0	7	6	9	5	
	三有鄉養蚕社					1	0	0	7	9	6	7	
	申港鎮養蚕社						1	0	1	8	7	8	
	江陰秋期收茧委員會								6	5	0	0	
						$3	0	3	4	4	3	0	

114

經理 副理　會計　營業　覆核　製表

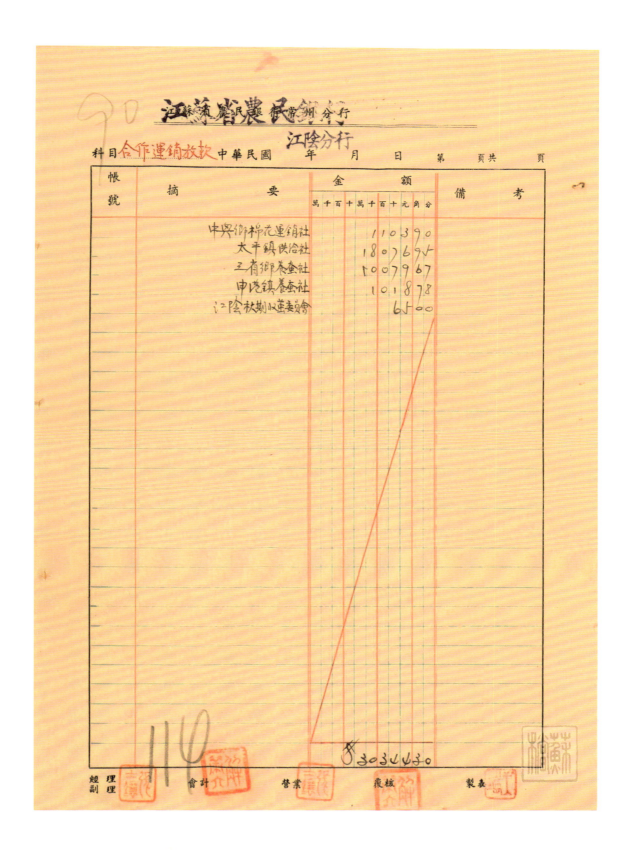

91

江蘇省農民銀行

江陰分行

科目 活期抵押放款　中華民國　年　月　日　第　頁共　頁

帳號	摘要	金額	備考
63	民豐養魚灌溉社	778.76	
80	常陰沙農安圩棉花產銷社	485.85	
92	劉方村灌溉保證社	69.53	
105	華莊購買產銷社	2242.93	
134	西石橋信用產銷社	913.93	
138	球莊鎮購買產銷社	1846.98	
144	復祥鄉購買無限社	1128.76	
157	金家村產銷保證社	1110.11	
158	藕耕圩棉花產銷社	367.87	
160	崇文鄉無限信用社	805.92	
161	貢北莊水利社	8.97	
164	沿河村合作社	1315.34	
165	謝南鄉無限灌溉社	761.73	
166	秦字鄉棉花運銷社	2587.80	
167	利城鄉供給社	868.55	
168	蒼山鄉合作社	1085.36	
169	謝南鄉織布生產社	1946.63	
170	俞家村灌溉生產社	1944.71	
171	張家村生產社	1295.16	
172	生泰昌蛋行	12667.83	
174	供泰隆	1945.51	
175	靖江龍潭鄉保證棉花產銷社	516.32	
176	靖江義讓鄉　〃　〃	1393.39	
177	靖江土橋有限供給社	995.29	
178	靖江雅東鄉合作社	1791.47	
179	靖江永根鄉保證棉花運銷社	1393.20	
180	靖江普安鄉棉花產銷社	1194.35	
	過下頁	43462.25	

15

經理 副理　會計　營業　覆核　製表

92

江蘇省農民銀行

江陰分行

科目 活期抵押放款　中華民國　年　月　日　第　頁共　頁

帳號	摘要	金額	備考
	承上頁	43462.25	
181	靖江德化鄉棉花運銷社	1194.35	
182	〃 善福 〃 〃	1394.25	
183	〃 老莊鄉合作運銷社	994.51	
184	〃 孤山鄉保證責任運銷社	795.41	
185	〃 生祠鎮無限生產社	297.25	
186	石莊鎮蘆席社	2129.51	
187	靖江豐來鄉棉花運銷社	789.72	
188	〃 寧圍鄉 〃 〃	789.72	
189	〃 長安 〃 〃 〃	987.15	
190	〃 泰來 〃 〃 〃	788.78	
191	〃 柏木鎮 〃 〃	985.97	
192	〃 桐村 〃 〃 〃	788.14	
193	〃 善教鄉 〃 〃	788.14	
		$56185.15	

116

總理　副理　會計　營業　覆核　製表

93

江蘇省農民銀行

江陰分行

科目 定期抵押放款　中華民國　年　月　日　第　頁共　頁

帳號	摘要	金額（萬千百十萬千百十元角分）	備考
19	梘家村合作社	60000	
20	謝南鄉合作社	50000	
		110000	

112

經理　副理　會計　營業　覆核　製表

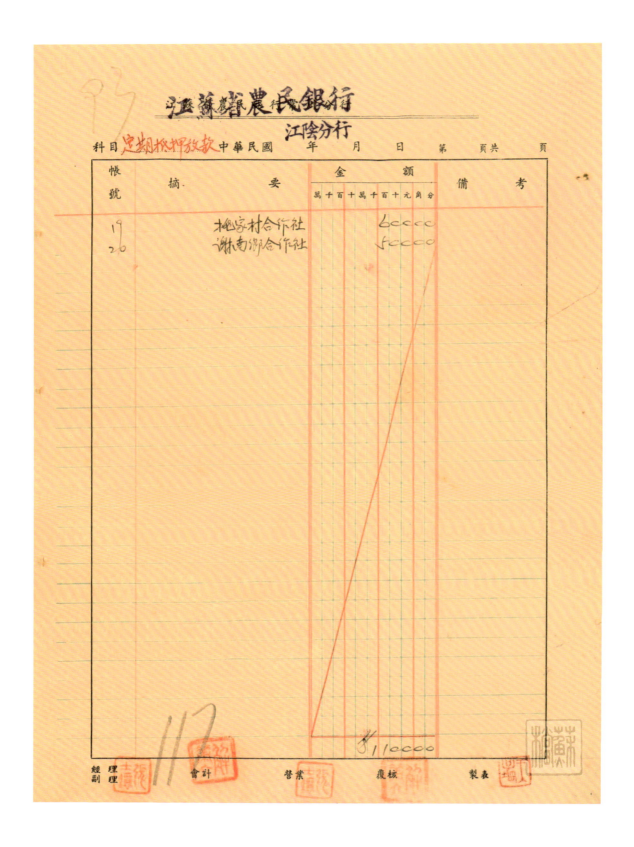

94

江蘇省農民銀行

江陰分行

科目 活期信用放款　中華民國　　年　　月　　日　第　　頁共　　頁

帳號	摘要	金額	備考
5	江陰雲亭陰沙老施七墅產銷聯合社	1112.59	
6	〃 〃 新橋棉花產銷社	669.97	
15	太平鎮信用合作社	8107.77	
17	鳳戈鄉信用生產社	1738.89	
18	沈家沖保河產販社	995.06	
		✓12624.28	

118

經理　副理　會計　營業　覆核　製表

江蘇省農民銀行
江陰分行

科目 往來透支　中華民國　年　月　日　第　頁共　頁

帳號	摘要	金額	備考
1	志成印刷所	179482	
2	洪泰源	212814	
		392296	

經理 副理　會計　營業　覆核　製表

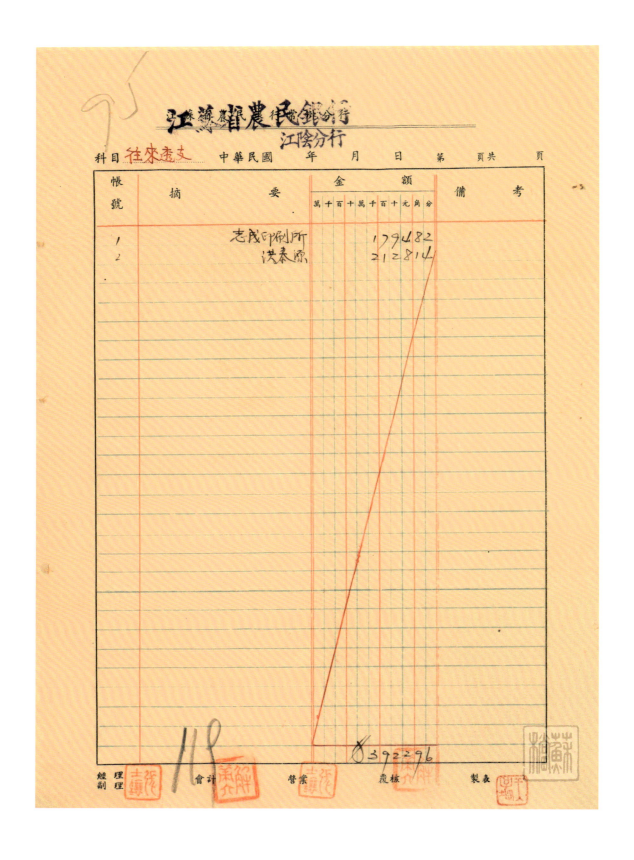

96

江蘇省農民銀行 ~~江蘇地方銀行儲蓄部~~ 所得稅/利息附表

行名

江陰分行

科目 催收款項　　中華民國　　年　　月　　日　　第　　頁共　　頁

帳號	户名	~~利息~~金額（十萬千百十元角分）	~~應扣所得稅~~（十百十元角分）	備考
3	江陰县民墾殖合作社	20000		
12	三河口儲押代理处	3965		
13	球莊借款联合會	70828		
14	新橋鄉農運社	7166		
15	大舖鄉購買社	52370		
16	古城鄉信用社	34110		
17	利港镇購買社	11516		
18	常陰沙向陽圩社	108542		
19	東張鄉信用社	17959		
20	小湖鎮購買社	18662		
21	吴市鄉信用社	24648		
22	崇文鄉水利社	31563		
23	隆泰圩產銷社	70174		
		共471503		

總經理

協理

稽核

表#18

120

經副襄理主任　　會計　　營業　　覆核　　製表

77

~~江蘇省農民銀行~~ 江蘇地方銀行儲蓄部所得稅利息附表

江陰分行

行名

科目 託收款項　　中華民國　　年　　月　　日　第　　頁共　　頁

帳號	户名	~~利息~~金額	~~應扣所得稅~~	備考
	託該行代收交通銀行第3北	200.00		託銀行代向交行收款200元
	〃 〃 〃 〃北	100.00		〃 〃 100元
	託該行代收國華銀行支兑0336	100.00		〃 該行代向國華銀行收款 100元
		400.00		

經理

協理

稽核

經副襄理主任　　會計　　營業　　覆核　　製表

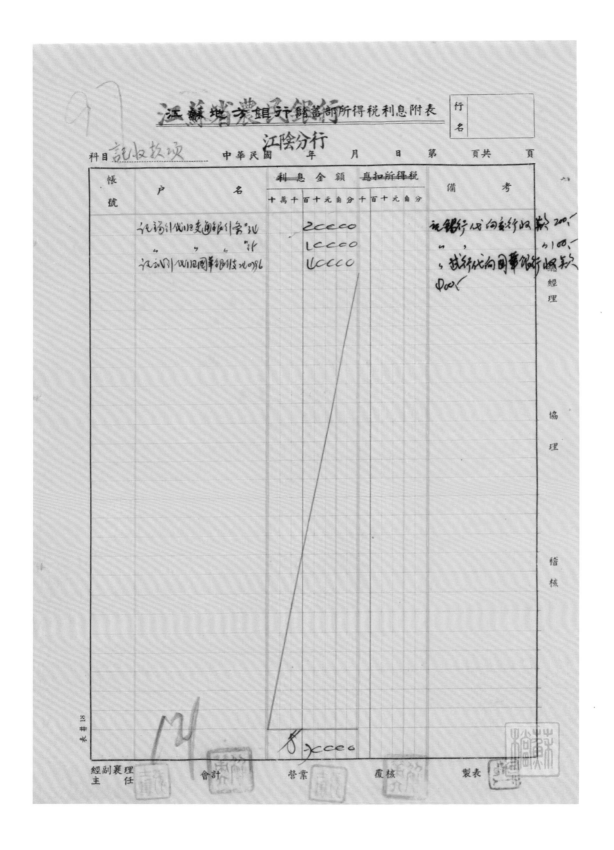

98

江蘇省農民銀行江陰分行

江陰分行

科目 營業用器具　中華民國　年　月　日　第　頁共　頁

帳號	摘要	金額（萬千百十萬千百十元角分）	備考
		23717	
		23717	

122

總理 副理　會計　營業　覆核　製表

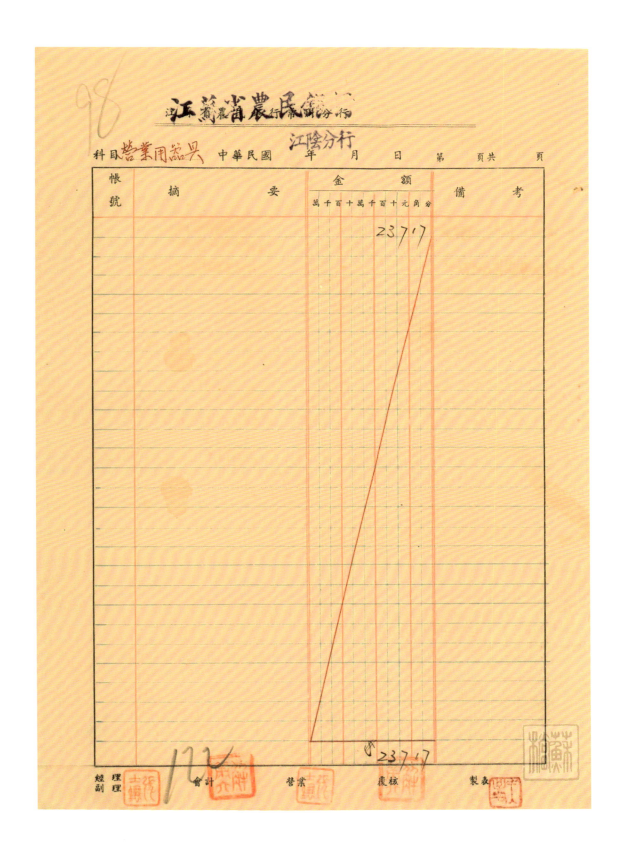

99

江蘇省農民銀行 江蘇地方銀行儲蓄部所得稅利息附表

行名

江陰分行

科目 暫記欠款　中華民國　年　月　日　第　頁共　頁

帳號	户名	~~利息~~金額	~~應扣所得稅~~	備考
	總登户	68973		
	平民小本貸款户	10000		
		78973		

總經理

協理

稽核

123

經副襄理主任　會計　營業　覆核　製表

表卅18

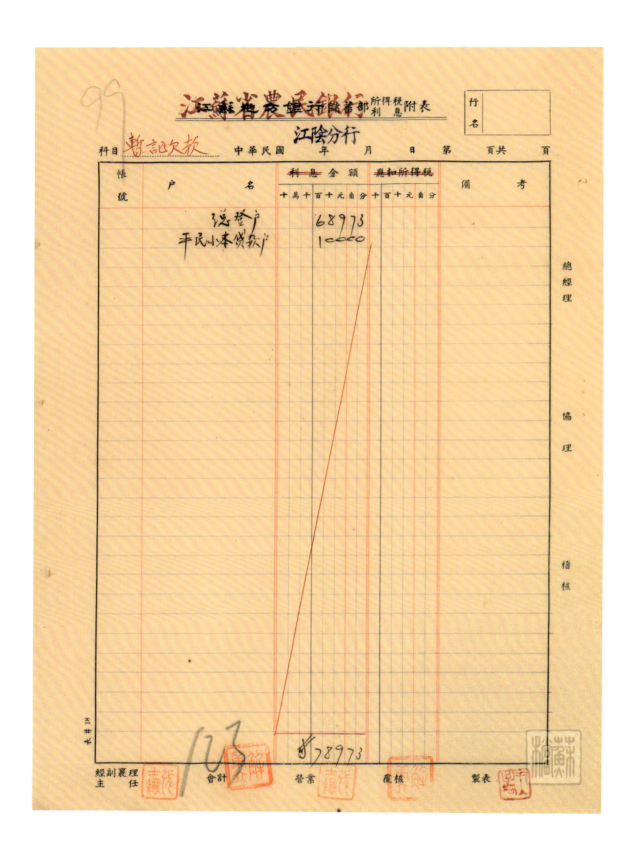

江蘇省農民銀行 所得稅 利息 附表

江陰分行

行名：

科目 存出保證金　　中華民國　　年　　月　　日　　第　　頁共　　頁

帳號	户名	利息金額 十萬千百十元角分	應扣所得稅 千百十元角分	備考
	長金宅活期存保証金	1000		
	租賃韓世本堂房屋一所押租	40000		
	租賃韓世本堂頭東樓房〃	20000		
	〃　〃　1/28起加租	20000		
		81000		

總經理

協理

稽核

經副襄理 主任　　會計　　營業　　覆核　　製表

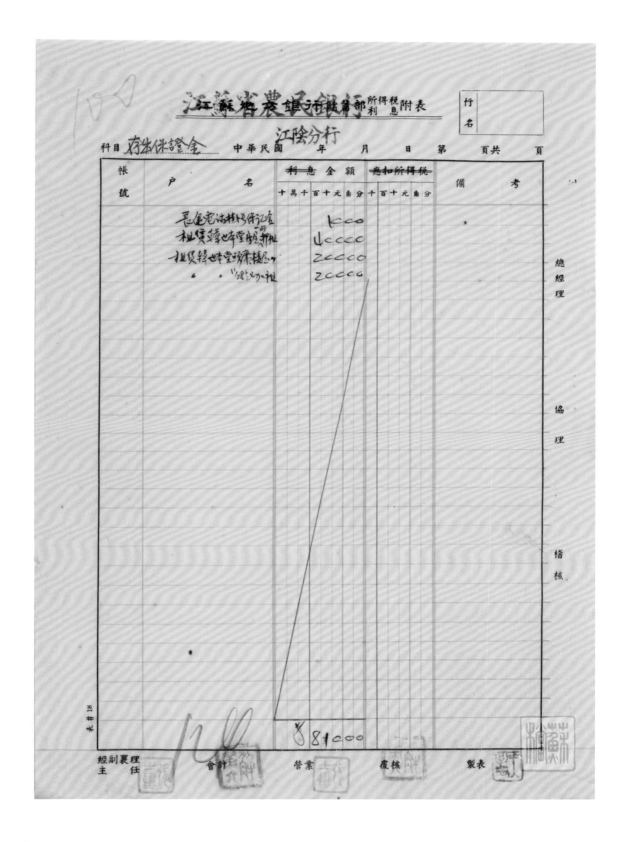

江苏省农民银行储蓄部所得税利息附表

江阴分行

行名	

科目 应收利息　中華民國　年　月　日　第　頁共　頁

帳號	户名	~~利息~~金額	~~應扣所得稅~~	備考
		8672554		新旧帐
		8672554		

經副襄理主任　會計　營業　覆核　製表

總經理　協理　稽核

表#18

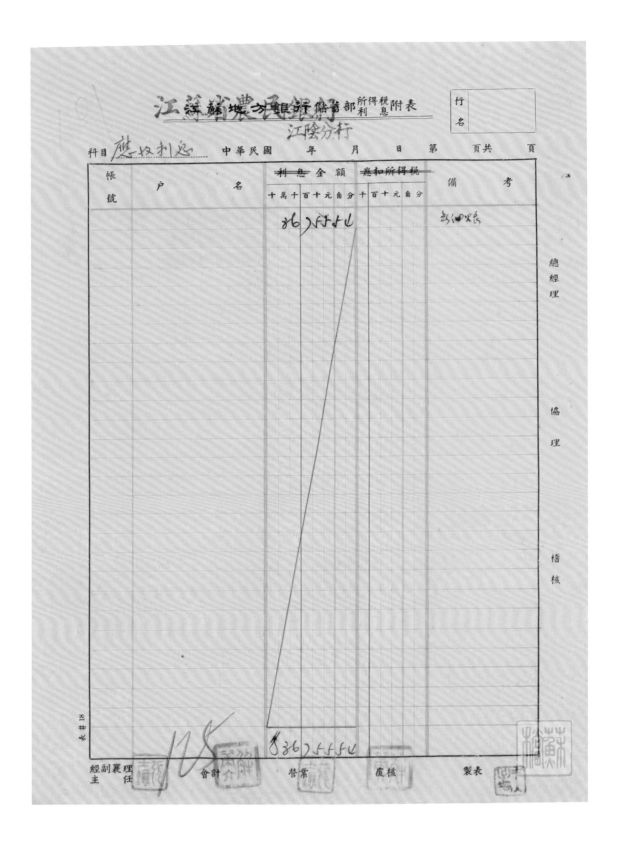

172

江蘇省農民銀行~~江蘇地方銀行儲蓄部~~利息所得稅附表

行名	

江陰分行

科目 從分行往來　　中華民國　　年　　月　　日　第　　頁共　　頁

帳號	戶名	利息金額	應扣所得稅	備考
		25146.79		備考
		25146.79		

總經理　協理　稽核

經副襄理主任　會計　營業　覆核　製表

表#18

126

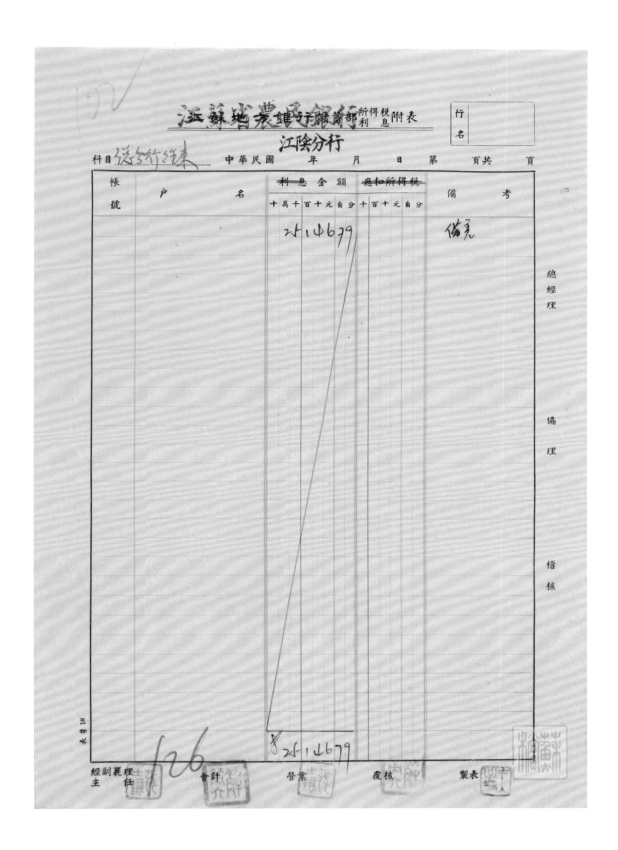

江蘇省農民銀行

江陰分行

科目 活期放款　中華民國　年　月　日　第　頁共　頁

帳號	摘要	金額	備考
	楊哲明	918.26	
	沈偉卿	858.00	
	王熤培	2,564.41	
	蘇南水利建設公債借款户	34,332.76	
	鄭志先	799.95	
	要港糧業公會	1,132.31	
	章敏農	1,251.68	
	三官鄉合作社	199.79	
		8 42,057.16	

經理 副理　會計　營業　覆核　製表

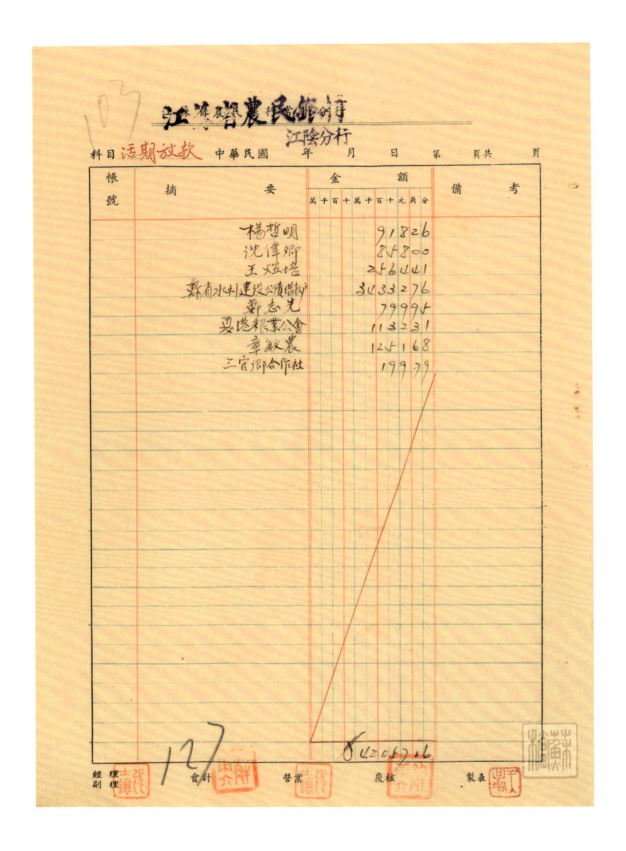

江苏省农民银行金坛支行关于陈报战时损失事致农民银行总行的公函（一九四六年八月二十九日）

江蘇省農民銀行總行收文 字第 06693 號

來文機關	坛行
來文字號	公卅今01
文到日期	中華民國卅五年九月初三日
摘由	為函陳屬行抗戰期内所受損失數字列表祈鑒核由
本件交	總務處 整理組
擬辦	擬俟彙案呈報，轉報財政部 九、三
決定辦法	（簽）九、三
復文字號	字第 號
復文日期	中華民國 年 月 日
歸卷日期	中華民國 年 月 日
附件	
備考	

138

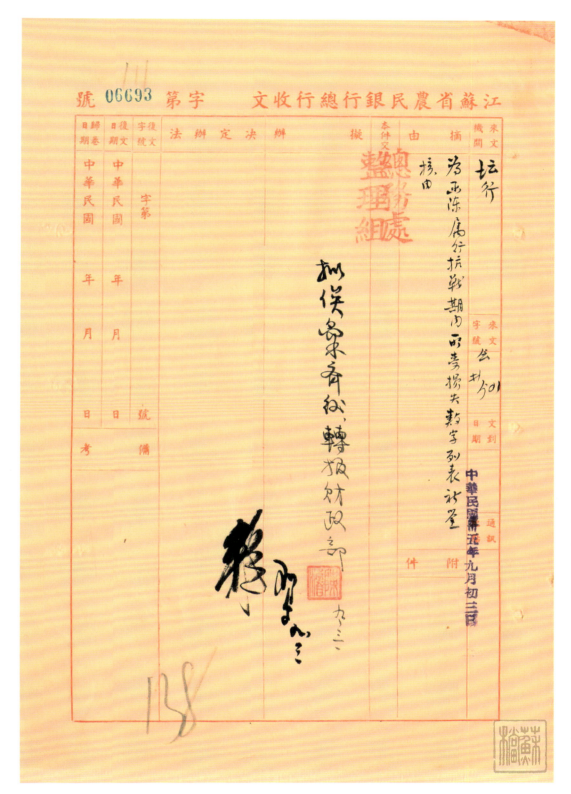

江蘇省農民銀行金壇支行公函

中華民國三十五年八月二十九日發　月　日到

壇會字第501號

事由：為函陳屬行抗戰期內所受損失數字列表祈鑒核由

附件：附表一紙

總行：

奉

鈞行八月十日通字#282函暨八月二十六日通字#310函知「為各分支行處抗戰期內所受損失應趕日根據帳冊查明確數詳細列表具報」等由，敬悉。查屬行抗戰期內所受損失確數僅就舊帳餘額數字查填，至其物資數量已無查攷，難以詳騐，茲就舊帳餘額列表函陳，敬祈

鑒核是禱

附表一紙

江蘇省農民銀行金壇支行

收文　字第　號　歸　字第　號卷　共　頁

行址　城內思古街

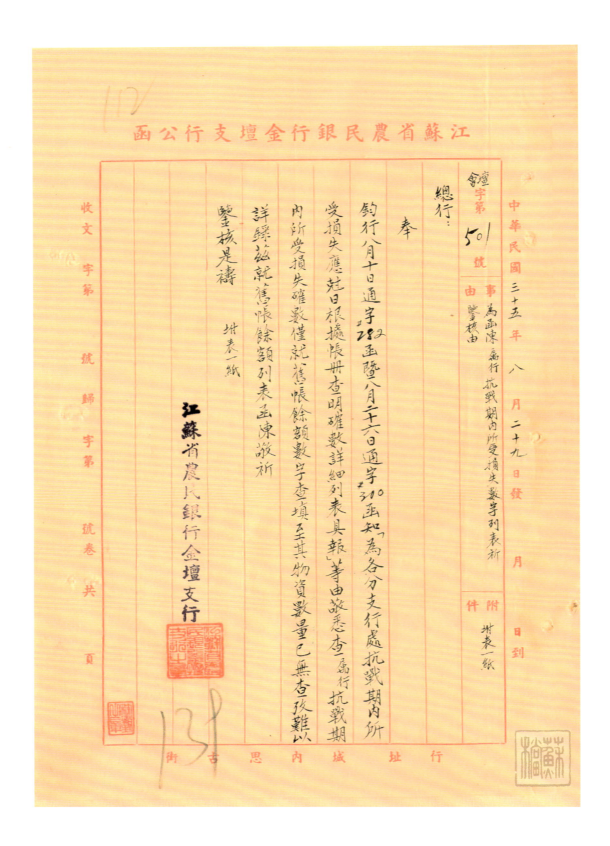

蘇農壇行暨所屬倉庫抗戰期內損失確數表

部份	財產損失（元）	儲押物損失（元）
行本部	四二六六五	
肴倉庫		二四五九九一〇
亨利倉庫		三二七七三〇〇
直溪倉庫		二四〇八八二〇
白塔倉庫		一二四九六一三
峙干倉庫		五七一六一二
社頭倉庫		二三〇二八〇〇
朱林倉庫		一七〇六六七〇

薛埠倉庫　四二〇二六〇

附註、行本部財產損失數字係根據三十二年舊帳營業用器具攤提
後餘額填列
一、各倉庫儲押物損失數字係根據三十二年舊帳倉儲放款填列至
其押品數量等已無可查攷

101

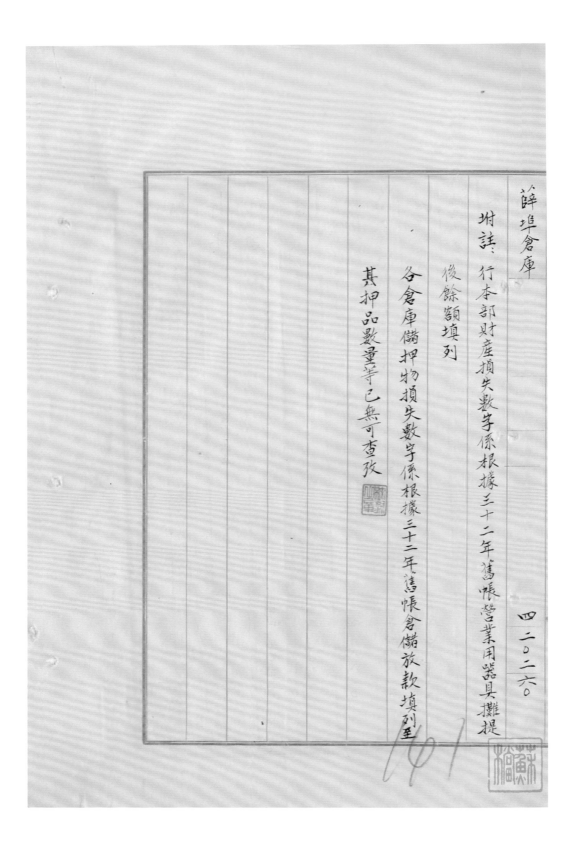

江苏省农民银行青浦分行关于陈报战时损失事致农民银行总行的公函（一九四六年八月二十九日）

江蘇省農民銀行總行收文　字第067331號

來文機關	青浦分行
來文字號	浦文26
到文日期	中華民國卅五年九月初三日
摘由	陳為浦行抗戰期内所受損失款計呈核由
擬辦	擬俟彙齊後，轉報財政部
附件	
本件文	總務處整理組
決定辦法	
復文字號	字第　號
復文日期	中華民國　年　月　日
歸卷日期	中華民國　年　月　日
備考	

九.三

九.三

江蘇省農民銀行青浦分行公函

浦文字第26號

事由：陳復浦行抗戰期内所受損失敬祈鑒核由

附件：如文

總行：

接奉

本年八月十日通整字第二八二號函示敬悉，茲查得浦行在抗戰期内所受損失計營業用器具一一〇五、一六元，清單乙份，隨函賫陳，敬祈

鑒核為禱

附陳浦行抗戰期内損失器具清單乙份

江蘇省農民銀行青浦分行

中華民國[illegible]八月廿九日

抗戦期内損失器具清単

自鳴鐘一件
柜枱　一座
燒火凳一只
椹凳架子一只
碗橱　一張
長櫈　四只
作枱板一只
枱板　一只
寫字枱四件
半桌　二只
浴桶　一只

椅子　十六只
躺椅　二只
方桌　二只
花架　二件
文卷橱一件
書橱　一件
寫字拔刹三件
留声機乙件
銀箱　一件
床榻　六件
枱燈　二只

青浦分行

自鳴鐘　一只
藤榻　一只
抽水機　一件
床榻　二只
鋼印　一件
銀箱　一件
大沙發二件
火炉　二只
保險箱一件
卧具　四件
茶杯　廿件

高脚盆四件
小櫈 八件
小桌 二只
帐架 一只
靠椅 三只
花盆架 二只
茶几 四只
銅欄干一件
銅枱燈一件
暖鍋 二只
大石 五十二塊
排束三百八十二塊

小石一千三百九十塊
灶鍋雜物一件
地板 二間
櫃枱 一座
步步高 七只
浚筒軋米斗一部
號碼机一件
白皮箱 二件
大木箱 一只
帐架 二件
書橱 二只
六位號碼機 一只

大方匾字招 一只
小鉄箱架 一只
玻璃板 四塊
藤椅 二只
衣架 二只
寫字枱枱板一塊
心声唱機 一只
八格銀箱 一只
洋椅子 一只
唱片 三張
轉椅 一只
號碼機 一只

沙濾缸 一只
抵门書櫥 一只
彈簧椅子 一只
模範火炉 一只
椅子 一把
碗箱 一只
書架夹板 一只
牙筷 二件
夹棒门帘 一扎
碗箱 二只
棕櫚架 一只
書架 一只

大號皮箱 二只
信箱 一只
信插 一只
踩金庫銅指臨 一方
銅牌 一塊
檯 一支
電風扇 二只
寫字枱轉椅 一只
寫字枱 一只
馬桶 一只
皮箱 一只
大鵬鬧鐘 一只

沙發茶几 一只
發文具箱 一只
鉄床 一只
寫字枱 一只
新式保險箱 一只
卡片箱 一只
司必靈寫字枱 一只
棕櫚椅子 三付
愛開收音機 一座
立櫥 一只
五斗櫥 一只
書架 一只

送鈔皮箱 一只
公事皮包 一只
罗明小鐘 一只
小便斗 一只
燈罩 一只
火爐 二只
大銀箱 二座
單门銅橱 一只
棕棚床 一架
號碼机 一只
帳架 一只
電話機 一架
圓掛鐘 一只
止

江苏省农民银行嘉定分行关于陈报战时损失事致农民银行总行的公函（一九四六年八月三十日）

江蘇省農民銀行總行收文　字第06695號

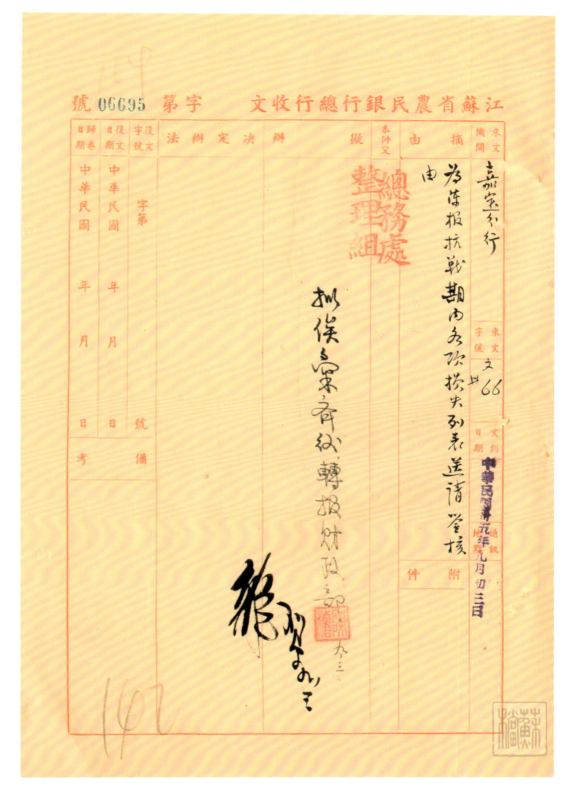

來文機關	嘉定分行
來文字號	文66
文到日期	中華民國卅五年九月初三日
摘由	為陳報抗戰期內各項損失列表送請鑒核由
附件	
本件叉	總務處整理組
擬辦	擬俟各案齊後，轉報財政部　九、三
決定辦法	總　九、三
復文字號	字第　號
復文日期	中華民國　年　月　日
歸卷日期	中華民國　年　月　日
備考	

江蘇省農民銀行嘉定分行公函

嘉文第六六號

事由：為陳報抗戰期內各項損失列表送請鑒核由

附件：如文

總行：

奉通字第三〇〇號

鈞函飭將抗戰期內所受損失根據帳册查明確數詳細列表具報等因奉此查嘉行舊帳並不完全除儲押放款及存出保證金照帳列計尚屬正確外其餘房地產經歷年折舊帳面所列數目已低於實際價值營業用器具因歷年折舊帳面已無餘額茲就同人記憶所及逐一開列另表開陳雖不十分精確但與事實相去不遠敬希

鑒核

附表一份

經理 潘指行

中華民國卅五年八月卅一日 發出

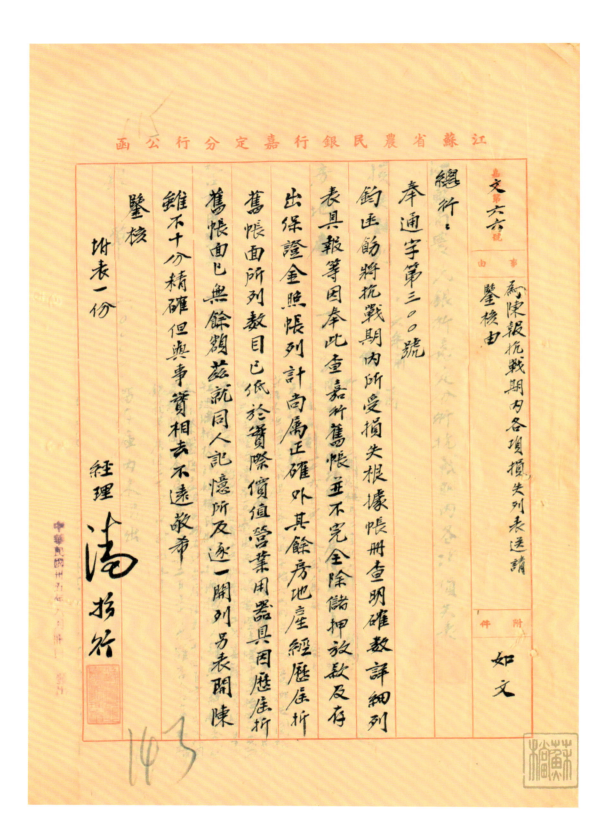

江蘇省農民銀行嘉定分行抗戰期内各項損失表

損失類别	二十六年前原價	備註
房地產	八、一〇〇〇〇	行屋一所計三開間樓房二座共六幢内一開間為三層樓平屋二間又高之圍墻約四十丈原價四千五百元又錢門塘農倉平房五間計一千六百元又外岡倉庫平屋十間造價二千元計如上數
營業用器具	一、九六三〇〇	計櫃木柜枱一座大小銀箱各一只寫字枱六只柳安沙發五只柳安圓枱一只柳安椅子四只轉椅八只帳櫥二頂書架四座木床八副大菜枱一只挂鐘枱鐘各一只電風扇一架電燈挂燈十盞枱燈双盞四只單盞一只方枱二只圓櫈十只腳踏車二部其餘如算盤墨水缸玻璃枱板號碼機印刷器打洞機叫人鐘熱水瓶銅茶壺茶杯茶盤痰盂等另物不計數原價為一千四百六十七元又外岡及錢門岡兩倉庫各種用具二百五十六元羅店倉庫柜枱銀箱等原值二百四十元計如上數
銀幣	二、〇〇〇〇〇	留存庫内未攜出
儲押放款	六四六九三	羅店農倉五十三元三角外岡一百十元錢門塘四百八十三元六角三分計如上數
存出保證金	四九〇〇	嘉行電話押租二十四元羅處電燈押租二十元嘉太寶通話保証金五元計如上數
合計	一二、七五八九三	

江苏省农民银行泰县分行关于陈报溱潼办事处战时损失事致农民银行总行的公函（一九四六年八月三十一日）

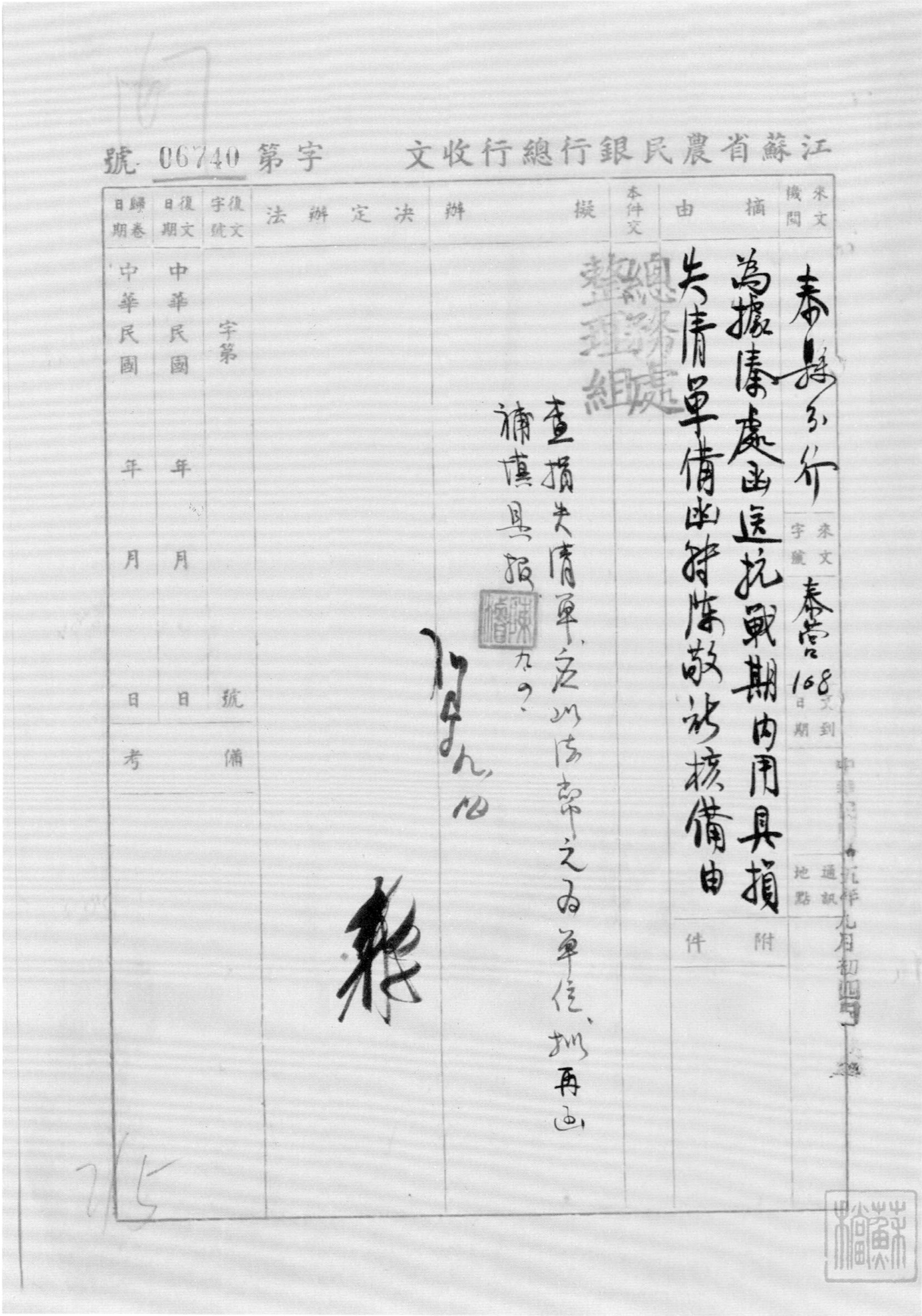
江蘇省農民銀行總行收文 字第 06740 號

來文機關：泰縣分行

摘由：為據溱潼處函送抗戰期內用具損失清單備函特陳敬祈核備由

來文字號：泰營108

到文日期：中華民國卅五年九月初四日

通訊地點

附件

本件交：總務處整理組

擬辦：查損失清單已照總部之兩單位，擬再函補填具報 九.四

決定辦法

復文字號：字第 號

復文日期：中華民國 年 月 日

歸卷日期：中華民國 年 月 日

備考

江蘇省農民銀行泰縣分行公函

泰營字 No. 108

事由：為據溱處函送抗戰期内用具損失清單備函轉陳敬祈 鑒核備查由

附件：清單一份

總行：

據溱潼辦事處溱字第五號公函畧稱，奉 總行通整字第二八二號通函令飭各分支行處查報抗戰期内所受損失等因，除先將前溱處用具損失開具清單函陳外，其餘朱萬和等十五家特約堆棧二十六年十月十二日止儲押小麥計共六十一萬零五百六十三石五斗，押放全額計八十一萬一千零三十三元，二十七年東台淪陷，省府令飭六區專員公署及興化、鹽城、泰縣、泰興、靖江各縣政府暨民衆自衛隊等分別搶運疏散，各處提卸收証當郵寄前管轄行東台分行，詳細數字因副帳疏存各處，散佚不全，現正在搜集中，容後再行陳報，茲附陳前溱處用具損失清單一份，敬祈鑒轉備查等情，為特檢同清單一份，備函轉陳，敬祈 鑒核備查為禱。

江蘇省農民銀行泰縣分行

中華民國卅五年八月卅一日發出

附：江苏省农民银行溱潼办事处用具损失清单（一九四六年八月二十六日）

江蘇省農民銀行泰縣分行公函

江蘇省農民銀行溱潼辦事處用具損失清單　卅五年八月廿六日

中華民國卅五年八月廿八日收到

品名	數量	品名	數量	品名	數量
柳安辦公桌	壹只	玻璃文具櫥	壹頂	木長凳	四只
柳安單人椅	壹只	充紅木方桌	壹只	舖板	弍付
廣木賬桌	壹只	海梅茶几	三只	水缸	弍只
單人沙發椅	弍只	海梅椅	四只	木長客椅	弍只
大木方桌	弍只	玻面圓桌	壹只	內庫房鉄柵門	壹扇
小木方桌	弍只	棕繃	三只	籐椅	四只
柳安靠背椅	八只	櫃枱上木欄杆	壹付	掛鐘	壹只
衣架	壹只	燈桌	三只	鐵鍋	三只
玻璃衣鏡	弍面	籐睡椅	三只	油印器	壹只
廣木方凳	四只	木圓凳	十只		

江苏省农民银行苏州分行关于陈报战时损失事致农民银行总行的公函（一九四六年九月四日）

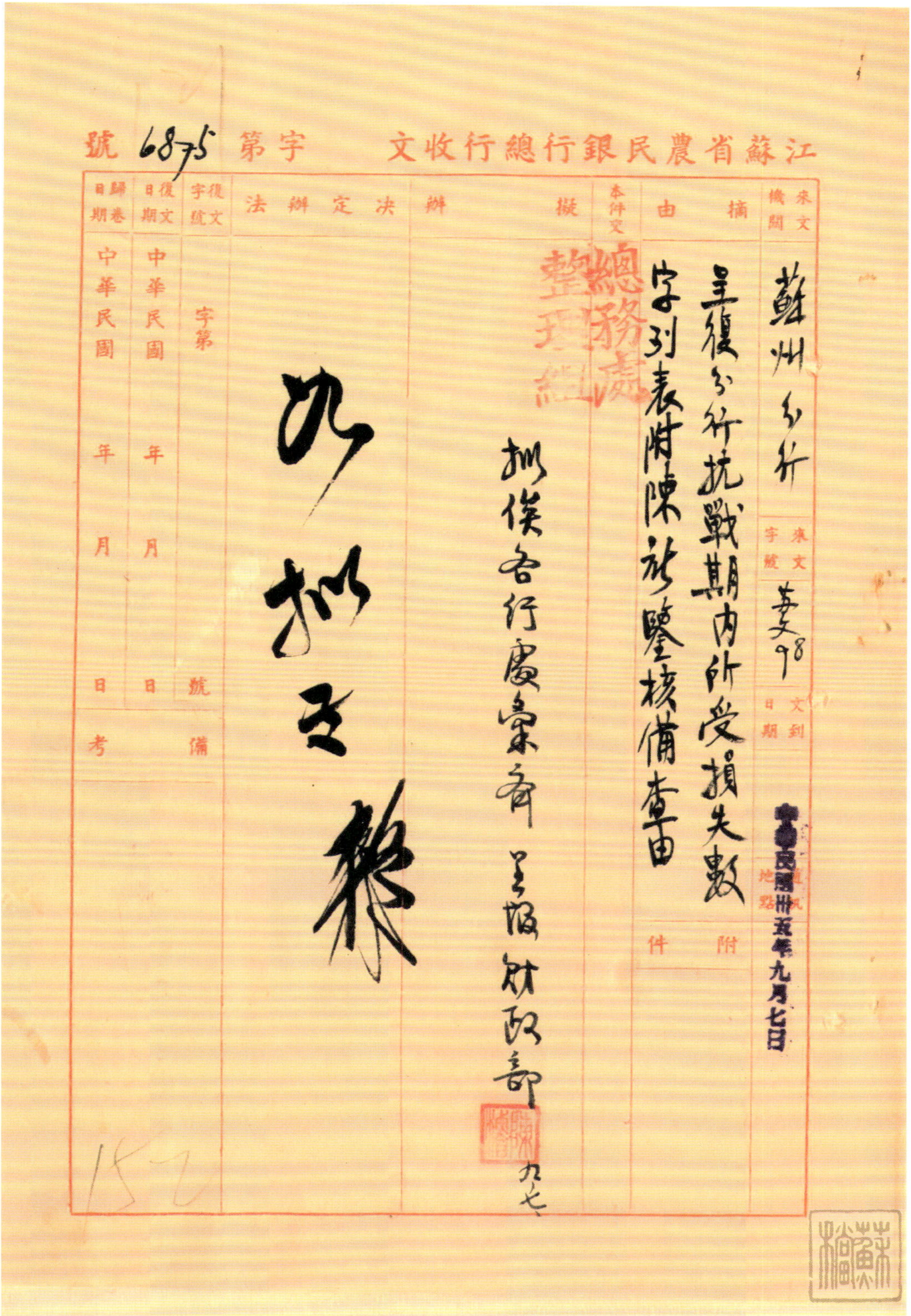

江蘇省農民銀行總行收文 字第 6875 號

來文機關	來文字號	到文日期	摘由	附件	本件文	擬辦	決定辦法	復文字號	復文日期	歸卷日期
蘇州分行	蘇98	中華民國卅五年九月七日	呈復分行抗戰期內所受損失數字列表附陳祈鑒核備查由		總務處整理組	擬俟各行處彙齊呈報財政部 陳 九七	如擬 五 [illegible]	字第 號	中華民國 年 月 日	中華民國 年 月 日

備考

152

江蘇省農民銀行蘇州分行公函

蘇文字第九十八號

中華民國卅五年九月四日發

事由：呈復本分行抗戰期内所受損失數字列表附陳仰祈鑒核備查由

附件

案奉

鈞行八月十日通字第二八二號通函「查本行各支行處抗戰期内所受損失亟須調查明瞭以便陳報兹特通函務希尅日根據賬册查明實際精確數字詳細列表具報勿延爲要」等因奉此本分行正在趕辦間又奉

鈞行八月二十六日通字第三〇〇號通函「案查各分支行處抗戰期内所受損失應尅日根據賬册查明確數詳細列表具報前經於八月十日以通字第二八二號通函查照辦理在案爲日已久尚未據造送特再函達希從速查明填報爲要」函同前因奉此查戰前本分行各種賬册已不完全尤以與財產有關各種備查簿各物品登記簿保管品簿質押

收文　字第　號　歸　字第　號卷共　頁

行址觀前大街八十六號　電話二一八六　二一四二〇
電報掛號〇三〇九

江蘇省農民銀行蘇州分行公函

中華民國　年　月　日發　月　日到第　頁

品登記簿等均付闕如所受損失殊難搜集精確數字茲依據二十七年上期決算表內「營業用房地產」及「營業用器具」預付費用等科目餘額並本分行及儲蓄分處各項放款抵押品損失等列表六張又本分行及閶處滸關倉庫陳墓倉庫等處房屋器具所受損燬概況另列附表一紙一併仰祈

鑒核備查為禱

謹上

總行總經理

總副經理

附表

江蘇省農民銀行蘇州分行

收文　字第　號　歸　字第　號　卷　共　頁

行址觀前大街八十六號　電話二一 一四 八四 八二

電報掛號〇三〇九

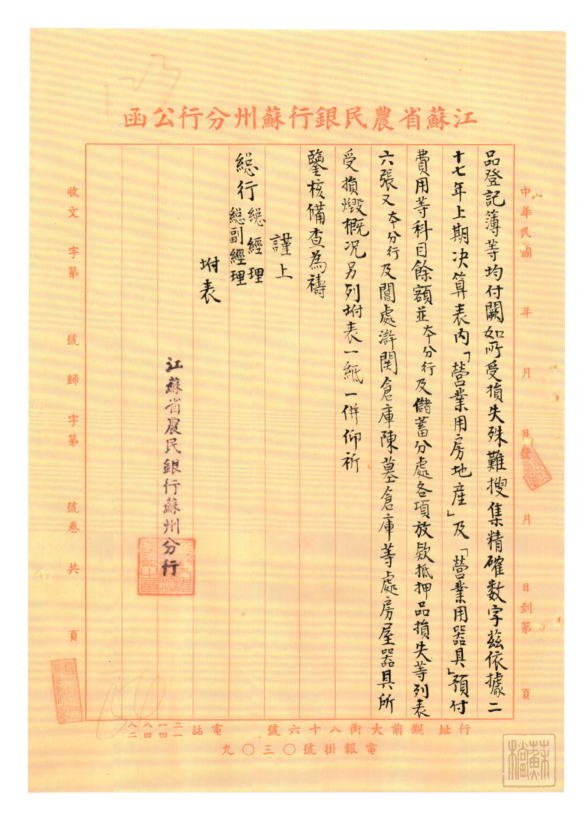

附一：江苏省农民银行苏州分行战前房屋器具损失概况表

江蘇省農民銀行蘇州分行戰前房屋器具損失概況表

名稱	房屋損失	當時估計價值	現時價值（以一萬倍計算）	器具損失	當時估計價值	現時價值（以一萬倍計算）	備註
觀前街分行	第一進四樓四底 第二進五樓五底 第三進五樓五底 保管庫一座	八五、〇〇〇元	八五〇〇〇〇〇〇〇元	紅木梧椅沙發、鉄床等百餘件 保管箱五百只	一〇、六二六元 一二、五〇〇元	一〇六二六〇〇〇〇元 一二五〇〇〇〇〇〇元	
閶門辦事處	租賃			全部損失	八、〇〇〇元	八〇〇〇〇〇〇〇元	
滸關倉庫	計一百卌間	三〇、〇〇〇元	三〇〇〇〇〇〇〇〇元	全部損失	一〇、〇〇〇元	一〇〇〇〇〇〇〇〇元	內有加工設備
陳墓倉庫	門窗等物完全損失	六、〇〇〇元	六〇〇〇〇〇〇〇元	全部損失	三、〇〇〇元	三〇〇〇〇〇〇〇元	
合計		一二一、〇〇〇元	一二一〇〇〇〇〇〇〇元		四四、一二六元	四四一二六〇〇〇〇元	

1页

蘇州分行暨儲蓄分處抗戰期間損失概況表（一）

科目名稱	金額	備註
營業用房地產	六〇、九〇八.八六元	根據二十七年上期決算表之數字爲當時帳值，已除去折舊，另詳附表。
營業用器具	一〇、六二六.五五元	根據二十七年上期決算表之數字爲當時帳值，已除去折舊，另詳附表。
預付費用	四九五.二九元	根據二十七年上期決算表未耗用之數字爲當時帳值，包括印刷品、保險費等。
合計	七二、〇三〇.七〇元	上列合計數係戰前帳值
附註		被收抵押品損失另詳表（二）；保管箱保管品全部損失，均無詳報可稽，付缺。

蘇州分行暨儲蓄分處抗戰期間損失報告表(二)

（抵押品損失清單）

科目	帳號	戶名	抵押品	備註
定期抵押放款	#28	四區迎鐵御草蒲生産社	田契連知單十件 計田68畝	
	#27	范仲康	十二匹馬力柴油機一架 附租用契	
	#30	興業地產信託局	房屋十一座計一百零七間搭屋六間破屋六間	
活期抵押放款	#65	第三區春繭社	該社全部房屋什物	
	#75	第九區毛毯社儲押處	全部毛毯	
	#105	西滄灌溉社	地價稅契之兩張 計田18畝 值$800	戰前則契值
	#117	洽載信社	田方契十六件值$2476	仝上
	#121	四區黃泥信用合作社	印單之戶串八戶 計田15.06畝	

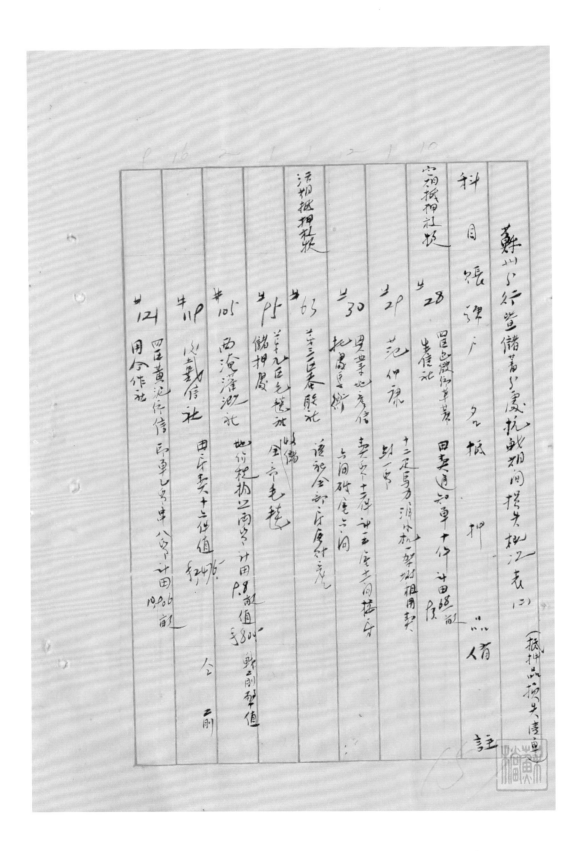

四頁

生125 九區以戴春東 田契廿件 計田80.307畝、房契六件 存根生141
合作社 計14間
生133 九區毛毯產銷社 全部房料羊毛毯棉絨毯
生134 九區毛毯聯合社 全部生財
生137 合興蚕種場 全部房屋廿間，傢伙5840 戰前契值
生138 蔚林虹 契紙三件，計地4.1818畝、房屋40 〇 間
黃逵士 間值5800
生139 同春典 該典全部家具雜物
生140 九區同湖信 房契三張計16間田契一張計
信社 67畝，又由山灣月股單上各計5800
生144 三區春生庄 該社債券之棋某机及新旧房屋
錫聯合社
生151 四區澤里鄉 田面契十六件1467畝，租田契四件68畝
草蕩生信社 糧串二件計60畝
生153 吳縣香山生信社 田面契卅七件，計田4716畝，土地所有權
狀一張，67畝，糧串十紙

卅162	四区黄汉侯 草荡生信社	田面契卅张 计四卌亩
卅165	四区镐金侯 草荡生信社	田单5件计26亩 田面契四件 计田17亩 房屋一间半
卅168	六区尚文侯 草荡生信社	田面契廿件 田240亩
卅169	姚桂根	新塍湘城镇房屋一所 计56间 战前带值 值4500
卅170	唯亭山华农 尧社	田面契廿三件 计田17亩
卅171	九区毛孩尧 锦联合社	铁木机四架 卧车一架 丝五架 羊毛毯五百条
卅174	四区春联社	乾茧380包
卅177	十三区酒夏 钱春香社	苏州电气厂存之股票乙张
卅180	四区□殷侯 草荡社	该社缝子房原料及成品作
卅181	四区嫱金侯 草荡社	公 据 乙册

了頁

\#182 四區黃泥邨草蓆社 仝 乙冊

\#183 四區潭里邨草蓆社 仝 乙冊

\#184 六區尚義信草蓆社 仝 乙冊

\#185 四區金旋信草蓆社 仝 乙冊

催收欠項

高榮儲社 田契十七件

滌莊信社 田契十四件

仝 乙冊 房田契卅七件

仇家木橋信社 田契六件 計70畝

東濱奮社 賦據九張 計21畝

萬金邨信社 田契十六張 計1267畝

2 1 1 26 18 3 1 1 1 4

	迁里合社	契串四只，计 20.334亩
	仝 前	代单一只，计 5.558亩
	大家浜合社	田单一只，计 18亩
	沈家村信社	田面契 6.7亩
	南印信社	田契六件，计 7.5134亩
	姜家印信社	田契九件 4.5181亩
	葛庄信社	田面契廿六件，计 10.5176亩
	许懋梓	明之印刷所全部生财
往来透支	46 观明电气行	地皮向登记纸一张，计基地13间
	46 苏金採石场	山契一张 5.34亩，原契一张 5.15

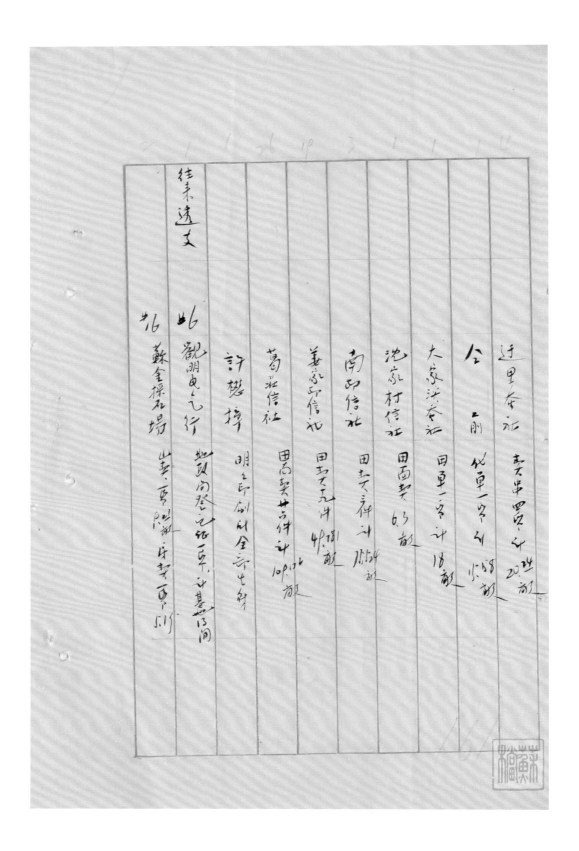

4頁

定期權狀

蘇20 蔡溪種場　登記證一件，所有權狀證一件。

蘇20 嚴雄虹　房契四件

蘇21 楊培芝堂行　房屋宅紅契一張，執照、裝機[illegible]及[illegible]，所有權狀一張。

蘇24 瑞泰綢布莊　房屋計二一處，紅契一張，所有權狀二張。

蘇27 協和公記米行　田單四張，計田肆畝，房契三張，計房屋七十四間

蘇28 典記米行　驗契二張，計地基八分八厘，房屋25間

滬17 永新棧場　田底契三張，計7.8畝，田面契三張，計8.4畝；房屋平面圖二張，計棧房84幢，平房17間

滬22 江蘇省女子蠶業學校　所收蠶業全部設備及全部及實習工場全部自製機器，約值五萬元　戰前幣值

以上蘇州分行之部

蘇35 王叔介　十二匹馬力引擎一架，估880　戰前幣值

蘇38 俞長春　十六匹馬力抽水機一架，連水[illegible]　估值[illegible]　全　前

6 4 3 6 1 4 3 10 2 7

#40 王保和	房契七纸，估值[illegible]	仝	（存据#28）前
#41 许庆生	房契、验契各乙件，估值[illegible]	仝	（存据#34）前
#4[illegible] 张富祥	房契贰件、税房契乙件、租契七纸，值[illegible]	仝	（存据#77）前
#4[illegible] 陈钰	财产损失单乙纸、产业向地图契各乙件，值[illegible]	仝	（存据#[illegible]）前
#48 陈毓灵	大生公司三份、淮康股票四股，值[illegible]；住宅地基、租契、律师证明遗嘱（存据）	仝	前
#52 中和印刷局	沦陷时全部财产估值[illegible]	仝	前
#55 任慎遇	旧契、新契、税契、房图各乙件，值[illegible]	仝	前
#56 詹文吉	新契乙件、原契、官契各乙件，估值[illegible]	仝	前
#60 沈田达 吴似兰	红契二件、[illegible]以及件，土地向登记证件、[illegible]单乙件，值[illegible]	仝	前
#71 丁荫洲	房契二件、[illegible]契、[illegible]件、地价税收据三件	（存据#37）	

5頁

廿74	安徽会館代表李伯琦	房地產契、裝租契各首契，印照相代各乙件	（存据廿山）
廿75	陆澄斋	所有權狀印照、新契各乙件，舊契貳分	（存据廿山）
廿81	史久暟	上海民行定單廿2671至2082號	
廿83	蘇甬水[illegible]教濟[illegible]会	以卅年工組公債票31万元向[illegible]及抵付概借十万元	
廿85	沈[illegible]達	房契、租契印照[illegible]契照契各一件，住宅單乙份值[illegible]	戰前幣值（存据闸廿1）
廿86	方伯凡	金耳環一付、戒指一只，計重四[illegible] 錢再度	
廿87	許順昌商店、許竹廷	次錫18塊，計重1223斤 再度	
廿100	吳志洪	金鐲一副，計重二兩二錢 再度	
廿101	王礼甫、王礼東、王敏甫	房契、租契善後[illegible]二件，領所有權狀憑証二件	（存据廿75）
廿104	章惠記	白金鑽戒一只、白金鑽珠環一付，值四萬元	戰前幣值（存据廿71）

空翔救灾

廿158	周竹山	房契田契各一件 估值 ¥2000	仝前（存据廿107）
廿167	杨洪钧	房契二张 估值 ¥1000	仝前（存据廿69）
廿168	曹塔灯	房契一件 估值 ¥1500	仝前（存据廿64）
廿177	戴知一	市照验契新契各一件 值 ¥1000	仝前（存据廿110）
廿187	潘沛霖	房契一件 估值 ¥1500	仝前（存据廿76）
廿232	孙松年	房契六件粮串十件 估值 ¥1000	仝前（存据廿70）
廿236	郑文骝	房契房图租簿各一件 估值 ¥4000	仝前（存据廿77）
廿237	刘世勤	附部执照一件 产契一件 有权状遗证一件 估值 ¥1000	仝前（存据廿78）
廿248	曹锦荪	元和县道契及佃版图执业 老田新单六件 唯亭三节户册 租契一件 每图新契一件 黄纸契四件 时记诉明书六件 租票 件 粮串六件 估值 ¥2000	仝前（存据廿76）

不良

壯249 凌靜英 房契、存方單三張、一根 全 二冊
貴六件估值拾元 （存據壯27）
凌渡文契、租錢已收訖

壯250 錢孟春 房產執業印照及有契文件 （存據壯28）

壯251 宋湖德棧 宋松壽 值拾元 印照存驗契、存租摺一扣 全 二冊 （存據壯25）

壯253 丁鞠亭 房契二件驗契二件並無房照 上存准單買賣單一份值拾元 全 二冊 （存據壯37）

壯254 王幼谷 房契典契存驗契、存 典契一件估值拾元 全 二冊 （存據壯41）

壯262 劉孝絕 房契驗契房圖及土地司證 明文件收據存估拾元 全 二冊 （存據壯53）

壯263 朱賡良 附有房地壯78、壯87等式件、新 契印照、紅契、證明信文件 （存據壯56）

壯264 錢主聲 錢大昌 房契二件估拾元、搭舍全 租摺一扣拾元 全 二冊 （存據壯57）

壯265 楊錫鏞 房契執照一張、紅契驗契佃摺四件 全 紅契二張估拾元 二冊 （存據壯58）

壯267 張文元 土地司所有權狀臣契六件契照 全 二冊
所契怡枕串連文單各一件
上有契十件值拾元 （存據壯54）

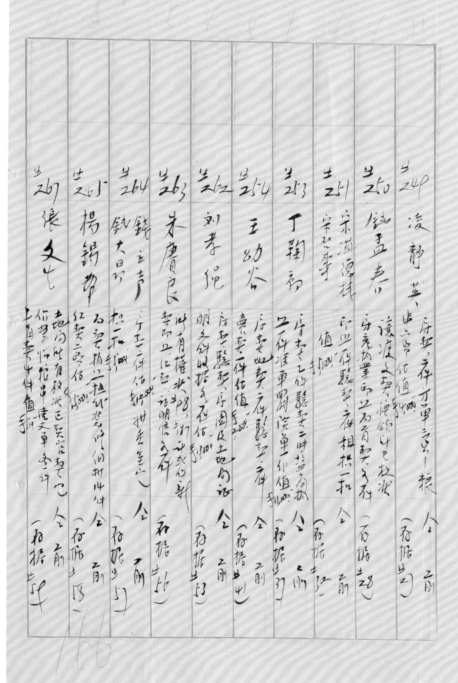

催收抵押

廿1	沈姚氏	田单68号田58亩估¥1,000	仝 二册（存据廿46）
廿2	朱重明	新契二件照契一件版串七张估¥2,000	仝 二册（存据廿65）
廿3	徐曾氏	房契四件借据两值¥1,000	仝 二册（存据廿75）
廿4	詹文德	房契一件估¥1,500	仝 二册（存据廿58）
廿5	时嘉生	据杨川嘉记生记抵二张 计¥3,500	仝 二册（存据廿60）
廿6	杨培坤	房契三件估¥1,000	仝 二册（存据廿107）
廿7	张志刚	房契、四件估¥6,000	仝 二册（存据廿120）
廿8	孙元堂	房契、二件房契四件地契六件估¥10,000	仝 二册（存据廿61）
廿9	韩云龄	房契六件、估值¥4,000	仝 二册（存据廿115） 以上系储蓄处之部
合计		一〇五户 抵押品计七九六件	

江苏省农民银行崇明支行关于陈报战时损失事致农民银行总行的公函（一九四六年九月十一日）

江蘇省農民銀行總行收文 字第 07330 號

來文機關：崇明支行

摘由：為呈報俟向滬行提回前崇處帳冊後再將抗戰期內損失詳報由

來文字號：崇160

到文日期：中華民國卅五年九月拾六日

本件交：總務處

擬辦：該行既已派員赴滬行提取帳冊查明具報 本件擬存查 九、十六

如擬 九、十六

江蘇省農民銀行崇明支行公函

崇字第160號

事由：為呈報俟向滬行提回前崇處賬册後再將抗戰期内損失詳報由

附件

通字第282、300號

大函均已奉悉。查前崇處帳册現在本行者僅廿九年上期至廿九年下期及卅年上期，曾奉鈞行整字九〇號函囑向滬行就舊件中詳為清查業經崇字一〇九號函請檢出在案，迄未得複，致未能將抗戰期間内所受損失呈報。茲已派朱維周前去洽提，容取回後當根據帳册查明確數，再行列表具報。理合將情形陳報，敬祈鑒備為荷。謹呈

總行

江蘇省農民銀行崇明支行

第全頁

中華民國三十五年九月十一日發

213

附：江苏省农民银行崇明支行财产直接损失汇报表

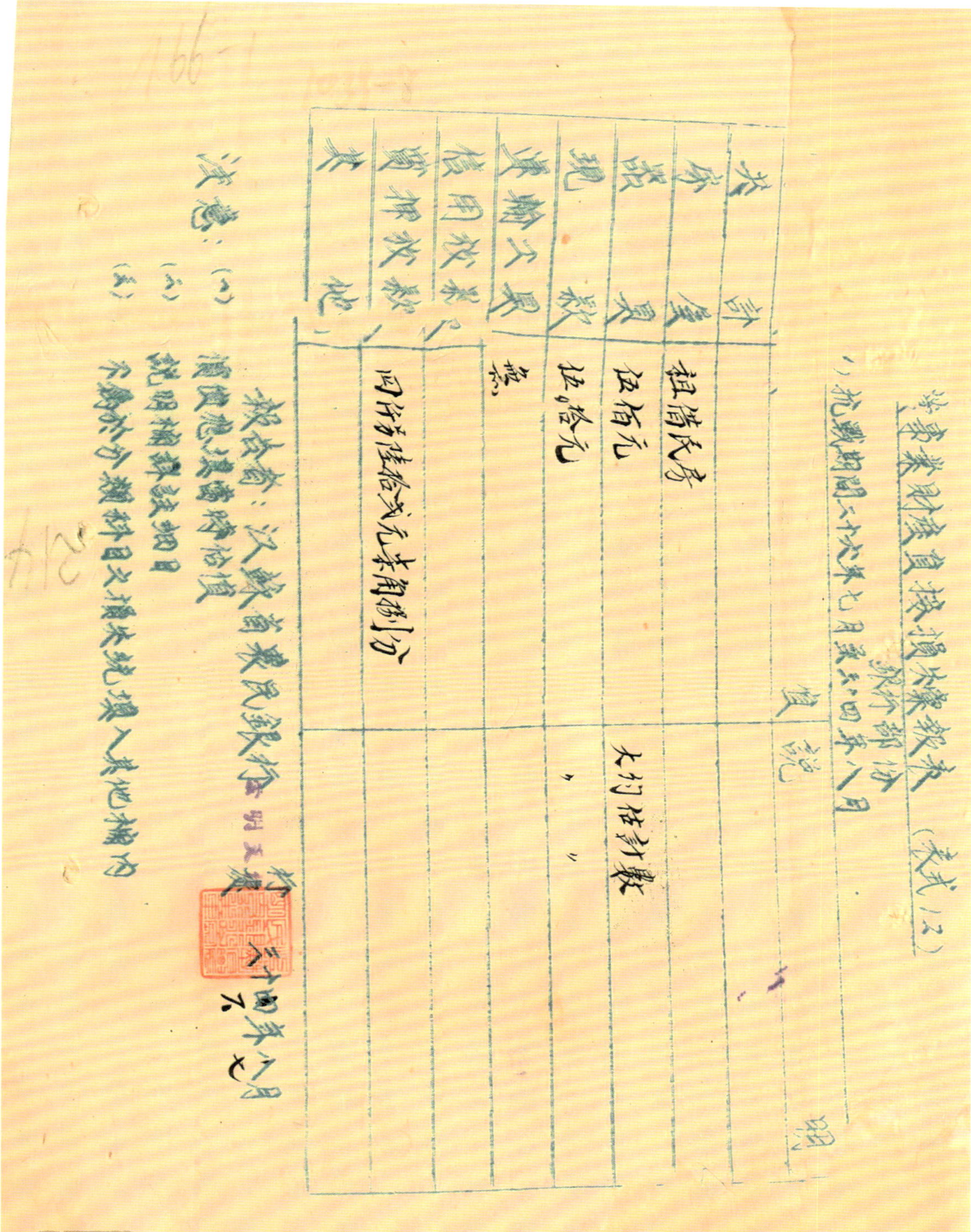

（一）事業財產直接損失彙報表　（表式12）

銀行部份

（抗戰期間二十六年七月至三十四年八月）

	價值	說明
共計		
房屋	租借民房	
器具	伍佰元	大約估計數
現款	伍拾元	〃　〃
運輸工具	無	
信用放款		
質押放款	四仟另陸拾弍元柒角捌分	
其他		

報告者：江蘇省農民銀行崇明支行　三十四年八月

注意：（一）價值應填當時估值

（二）說明欄詳註細目

（三）不屬於分類科目之損失統填入其他欄內

江苏省农民银行常州分行关于陈报战时损失事致农民银行总行的公函（一九四六年九月十六日）

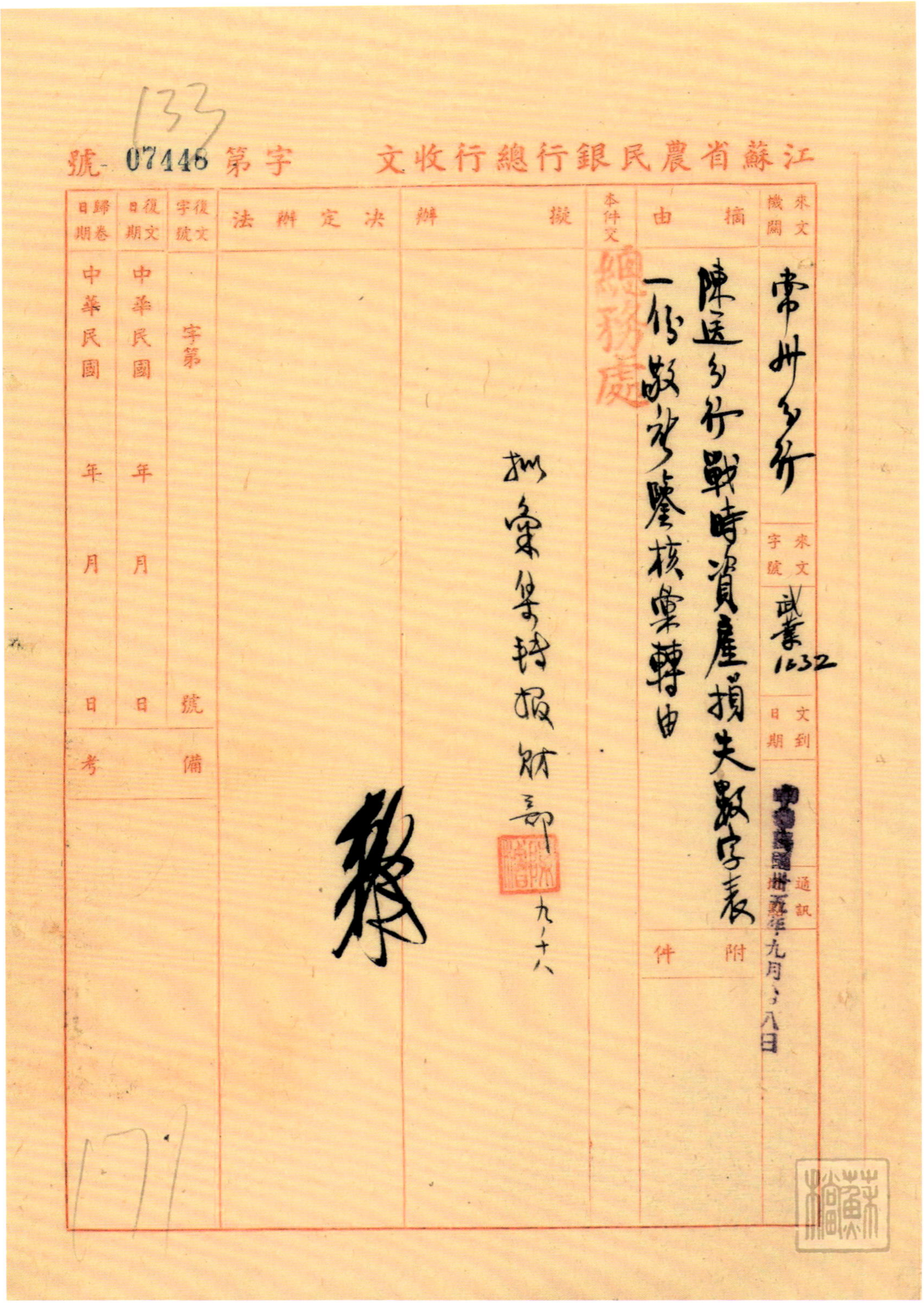

江蘇省農民銀行總行收文 字第07446號

來文機關	來文字號	到文日期	摘由	附件	本件文	擬辦	決定辦法
常州分行	武業1032	中華民國卅五年九月十八日	陳送分行戰時資產損失數字表一份敬希鑒核彙轉由		總務處	擬彙集轉報財部　九/十八	

江蘇省農民銀行常州分行公函

武業字第1032號

事由　陳送分行戰時資産損失數字表一份敬祈鑒核彙轉由

附件

總行：

接奉通字第282及300號先後函飭填報戰期所受損失精確數字以憑陳報等因自應遵辦茲查該項戰時資産損失分行業經依據戰前帳册分别科目製表完竣爲特隨函陳送該項數字表一份敬祈鑒核彙轉爲禱

附送分行戰時資産損失數字表一份

江蘇省農民銀行常州分行經理謝召南

中華民國卅五年九月拾六日

134

172

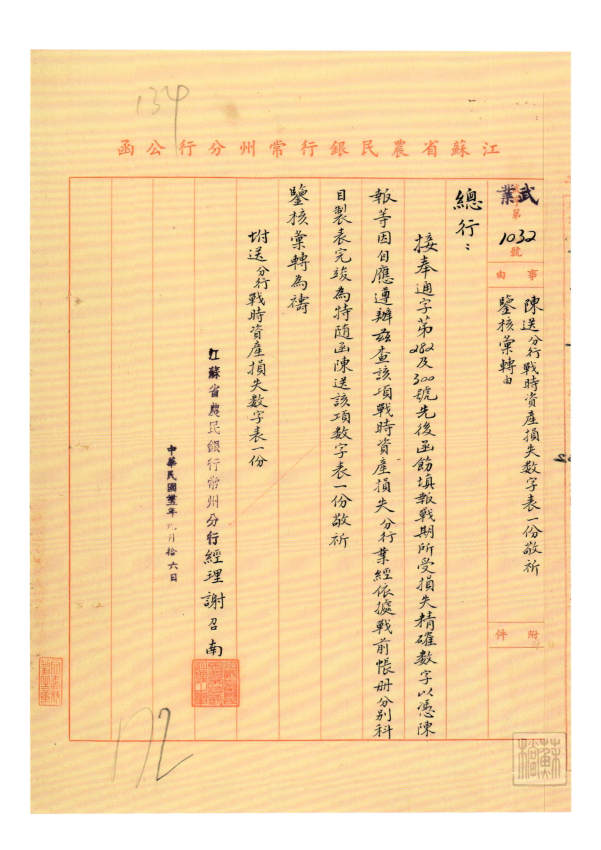

附：江苏省农民银行常州分行战时资产损失表（一九四六年九月十一日）

135

江蘇省農民銀行常州分行戰時資產損失

科目　　　　　中華民國35年9月11日　　第全頁共　　頁

帳號	摘要		金額（萬千百十萬千百十元角分）	備考
	存放同業	餘額	415634	係根據此前常行帳列
	倉庫儲押放款	〃 〃	1527497	
	合作通銷放款	〃 〃	4150220	
	活期抵押放款	〃 〃	5922158	
	定期抵押放款	〃 〃	6933042	
	活期信用放款	〃 〃	14096826	
	定期信用放款	〃 〃	1850000	
	往來透支	〃 〃	173494	
	有價證券	〃 〃	2561516	
	催收款項	〃 〃	14019408	
	没收抵押品	〃 〃	1898	
	倉庫往來	〃 〃	206740	
	暫記欠款	〃 〃	498665	
	運送現金	〃 〃	37000	
	應收利息	〃 〃	12830651	
	存出保証金	〃 〃	1100777	
	營業用房地產	〃 〃	706999	
	營業用器具	〃 〃	1880681	
	合計		$70820606	

172

經理　副理　　會計　　營業　代　　覆核　　製表

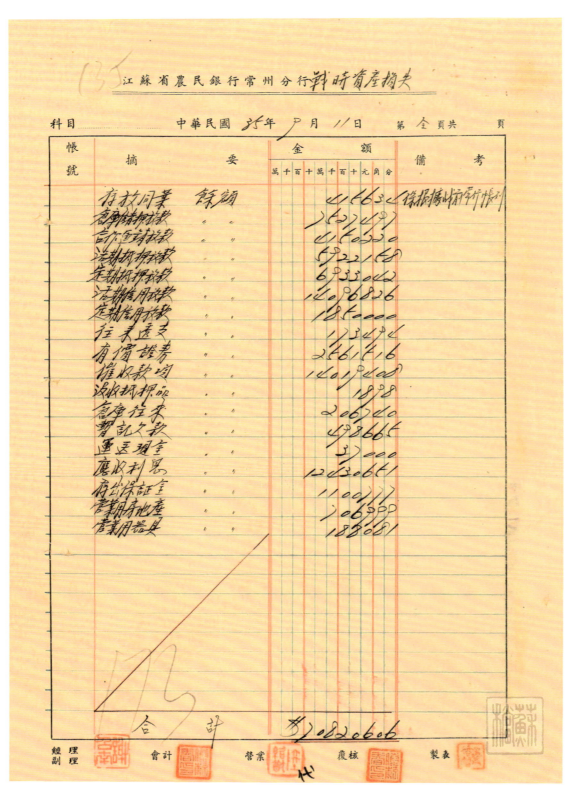

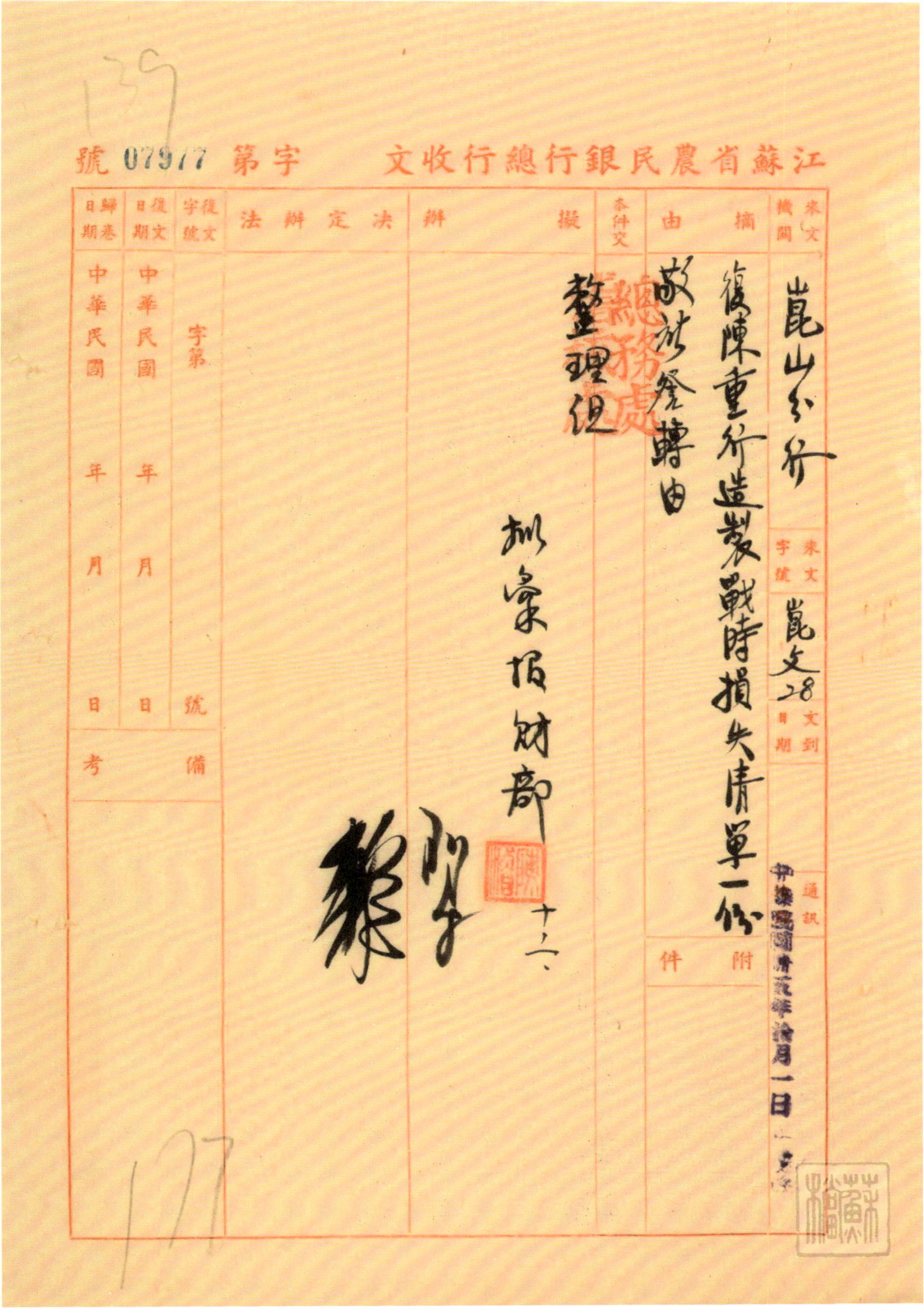
江蘇省農民銀行總行收文 字第 07977 號

來文機關	來文字號	到文日期	摘由	本件文	擬辦	決定辦法	復文字號	復文日期	歸卷日期
崑山分行	崑文28	中華民國卅五年拾月一日	復陳重行造報戰時損失清單一份 敬請簽轉由 整理組	總務處	擬彙報財部 十八		字第 號	中華民國 年 月 日	中華民國 年 月 日

附件

備考

江苏省农民银行昆山分行关于陈报战时损失事致农民银行总行的公函（一九四六年九月二十七日）

140

江蘇省農民銀行崑山分行公函

崑文第28號

事由：復陳重行造製戰時損失清單一份敬祈詧轉由

附件：如文

總行：

謹復者，接奉

鈞行總三五號公函內開「查損失清單內漏將金額列入，無從查核，應以法幣元為單位重行詳填具報憑轉」等因，茲遵將金額列入重行造製損失清單一份隨函附陳，敬祈

詧轉為荷。

附戰時損失清單一份

江蘇省農民銀行崑山分行

民國卅五年九月廿七日

178

附：江苏省农民银行昆山分行战时损失清册

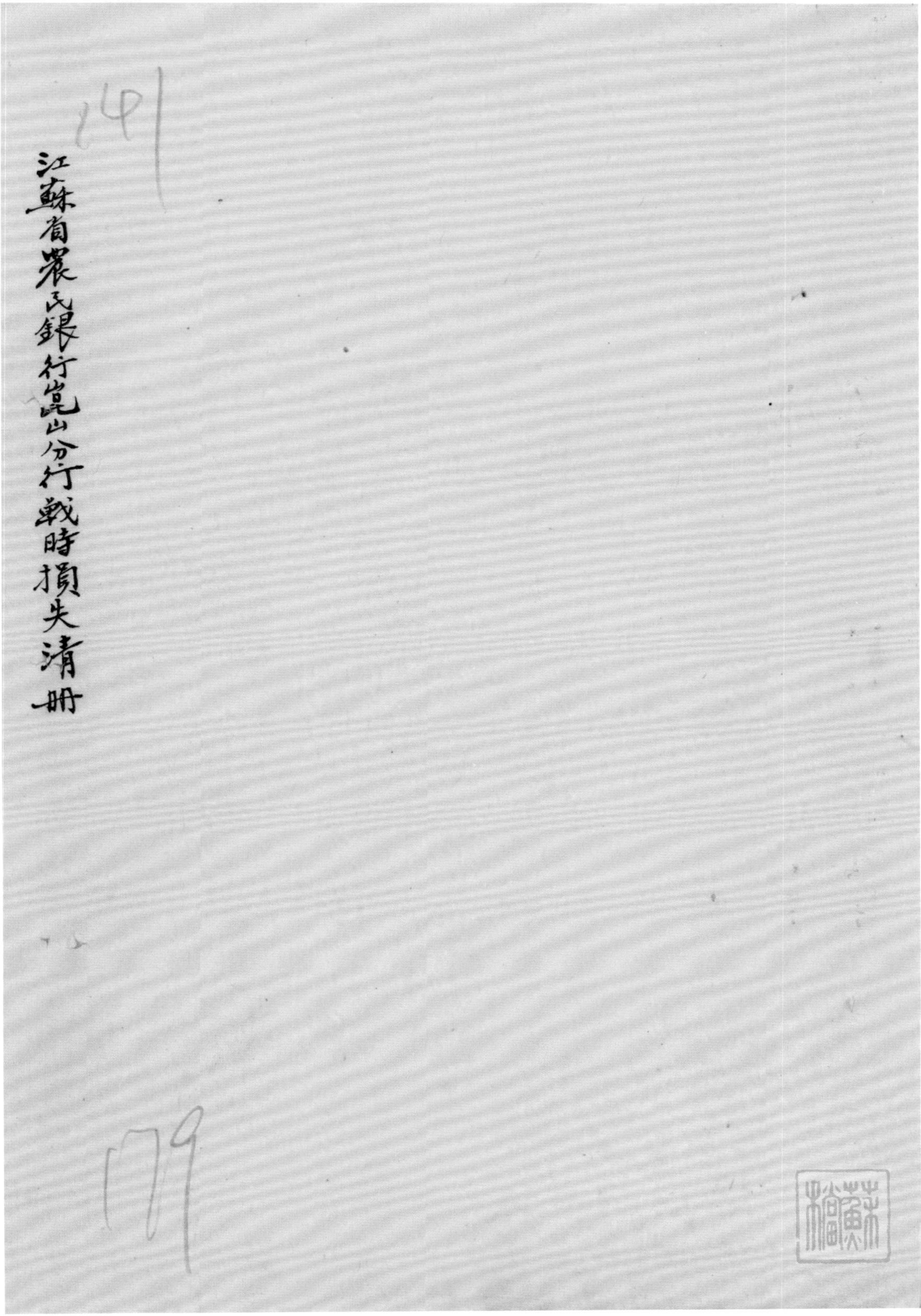

141

江蘇省農民銀行崑山分行戰時損失清冊

179

142

江蘇省農民銀行崑山分行暨所屬倉庫戰時損失清單

品名	數量	單位價格	金額	備註
房屋	一所		弍萬叁千玖百伍拾元	
櫃台	一具		壹佰元	
双人寫字枱	五只	肆拾伍元	弍佰弍拾伍元	
單人寫字枱	九只	弍拾弍元	壹佰玖拾捌元	
單人沙發	四只	弍拾伍元	壹佰元	
双人沙發	二只	伍拾元	壹佰元	
皮寫字椅	四只	弍拾元	捌拾元	
大鐵箱	四只	伍拾弍元	弍佰另捌元	

江蘇省農民銀行崑山分行

180

公文櫥	六只	捌元	肆拾捌元
寫字椅	廿只	拾元	式佰元
木牀	廿副	拾捌元	叁佰陆拾元
單椅	卅二只	捌元	式佰伍拾陆元
圓枱	二只	式拾元	肆拾元
長椅	二只	拾伍元	叁拾元
八仙桌	二只	拾元	式拾元
印鑑箱	二只	式拾伍元	伍拾元
手提保險箱	四只	拾式元	肆拾捌元
文具櫥	二只	拾元	式拾元

㟙施洽興製

181

小方枱	二只	捌元	拾陆元
掛鐘	三座	拾元	叁拾元
書桌	七只	陆元	肆拾式元
圓櫈	十只	肆元	肆拾元
枱燈	五只	捌元	肆拾元
衣架	一付	拾元	拾元
氣油燈	二只	拾式元	式拾肆元
佈告橱	二只	叁元	陆元
電風扇	四只	式拾式元	捌拾捌元
茶几	四只	伍元	式拾元

磁浴缸	一只		陸拾陸元
磁面盆	一只		弍拾捌元
長玻璃大門	二扇	拾元	弍拾元
廣漆地板	六方丈		弍佰弍拾元
磁便桶	一只		叁拾元
玻璃天棚	一間		伍佰元
廣漆門	十一扇	拾弍元	壹佰叁拾弍元
鐵門	二扇	陸拾元	壹佰弍拾元
小鐵箱	一只		叁拾伍元

全部什物不計在內

嵩施洽興製

183

144

原價　計弍萬柒千五佰元

現市價　計壹億叁千柒百伍拾萬元

張浦倉庫

品名	數量	單位價格	金額	備註
銀箱	壹只		伍拾弍元	
磅秤	一具		叁拾肆元	
櫃台	一具		伍拾伍元	
寫字枱	二只	肆拾伍元	玖拾元	
寫字椅	二只	拾元	弍拾元	
單靠椅	四只	捌元	叁拾弍元	

184

茶几	二只	伍元	拾元
方枱	二只	拾元	弍拾元
長櫈	四只	叁元	拾弍元
木牀	三付	拾伍元	肆拾伍元
鐘	一只		拾元
半桌	四只	伍元	弍拾元
全部倉間鋪地板			捌佰元

全部什物不計在内

原價　計壹仟弍佰元

現市價　計陸百萬元

185

嵋施洽興製

145

倉潭倉庫

品名	數量	單位價格	全額	備註
櫃台	一具		陸拾陸元	
双人寫字枱	一只		肆拾伍元	
單人寫字枱	一只		式拾元	
寫字椅	四只	拾元	肆拾元	
方枱	二只	拾肆元	式拾捌元	
方櫈	六只	伍元	叁拾元	
長櫈	四只	叁元	拾式元	
半桌	四只	伍元	式拾元	

186

木牀	三付	拾伍元	肆拾伍元
鐘	一只		拾元
會客枱	一只		拾捌元
客椅	十只	柒元	柒拾元
茶几	二只	伍元	拾元
銀箱	一只		伍拾弍元
磅秤	一具		叁拾肆元
全部倉間鋪地板			捌佰伍拾元

全部什物不計在內

原價　計壹千叁佰伍拾元

187

146

現市價 計陸百柒拾伍萬元

蓬閬倉庫

品名	數量	單位價格	金額	備註
倉屋	一所		壹萬肆千壹佰元	
櫃台	一具		伍拾伍元	
双人寫字枱	一只		肆拾伍元	
單人寫字枱	一只		弍拾弍元	
方枱	三只	拾肆元	肆拾弍元	
方櫈	八只	伍元	肆拾元	
長櫈	四只	叁元	拾弍元	

188

半桌	二只	伍元	拾元
房裡枱	四只	捌元	叁拾式元
木牀	四付	式拾元	捌拾元
鐘	一只		拾式元
小圓枱	一只		捌元
客椅	四只	捌元	叁拾式元
茶几	二只	伍元	拾元

全部什物不計在内

原價、計壹萬肆千伍佰元

現市價、計柒千式伍拾萬元

嵩施洽興製

189

总計

原價　肆萬肆千五百五拾元

現市價　弍億弍千弍百柒拾五萬元

江苏省农民银行上海分行关于陈报战时损失事致农民银行总行的公函（一九四六年十月三日）

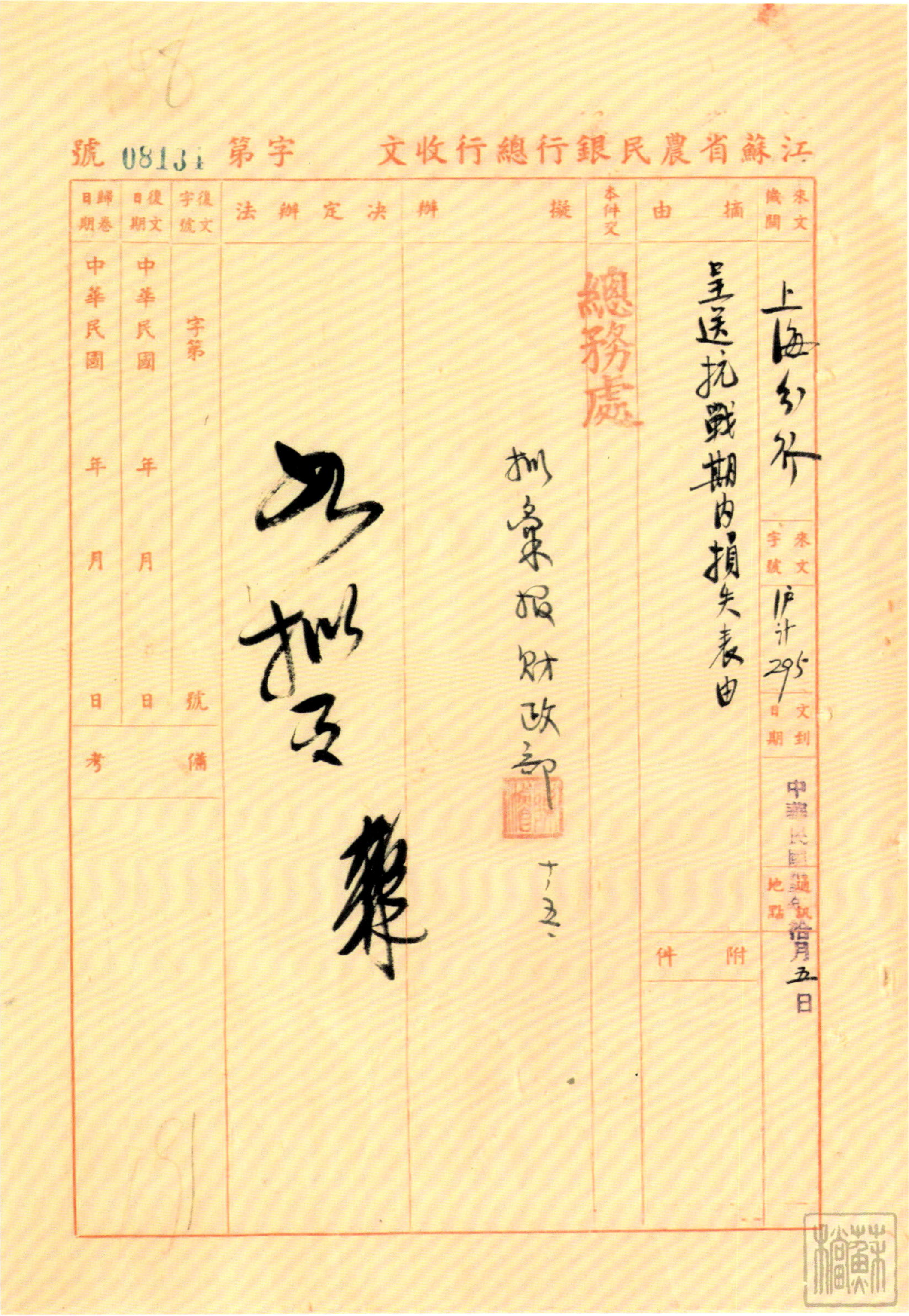

江蘇省農民銀行總行收文 字第 08131 號

來文機關	上海分行
來文字號	滬計295
文到日期	中華民國卅五年拾月五日
地點	
摘由	呈送抗戰期內損失表由
本件交	總務處
擬辦	擬彙報財政部 十/五
決定辦法	如擬
復文字號	字第 號
復文日期	中華民國 年 月 日
歸卷日期	中華民國 年 月 日
備考	
附件	

149

江蘇省農民銀行上海分行公函

滬討字第275號

事由：呈送抗戰期內損失表由

附件：表乙份

謹呈送分行抗戰期內損失明細表乙份仰祈

鑒核爲禱謹呈

總行

江蘇省農民銀行上海分行

中華民國卅五年十月三日

132

150

江蘇省農民銀行上海分行抗戰期内損失表

科目	摘要	金額	合計	備註
活期抵押放款	大公職業學校	29,599.19		
〃 〃	徐州平市局經理郭釵嘉	4,995.00	34,594.19	
定期抵押放款	大中煤礦股份有限公司	117,370.94	117,370.94	
活期信用放款	陳承棫	1,560.56		
〃 〃	育華中學	24,246.06	25,806.62	
定期信用放款	民安	856.25	856.25	
營業用器具	滬行	7,040.40		
〃 〃	周處	263.18		
〃 〃	園處	261.03	7,564.61	
未耗開支	印刷品	1,323.30	1,323.30	
暫記欠款	陶潤雲預支赴六合旅费	60.00		
	郤憲洵安定生活费	1,700.00		
	王家樑 〃 〃	1,700.00		
	郤憲洵預支赴上饒旅费	300.00		
	王家樑 〃 〃	300.00		
	單志剛發給疏散费	600.00		
	唐端宏安定生活费	1,000.00		
	〃 預支赴上饒旅费	1,000.00		
	同利經租户房捐	194.75		
	徐稲郭廷琛救濟生活费	500.00	7,354.75	
存出保証金	周處	120.00		
〃 〃	園處	240.00	360.00	

江苏省农民银行南京分行关于陈报战时损失事致农民银行总行的公函（一九四六年十一月二十九日）

江蘇省農民銀行南京分行公函

事由	為陳報京行抗戰期內所受損失情形敬祈察核由
交辦	總務處
擬辦	查抗戰期內所受損失，應根據帳冊將各種器具價值詳細列表陳報 十二、三
批示	
附件	
發文時	三十五年十一月廿九日
發文字號	京總字第七〇二一號
收文時	中華民國三十五年十二月二日
收文字號	字第 11010 號
檔號	
備註	

奉通字第二八二，三〇〇號

鈞函，飭將京行抗戰期內所受損失，列表具報。等因；自應遵辦。查京行抗戰期內，損失奇重，惟以人員更調，帳冊不全，無從精確計算。茲據廿六年下期決算表營業用器具科目所列數字，為國幣壹萬肆千肆百壹拾伍元貳角陸分。奉函前因，理合陳復，敬祈察核，為荷！此上

總行

江蘇省農民銀行南京分行

繕寫　校對

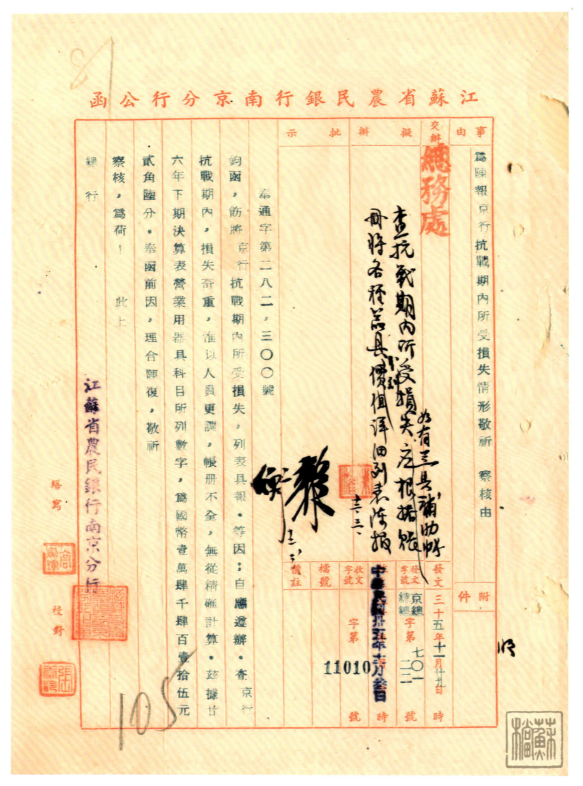

镇江县银钱商业同业公会、江苏省农民银行总行关于陈报战时损失事的往来公文

（一九四七年六月至七月十六日）

镇江县银钱商业同业公会致江苏省农民银行总行的函（一九四七年六月）

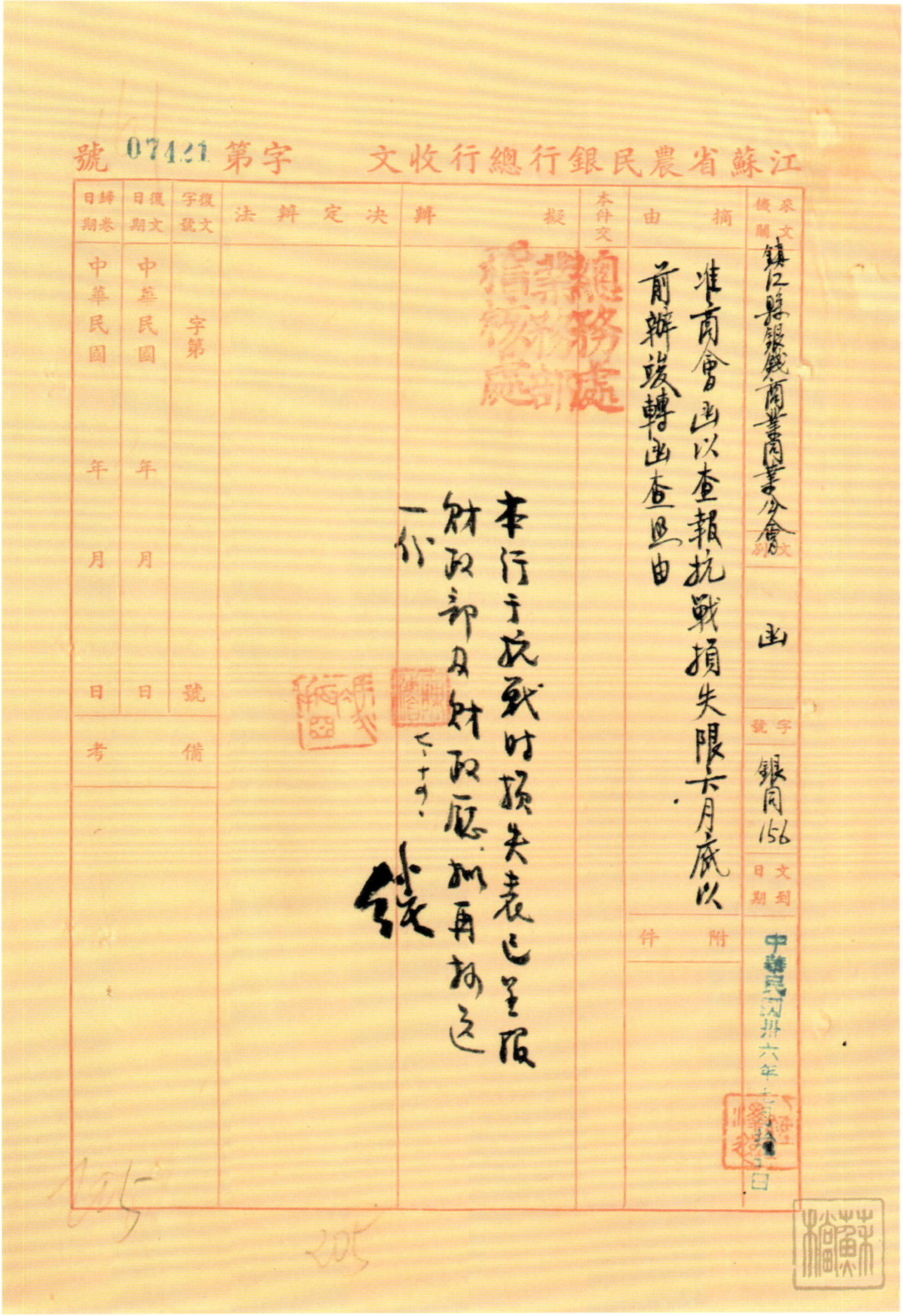

江蘇省農民銀行總行收文 字第 07421 號

来文機關：鎮江縣銀錢商業同業公會

文別：函

字號：銀同156

到文日期：中華民國卅六年七月 日

摘由：准貴會函以查報抗戰損失限六月底以前辦竣轉函查照由

擬辦：本行于抗戰时損失表已呈報財政部及財政廳，擬再檢送一份。七、十六。錢

镇江县银钱商业同业公会函　银同字第156号

事由：准商会函以查报抗战损失限六月底以前办竣转函查照由

案准

镇江商会秘字第二七八号函开案奉镇江县政府民字第一

三二九号代电开案奉江苏省政府(卅)府民乙字第二五二二号

代电略开案奉行政院本年四月十二[illegible]捌字第一三六六五号训

令内开现在远东委员会正在商讨日本赔偿问题我国亟

应将此项公私损失详细数字统计汇编完竣以为索偿之

依据兹规定各地查报公私损失限至八月底截止不再展期

以便统计除分电外合亟令仰饬属遵照如期填报等因奉

此除分电外合行电仰遵照并限于七月十五日前送府以凭核

转为要等因奉此查此案迭经本府函请办理并汇报在

案嗣奉省府补令(卅)府民乙字第七二三五七号以所呈报表

核与规定格式仍不相符碍难照转饬即遵照抗战损失调

查办法暨查报须知各项规定实地调查一一分报凭转等因

奉经于本年四月二十九日以民字第一二[illegible]四号函并附发饬即

该项调查办法查报须知在[illegible]表[illegible]汇报表式

全册转请遵照各在案[illegible]电请查照依式妥

慎办理以免指驳并请[illegible]办[illegible]送府以凭汇转

等因奉此查抗战损失[illegible]并附

发表式在案越时已久未据各业有[illegible]损失报告兹奉电催

并限六月底办竣该各业在抗战[illegible]中如有损失希即来会检

阅此项补充之表纸具报[illegible]等由准此

除分函外相应函达

查照为荷此致

江苏省农民银行

镇江县银钱商业同业公会启　六月　日

江苏省农民银行总行致镇江县银钱商业同业公会的函（一九四七年七月十六日）

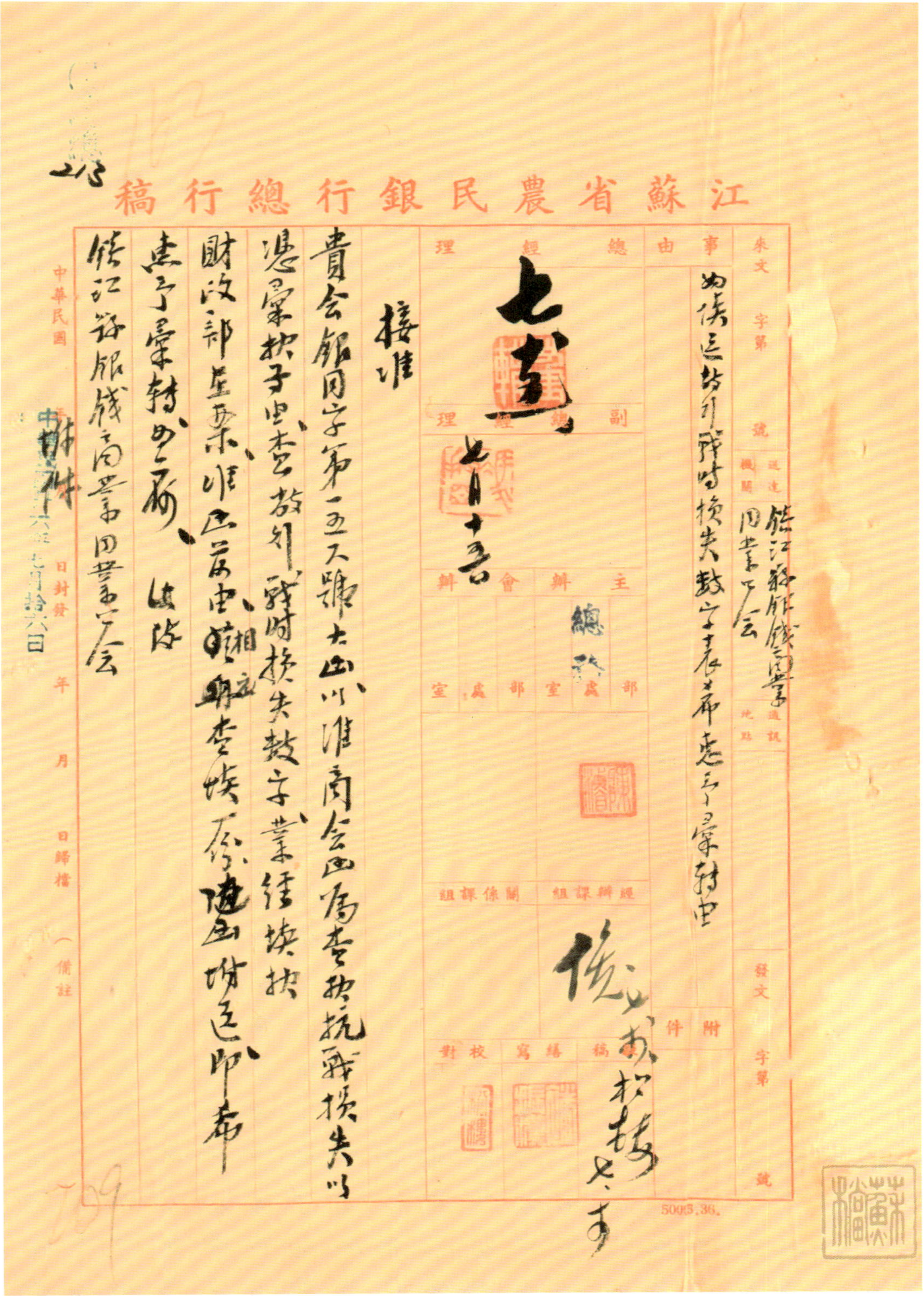

江蘇省農民銀行總行稿

事由：為准送本行戰時損失數字表希惠予彙轉由

送達機關：鎮江縣銀錢同業公會

總經理：七.十五

副經理：七月十五

接准

貴會銀同字第一五八號大函，以准商會函為查報抗戰損失，以憑彙擬，囑予查報本行戰時損失數字，業經填表財政部呈案，准存查在案，相應抄表函送，即希惠予彙轉為荷。此致

鎮江縣銀錢商業同業公會

中華民國三十六年七月拾六日封發

附：江苏省农民银行财产直接损失汇报表（一九四七年七月）

總表（全）

省營事業財產直接損失彙報表　表式（2）

銀行部份

（抗戰期間廿六年七月至卅四年八月）

分類	價值	
共計	25,675,473.—	
房屋	2,692,300.—	
器具	1,382,300.—	
現款	3,114,000.—	
生金銀		
保管品		
有價証券		
運輸工具	2,360,000.—	
信用放款	3,847,173.—	
質押放款	10,129,000.—	
其他	2,148,700.—	

報告者：江蘇省農民銀行　卅六年七月

附註：上項損失總數統計達弍千五百六十七萬五千四百七十三元（係按戰前物價計算）以卅四年八月呈報時當年物價計算達二百億元如以目前物價四萬倍計算達壹萬億元

江苏省农民银行宝山办事处关于陈报战时损失事致农民银行总行的公函（一九四七年七月十八日）

江蘇省農民銀行寶山辦事處公函

事由：為陳送省營事業財産直接損失彙報表祈鑒核備案由

交辦：總行稽核處

擬辦：擬存案待核 七、廿二

批示：

發文：三十六年七月十八日時

發文字號：寶字第201號

收文：中華民國卅六年七月廿二日時

收文字號：字第號

檔號：

備註：

附件：

業奉（卅六）總總字第1011號函開：「爲函發本行戰時損失報表式一種，希尅日填報爲要」等因，附表式一紙。奉此，自當遵辦。茲已將該表依式填妥，理合備文陳請鑒核備案。謹上

總行

附件

江蘇省農民銀行寶山辦事處

繕寫　校對

文.甲.A.5000.8.35.

附：江苏省农民银行宝山办事处财产直接损失汇报表（一九四七年七月）

省营事业财產直接損失彙報表

銀行部份

(1) 抗戰期间二十六年七月至三十四年八月

分類	價值		說明
共計	＄4,051	57	
房屋			
器具			
現款			
運輸工具			
信用放款	247	31	折放吴淞新華銀行
質押放款	3,370	39	宝山县鄉鎮合作社貸款
其他	433	87	計暫付款＄318.87 应收未收＄115.00

報告者：江蘇省農民銀行宝山辦事處 三十六年七月

江苏省农民银行睢宁办事处关于陈报战时损失事致农民银行总行的公函（一九四七年七月十九日）

244

江蘇省農民銀行睢寧辦事處公函

事由：為遵令填報战時損失祈鑒核彙報由

交辦：

擬辦：

批示：松存 七、廿六

總行：

接奉

鈞行(36)七月十五日總總字第205號函附發本行戰時損失報表式一種希剋日填報等因奉此遵將職處在戰時所受損失詳查列表隨文檢奉敬祈

鑒核彙報為禱

江蘇省農民銀行睢寧辦事處

繕寫　校對

附件：本行战時損失彙報表乙份

發文：三十六年七月九日　時

發文字號：睢字第174號

收文：中華民國卅六年七月廿六日　時

收文字號：字第　號

檔號：

備註：

08034

320

文，甲，A，500，10，1，

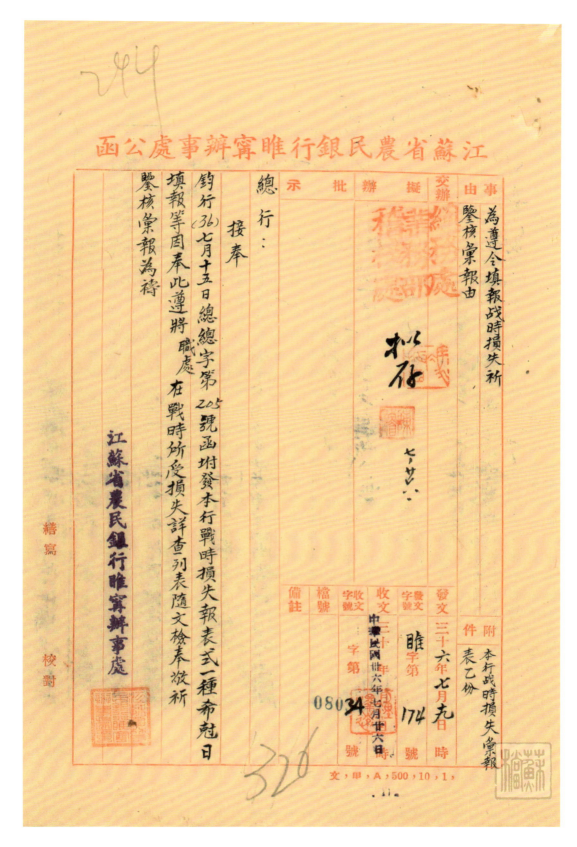

附：江苏省农民银行睢宁办事处财产直接损失汇报表（一九四七年七月）

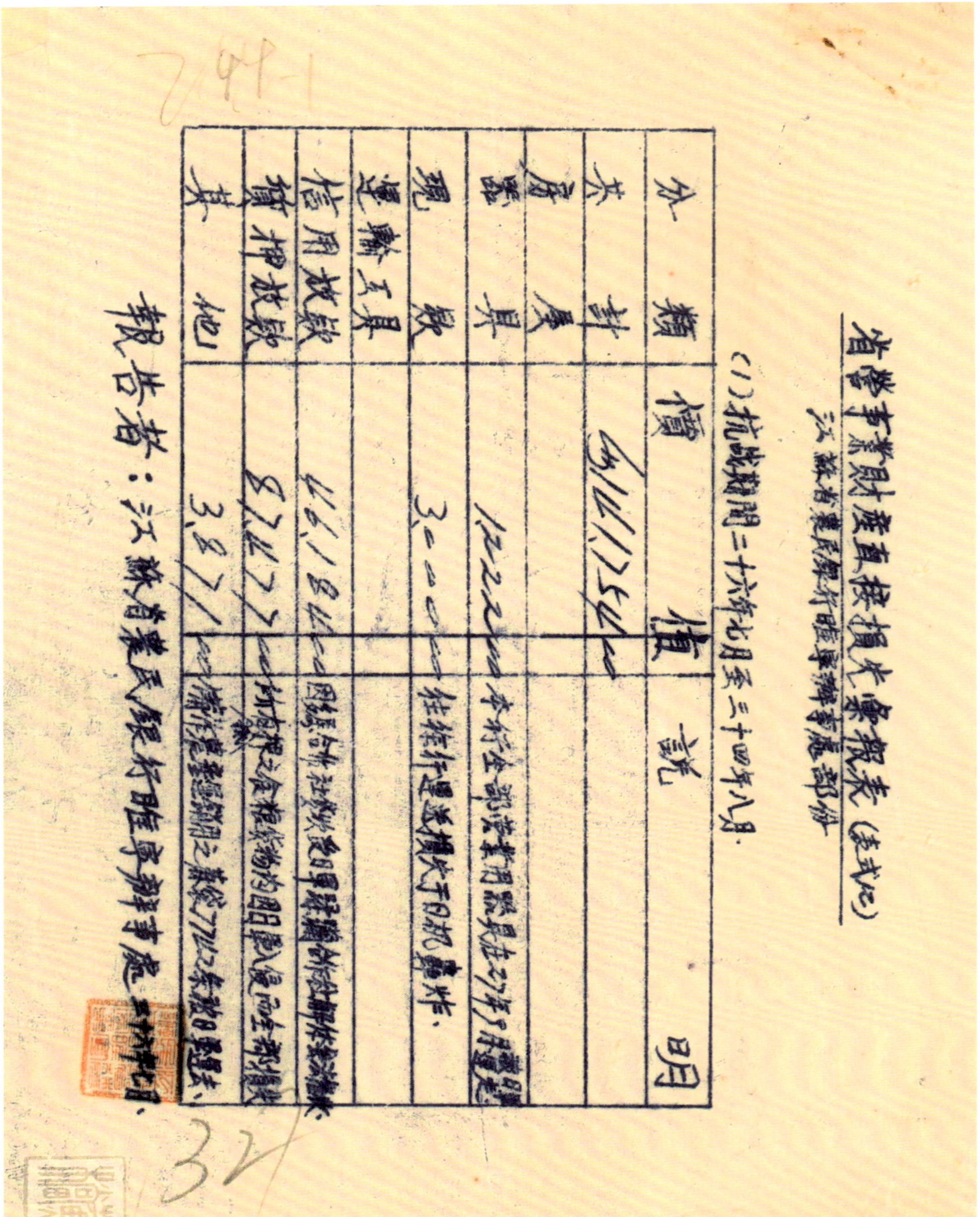

省营事业财产直接损失汇报表（表式2）

江苏省农民银行睢宁办事处部份

（1）抗战期间二十六年七月至三十四年八月

分类	价值	说明
共计	6411754 00	
房屋		
器具	1222222 00	本行全部营业用器具在[illegible]遭[illegible]
现款	3000 00	往徐行运送横遭于日机轰炸。
运输工具		
信用放款	461184 00	因[illegible]合作社[illegible]全部[illegible]
抵押放款	837477 00	所有抵押之农作物[illegible]全部[illegible]
其他	3871 00	[illegible]

报告者：江苏省农民银行睢宁办事处　[illegible]年[illegible]月[illegible]日。

江苏省农民银行南汇支行关于陈报战时损失事致农民银行总行的公函（一九四七年七月十九日）

江蘇省農民銀行南匯支行公函

事由	為呈送戰時損失報表由
擬辦	
批示	擬存案備轉 七、廿三
附件	如文
發文	三十六年七月十九日　時
發文字號	滙書字第二五三號
收文	中華民國卅六年七月廿貳日
收文字號	字第　號
檔號	
備註	

奉

鈞行總總字第二〇九號函畧以本行戰時損失數字奉　財部令催亟待彙報亦將擬就表式一種隨函附發即希剋日填送等因遵經填就理合備文陳送敬祈

鑒詧為禱

謹呈

總行

江蘇省農民銀行南匯支行

經理　趙[illegible]

繕寫　校對

第一頁

文・甲・a・500・3・36・

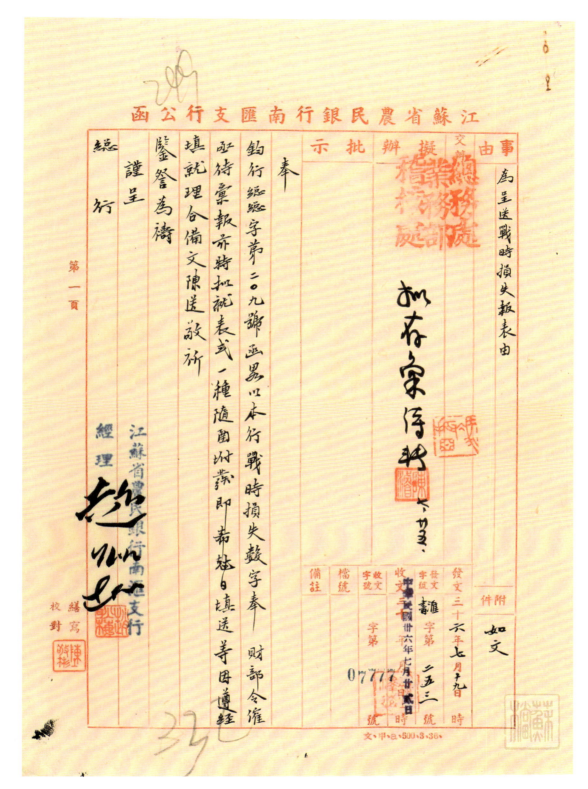

附：江苏省农民银行南汇支行财产直接损失汇报表（一九四七年七月）

省營事業財產直接損失彙報表（表式12）

（1）抗戰期間二十六年七月至三十四年八月

分類	價值	說明
共計	$8,632.06	
房屋		
器具	359.40	戰時被毁
現款		
運輸工具		
信用放款	7,435.41	往來透支五户：寶源$2,148.02，成豐$80.82，祥豐$86.69，鎮祥豐$1,694.41，源昌$3,585.47，以上五户戰時停閉
質押放款	722.25	新場農倉所放儲押放款
其他	115.00	租用行屋之押租，及電燈火表押櫃

報告者：江蘇省農民銀行南匯支行　三十六年七月

注意：（一）價值應填當時估值

（二）說明欄詳註細目

（三）不屬於分類科目之損失統填入其他欄内

江苏省农民银行高淳办事处关于陈报战时损失事致农民银行总行的公函（一九四七年七月二十三日）

江蘇省農民銀行（高淳辦事處）公函

事由：陳復填送本行戰時損失表一份請鑒核由

附件：如文

總行：

奉七月十五日總總字第二〇九號鈞函並附發本行戰時損失報表式一種囑尅日填報等因奉此自應遵辦茲將原表詳細填就隨函附陳敬請鑒核爲禱

附陳表二份

江蘇省農民銀行高淳辦事處謹啟

中華民國卅六年七月廿三日

發文淳文字第　號

收文三十六年七月廿六日

08140

文.甲.A.2000.10.35.

附：江苏省农民银行高淳办事处财产直接损失汇报表（一九四七年七月）

省營事業財產直接損失彙報表（表式12）

銀行部份

（1）抗戰期間二十六年七月至三十四年八月

分類	價值	說明
共計		共計總數洋267,400.00元
房屋		
器具		本行營業用器具至二十六年十一月份止共計洋2,779.00元
現款		
運輸工具		
信用放款		活期放款總計三户洋60,167.48元 定期放款總計三户洋4,734.00元
質押放款		定期質押放款總計五十二户洋32,581.00元 活期質押放款總計八户洋11,040.43元
其他		暫付款墊付省倉庫建築費洋14,720.00元 被劫庫存洋750.00元 存出保證金行屋押租洋2,000.00元 東壩倉庫押租洋500.00元 各分倉庫押租洋60.00元 電話交換所電話費押租洋5.00元 催收款項洋27,892.78元 倉庫往來：東壩倉庫庫存洋1,027.00元 東壩倉庫儲押放款洋27,111.80元 滄溪倉庫庫存洋1,021.00元 滄溪倉庫儲押放款洋16,237.55元 定埠倉庫儲押放款洋27,130.00元 蘇城倉庫儲押放款洋11,336.00元 淳安倉庫儲押放款洋32,700.61元

報告者：江蘇省農民銀行高淳辦事處 三十六年七月

注意：（一）價值應填當時估值
（二）說明欄詳述細目
（三）不屬於分類科目之損失統填入其他欄内

江苏省农民银行溧阳支行关于陈报战时损失事致农民银行总行的公函（一九四七年七月二十三日）

江蘇省農民銀行溧陽支行公函

事由：為填報溧行戰時損失數字表由

附件：如文

總行

案奉

鈞行(36)總總字第4號函發本行戰時損失表一種飭剋日填報等因奉此自應遵辦溧行戰時損失時隔十載原有行屋及城鄉倉庫均經燹燬兼以屬行現無戰前溧行同仁實難調查茲依據二十六年下期總賬數字共計肆拾叁萬壹仟叁佰叁拾五元陸角壹分今依式列表隨函陳奉

鑒核為禱

繕寫　校對

中華民國三十六年七月廿三日

附損失數字表一份

江蘇省農民銀行溧陽支行

省營事業財產直接損失彙報表

銀行部份

（1）抗戰期間二十六年七月至三十四年八月

分類	價值	說明
共計	431,335.61	
房屋	4,397.—	本行房屋（內存出保証金4,045）
器具	3,571.47	包括倉庫
現款	2,302.03	倉庫庫存
運輸工具		
信用放款	65.88	
質押放款	396,254.21	倉庫儲押$57,334.08 合作運銷$10,208.41 活質$315,711.48 定質$13,000.24 催收$21,192.22
其他	24,745.02	暫欠$3,552.03

報告者：江蘇省農民銀行溧陽支行　36年6月7日

附：江苏省农民银行溧阳支行财产直接损失汇报表（一九四七年六月七日）

江苏省农民银行大团分理处关于陈报战时损失事致农民银行总行的公函（一九四七年七月二十三日）

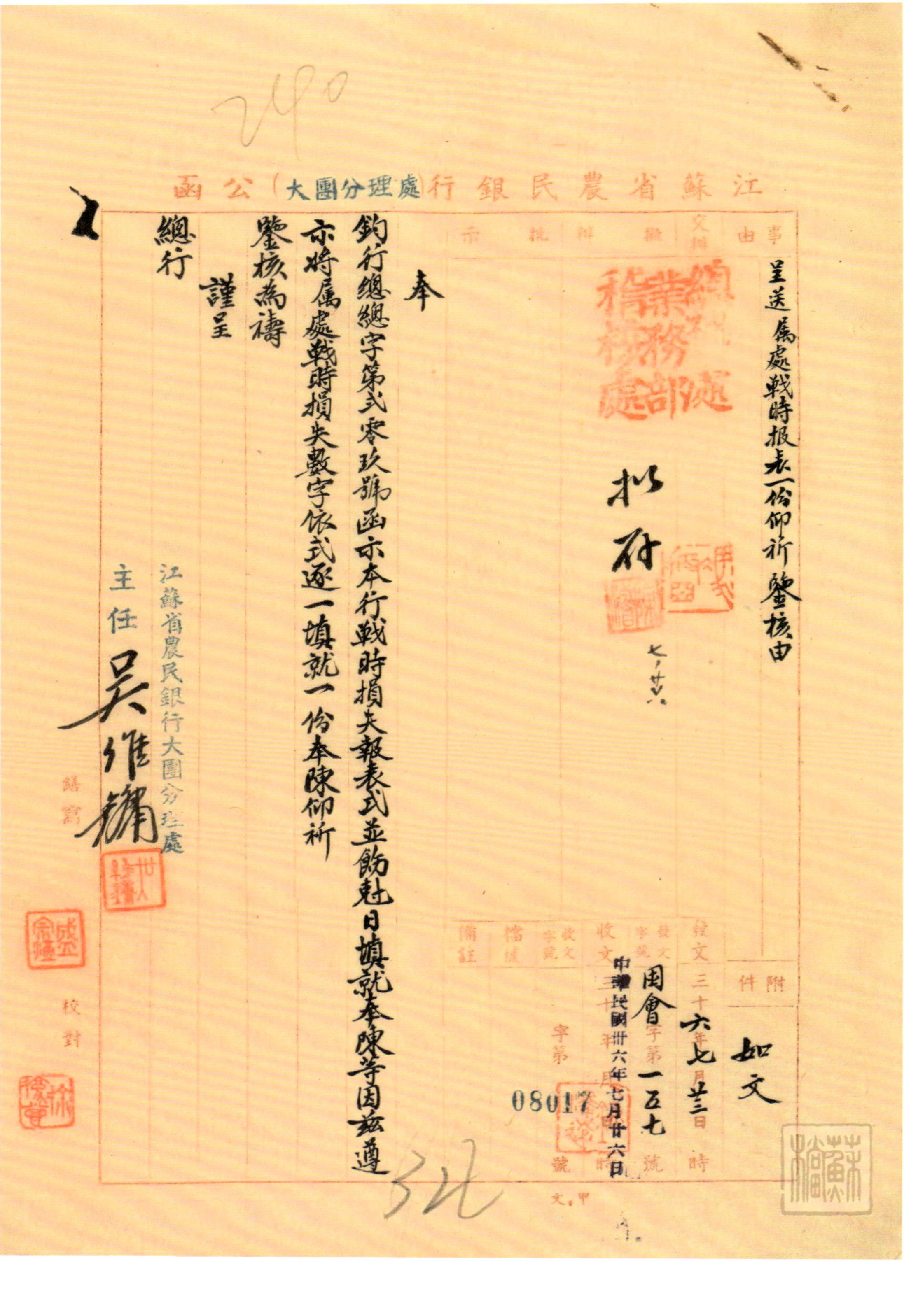

江蘇省農民銀行（大團分理處）公函

事由：呈送屬處戰時損失報表一份仰祈鑒核由

批示：擬存 七、廿六

附件：如文

發文：三十六年七月廿三日 团會字第一五七號

收文：中華民國卅六年七月廿六日

奉

鈞行總總字第弍零玖號函示本行戰時損失報表弍並飭赴日填就奉陳等因茲遵亦將屬處戰時損失數字依式逐一填就一份奉陳仰祈

鑒核為禱

謹呈

總行

江蘇省農民銀行大團分理處

主任 吴維鏞

附：江苏省农民银行大团分理处财产直接损失汇报表（一九四七年七月）

省營事業財產直接損失彙報表　（表式12）

大團分理處 銀行部份

（1）抗戰期間二十六年七月至三十四年八月

分類	價值	說明
共計	壹萬弍仟零弍拾五元叁角玖分	
房屋		
器具	陸佰叁拾叁元弍角壹分	全部營業用器具
現款		
運輸工具		
信用放款	壹萬零叁佰叁拾元零壹角捌分	定期放款：唐根全、嚴秀金兩户。 往來透支：談县表、大昌盛、祥源等拾壹户。
質押放款		
其他	壹仟零陸拾弍元	房屋装修計$703.21元，印刷品計$118.79元 房屋押租及電表押櫃計$240.00元

報告者：江蘇省農民銀行大團分理處　三十四（六）年八（七）月

注意：（一）價值應填當時估價

（二）說明欄詳註細目

（三）不屬於分類科目之損失統填入其他欄內

江苏省农民银行无锡分行关于陈报战时损失事致农民银行总行的公函（一九四七年七月二十三日）

江蘇省農民銀行無錫分行公函

事由：陳送屬行戰時損失表乙紙祈鑒核由

交辦：總務處　業務部　稽核處

擬辦：抄存查彙將　七、廿五

批示：存彙行轉

總行：

奉卅(六)總々字第二〇九號函開「查本行戰時損失數字奉財政部令催亟待彙報茲特擬就表式一種隨函附發即希尅日填送勿延」等因，敬悉。茲遵填送屬行戰時損失表乙紙，敬祈

鑒核為禱

附件

江蘇省農民銀行無錫分行

發電	發文字號	收電	收文字號	檔號	備註
三十六年七月廿三日時	錫文字第一五五五號	中華民國卅六年七月廿五日	字第　號 07984		

附件：如文

繕寫　校對

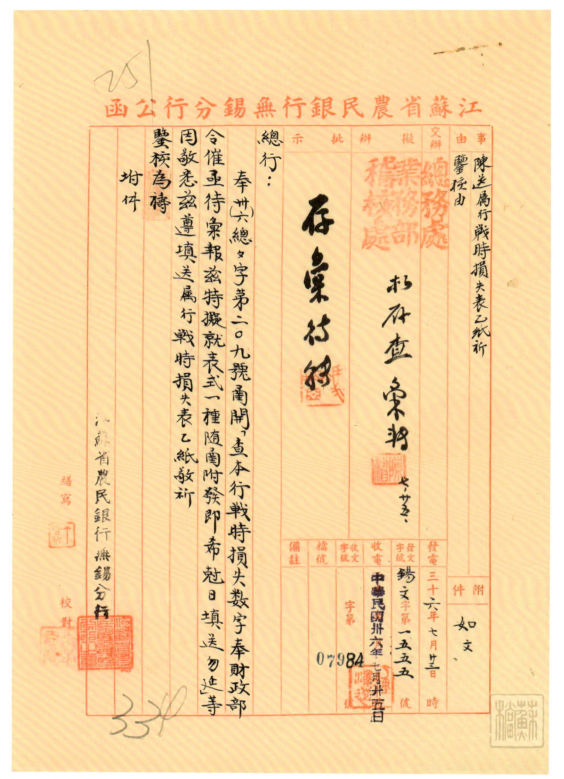

附：江苏省农民银行无锡分行财产直接损失汇报表（一九四七年七月）

省營事業財產直接損失彙報表（表式12）

銀行部份

（1）抗戰期間二十六年七月至三十四年八月

分類	價值	
共計	$450,189.93	
房屋	66,000.00	内計東亭倉庫平房廿間樓房八十間合共壹佰間戰時全部焚燬當時造價六萬元、安鎮倉庫焚燬平房十間計三仟元、錢橋倉庫焚燬十間計三仟元，合如上数。
器具	5,000.00	各倉庫損失橡皮囊共五具每具三佰元計壹仟伍佰元、又礱米機共十具每具三百五拾元計叁仟伍佰元，合共伍仟元正。
現款		
運輸工具		
信用放款	119,502.13	内{活期信用放款 114,646.19 活存透支 4,855.94
質押放款	259,687.80	内{活期質押放款 72,579.14 倉庫儲押放款 165,139.78 合作運銷放款 21,968.88
其他		

報告者：江蘇省農民銀行無錫分行　三十六年七月

江苏省农民银行句容办事处关于陈报战时损失事致农民银行总行的公函（一九四七年七月二十四日）

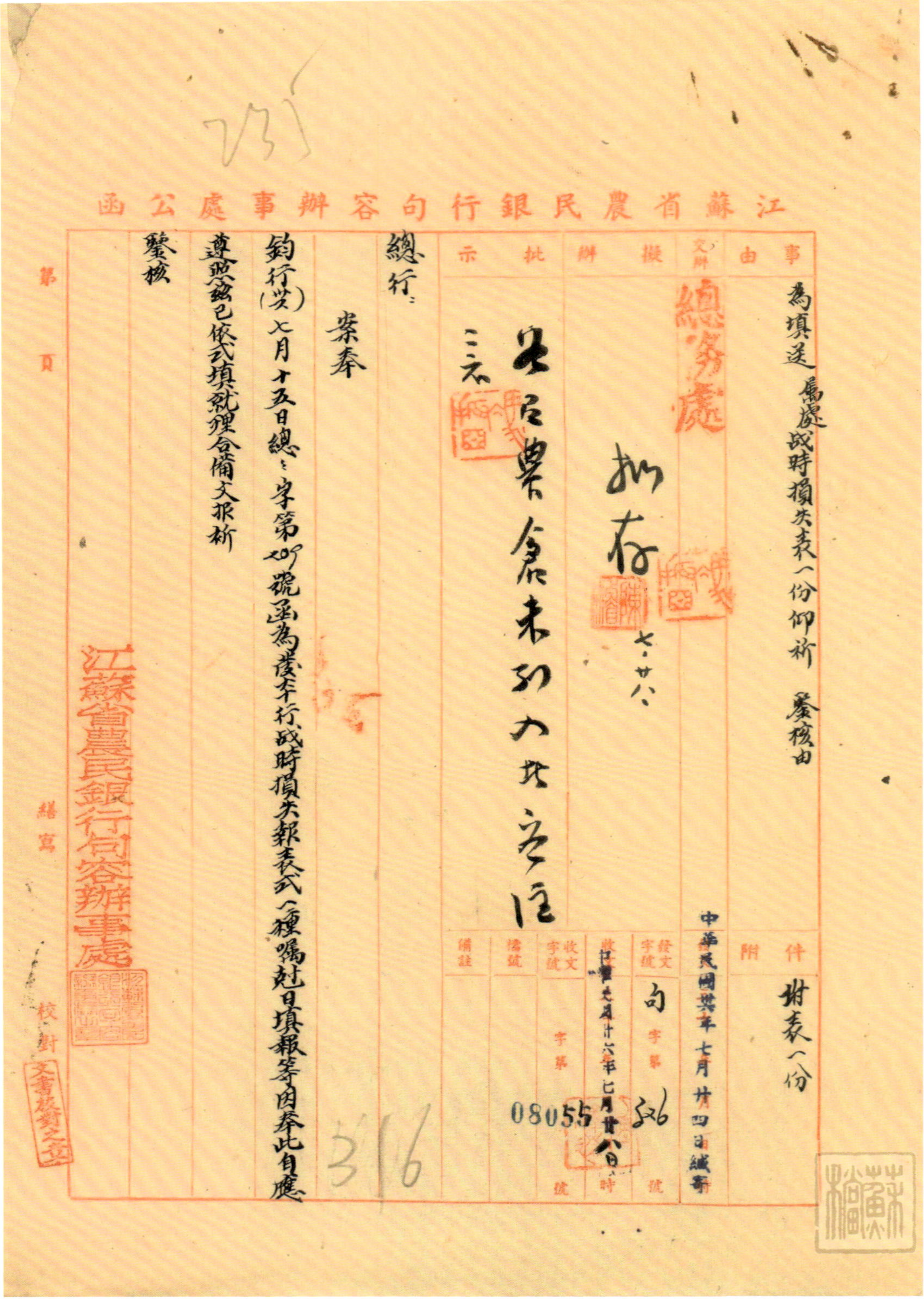

江蘇省農民銀行句容辦事處公函

事由：為填送屬處戰時損失表一份仰祈 鑒核由

文辦：總務處

擬辦：擬存 七·廿八

批示：照農倉未到大批交注 二六

附件：附表一份

中華民國卅六年七月廿四日繕發

發文字號	收文時間	收文字號	檔號	備註
句字第536號	卅六年七月廿六日 08055			

總行：

案奉

鈞行(卅六)七月十五日總字第四〇七號函為檢奉行戰時損失報表式一種囑尅日填報等因奉此自應遵照茲已依式填就理合備文報祈

鑒核

江蘇省農民銀行句容辦事處

附：江苏省农民银行句容办事处财产直接损失汇报表（一九四七年七月）

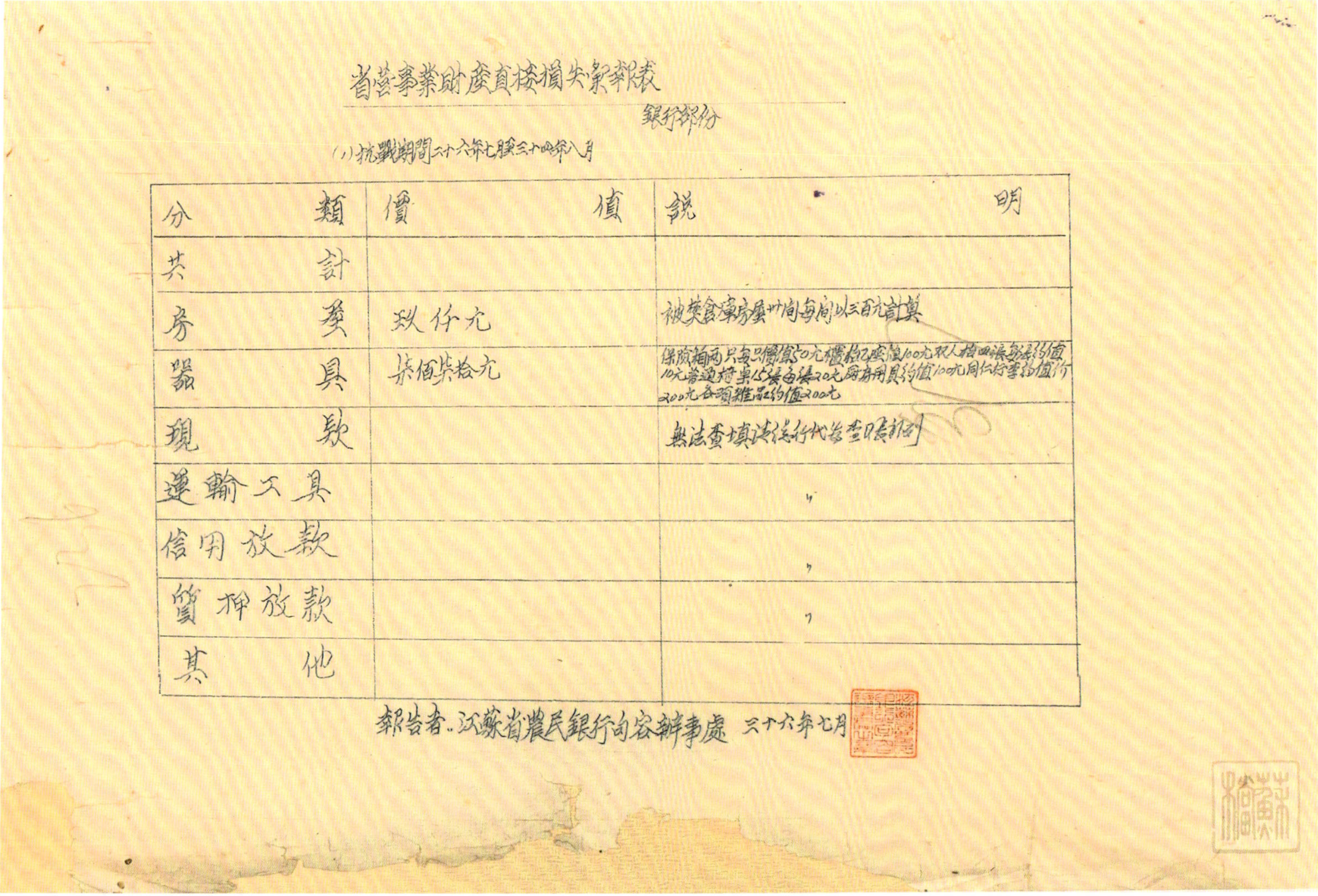

省營事業財產直接損失彙報表

銀行部份

(1)抗戰期間二十六年七月至三十四年八月

分類	價值	說明
共計		
房屋	玖仟元	被焚倉庫房屋卅間每間以三百元計算
器具	柒佰柒拾元	保險箱兩只每只價值50元櫃檯乙座價100元双人椅四張每張約值10元普通椅桌15張每張20元廚房用具約值100元同仁行李約值200元各項雜品約值200元
現款		無法查填請總行代為查明填報
運輸工具		〃
信用放款		〃
質押放款		〃
其他		

報告者：江蘇省農民銀行句容辦事處 三十六年七月

江苏省农民银行松江分行关于陈报战时损失事致农民银行总行的公函（一九四七年七月二十四日）

江蘇省農民銀行松江分行公函

事由：函為填奉松行戰時損失報表一份敬祈鑒核彙報由

總務處　稽核處

批示：松存　七廿六

總行

接奉

鈞行總總字第二〇九號函暨表式一種均敬奉悉茲遵隨函填奉松行戰時損失報表一份敬祈鑒核彙報為禱

附松行戰時損失報表一份

江蘇省農民銀行松江分行

繕寫　校對

發文：三十六年七月二十四日　時

發文字號：松文字第三九五號

收文：中華民國卅六年七月廿六日　時

08029

文.甲.A 3000.8.35.

省營事業財產直接損失彙報表　（表式12）

銀行部份

(1) 抗戰期間二十六年七月至三十四年八月

分類	價值	說明
共計		
房屋	$5.560.54	包括行屋基地
器具	$1.846.37	包括營業用器具購置文具
現款		
運輸工具		
信用放款	$14.065.24	活期放款50户定期放款1户
質押放款	$34.357.66	活期質押放款5户定期質押放款1户
其他	$44.224.12	催收款項31户$36.042.02 暫付款項15户$7.555.10 存出保証金5户$627.一

報告者：江蘇省農民銀行松江分行　三十四（六）年八（七）月

注意：（一）價值應填當時估價

（二）說明欄詳註細目

（三）不屬於分類科目之損失統填入其他欄內

江苏省农民银行泰兴办事处关于陈报战时损失事致农民银行总行的公函（一九四七年八月九日）

江蘇省農民銀行（泰興辦事處）公函

事由：填送本處战時損失報告表請鑒核由

擬辦：抄後案彙報

批示：

發文：三十六年八月九日十時　文字第　號

收文：中華民國卅六年八月拾貳日

奉

鈞行總總字第209號公函開：「查本行战時損失數字奉財部令催亟待彚報，茲特擬就表式一種隨函附發，即希尅日填送勿延為要」等因，茲已遵照填就，理合備文呈送，敬請

鑒核。

謹上

總行

附件

江蘇省農民銀行泰興辦事處

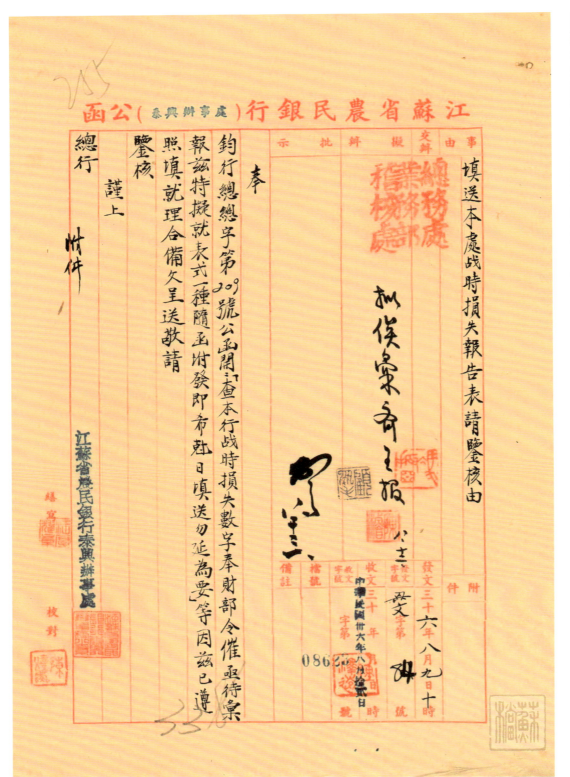

附：江苏省农民银行泰兴办事处财产直接损失汇报表

省營事業財產直接損失書報表（表式12）

銀行部份

（1）抗戰期間二十六年七月至三十四年八月

分類	價值	說明
共計	＄203,599.56	
房屋		
器具	573.64	辦公桌、椅子、保險箱及其他營業器具等
現款		
運輸工具		
信用放款		
質押放款	159,459.13	
其他	43,566.79	應收利息、應收賬項、暫付款項、存出保証金、預付費用、開辦費

報告者：江蘇省農民銀行

江苏省农民银行丹阳分行关于陈报战时损失事致农民银行总行的公函（一九四七年八月九日）

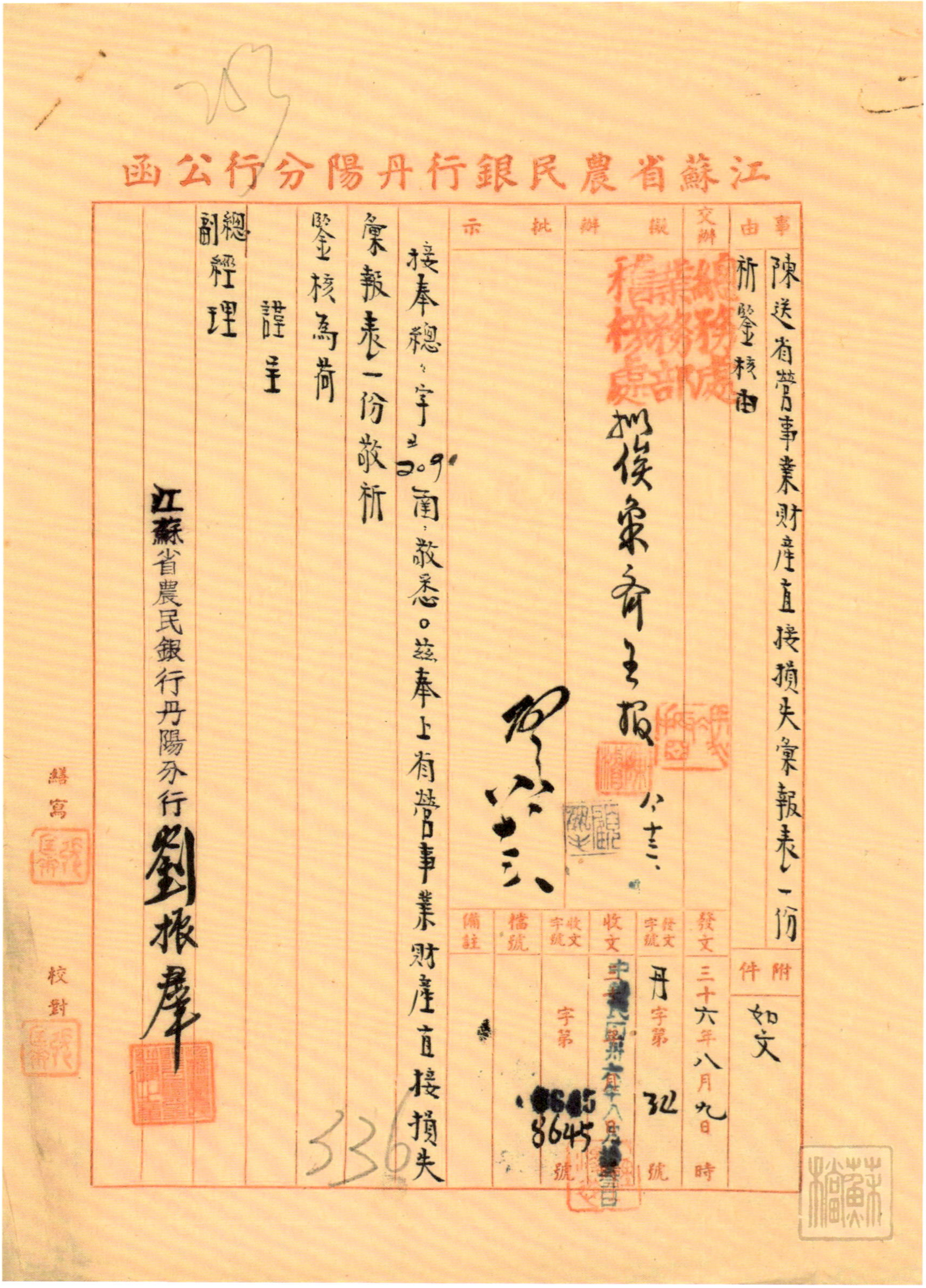

江蘇省農民銀行丹陽分行公函

事由：陳送省營事業財產直接損失彙報表一份祈鑒核由

擬辦：擬候彙齊呈報

總務處 業務部 稽核處

批示：八、十二

接奉總字第209號函，敬悉。茲奉上省營事業財產直接損失彙報表一份，敬祈鑒核為荷。

謹呈

總經理

副經理

江蘇省農民銀行丹陽分行 劉根犀

附件：如文

發文：三十六年八月九日時

發文字號：丹字第312號

收文：中華民國卅六年八月十一日

收文字號：字第8645號

繕寫

校對

附：江苏省农民银行丹阳分行财产直接损失汇报表（一九四七年八月）

省營事業財產直接損失彙報表（表式12）

(1) 抗戰時期 廿六年七月至三十四年八月

分類	原價	現值估價	說明
共計	390,991.57	1,045,000,000.-	
房屋	39,000.-	982,500,000.-	呂城倉庫河南被毀六十八間河北四十五間共計一百十三間 珥陵倉庫八十六間延陵倉庫七十二間訪仙橋倉庫六十八間埤城倉庫五十四間 合計三百九十三間每間以一百元計算
器具	2,500.-	62,500,000.-	本行損失一仟元 其餘五倉共計一仟五佰元 合上數
現款	6,597.99		各倉庫存
信用放款	23,432.11		活期存款7,700.39 定期6,170.44 透支9,561.28
質押放款	319,479.47		抵押放款66,134.56 合作運銷5,200.52 活押41,709.38 定押115,435.96 催收90,999.05

報告者：江蘇省農民銀行丹陽分行 36年8月調製

江苏省农民银行宝应办事处财产直接损失汇报表（一九四七年八月）

请周课长暂存
案够再报 八、廿

省營事業財產直接損失彙報表

銀行部份

(1)抗戰期間二十六年七月至三十四年八月

分類	價值	說明
共計	捌萬零貳佰捌拾叁元肆角陸分	
房屋	壹仟柒佰伍拾元	汜水辦事處行屋五間
器具	壹仟貳佰元	包括寶應汜水兩處
現款		
運輸工具		
信用放款	柒佰柒拾叁元正	
質押放款	柒萬陸仟伍佰陸拾元肆角陸分	備押放款計26,63[illegible]、活期質押放款計13,077.、定期抵押放款計36,848.—
其他		

報告者：江蘇省農民銀行寶應辦事處　三十六年八月

江苏省农民银行吴江分行关于陈报战时损失事致农民银行总行的公函（一九四七年九月十二日）

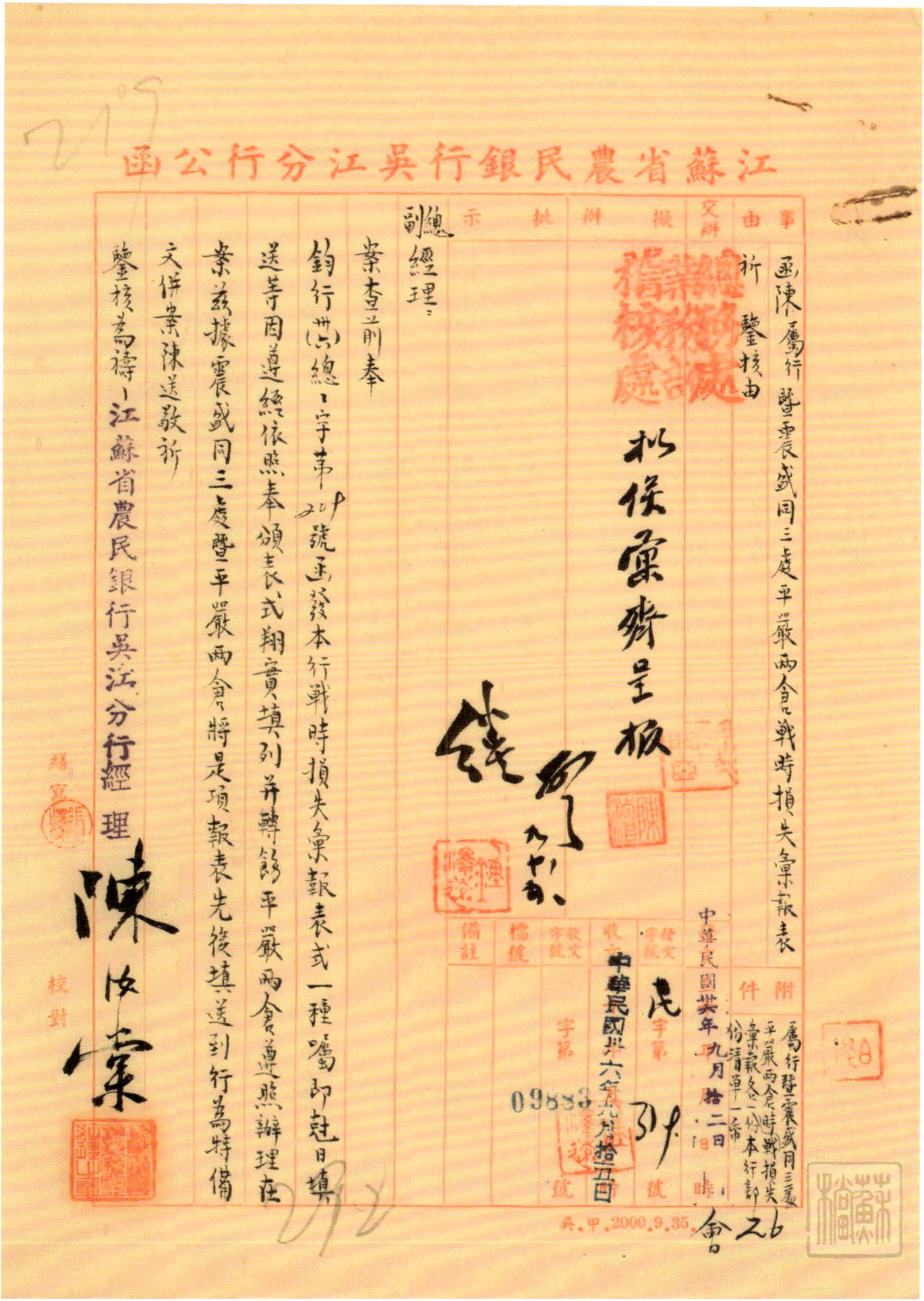

江蘇省農民銀行吳江分行公函

事由：函陳屬行暨震盛同三處平望嚴墓兩倉戰時損失彙報表祈鑒核由

附件：屬行暨震盛同三處平望嚴墓兩倉戰時損失彙報表各一份本行節略清單一紙

中華民國卅六年九月拾二日

總副經理〻：

案查前奉

鈞行卅六總〻字第209號函發本行戰時損失彙報表式一種，囑即尅日填送等因，遵經依照奉頒表式翔實填列，并轉飭平望、嚴墓兩倉遵照辦理在案。茲據震盛同三處暨平望、嚴墓兩倉將是項報表先後填送到行，爲特備文併案陳送，敬祈

鑒核爲禱。

江蘇省農民銀行吳江分行經理陳汝棠

[illegible]

附一：江苏省农民银行吴江分行财产直接损失汇报表（一九四七年八月）

省營事業財產直接損失彙報表（表式12）

(1) 抗戰期間二十六年七月至三十四年八月

分類	價值	說明
共計		
房屋		屋瓦墻壁完好門窗大部份都已損壞
器具		另詳清單
現款	12,086.30	本行部份硬幣2,384元法幣6,552元鈔票10元角票1.60元銅元.05元儲蓄處法幣168元角票.40元銅元.01元同處2,868.74元
運輸工具	160.00元	包車一輛
信用放款	20,585.21	
質押放款	101,785.86	
其他	850.00	九燈收音机一具150.00元門窗玻璃電燈文具以及廚房用具另星器具等約如此數

報告者：江蘇省農民銀行吴江分行　　三十六年八月

注意：(一) 價值應當時估值

(二) 說明欄詳註細目

(三) 不屬於分類科目之損失統填入其他欄内

附二：江苏省农民银行吴江分行抗战期间器具损失清单

江蘇省農民銀行吳江分行抗戰期間器具損失清单

器具名稱	數量	價值	説明
双人寫字枱	六只	一八〇元	營業室四只，文書室二只，每只三〇元
單人寫字枱	五只	一〇〇元	營業室一只，經理室三只，文書室一只，每只二〇元
玻璃文書橱	四只	二八〇元	每只七〇元
保險箱	三只	三二〇元	營業室二只，每只一二五元；經理室一只，每只七〇元
轉椅	十二只	二四〇元	營業室九只，經理室三只，每只貳十元
木靠背椅	二十六只	七八元	經理室四只，會客室十七只，文書室，每只三元
沙發	七只	三五〇元	大沙發叁只，每只七十元；小沙發四只，每只三十五元
八仙桌	四只	四八元	每只十二元

圓枱面	二只	一六元	每只八元 餐室
骨牌櫈	三〇只	六〇元	餐室一六只 寢室一四只 每只二元
圓櫈	一五只	三〇元	會客室及寢室 每只二元
双人枱燈	六只	一二〇元	營業室 文書室 每只二十元
台人枱燈	五只	五〇元	營業室 經理室 每只十元
敲板紙機	一座	一五〇元	敲板文件
棕墊連架	六付	二一六元	行員寢室 每只[illegible]元
單人木床	四只	三二元	行員寢室 每只八元
大掛鐘	一座	五〇元	營業室
五斗櫥	八座	二四〇元	寢室 每座三〇元

枱電扇	二只	一〇〇元	營業室一 文書室一 每具五十元
枱電扇	二只	二四〇元	經理室一 營業室一 每具一二〇元
硬印機	一架	七〇元	
防弊機	一架	一二〇元	
活動號碼機	二只	五〇元	每只二五元
賬架	六只	四八元	每只八元
以上共計		叁千壹百八十八元	

附三：江苏省农民银行严墓公仓库财产直接损失汇报表（一九四七年八月）

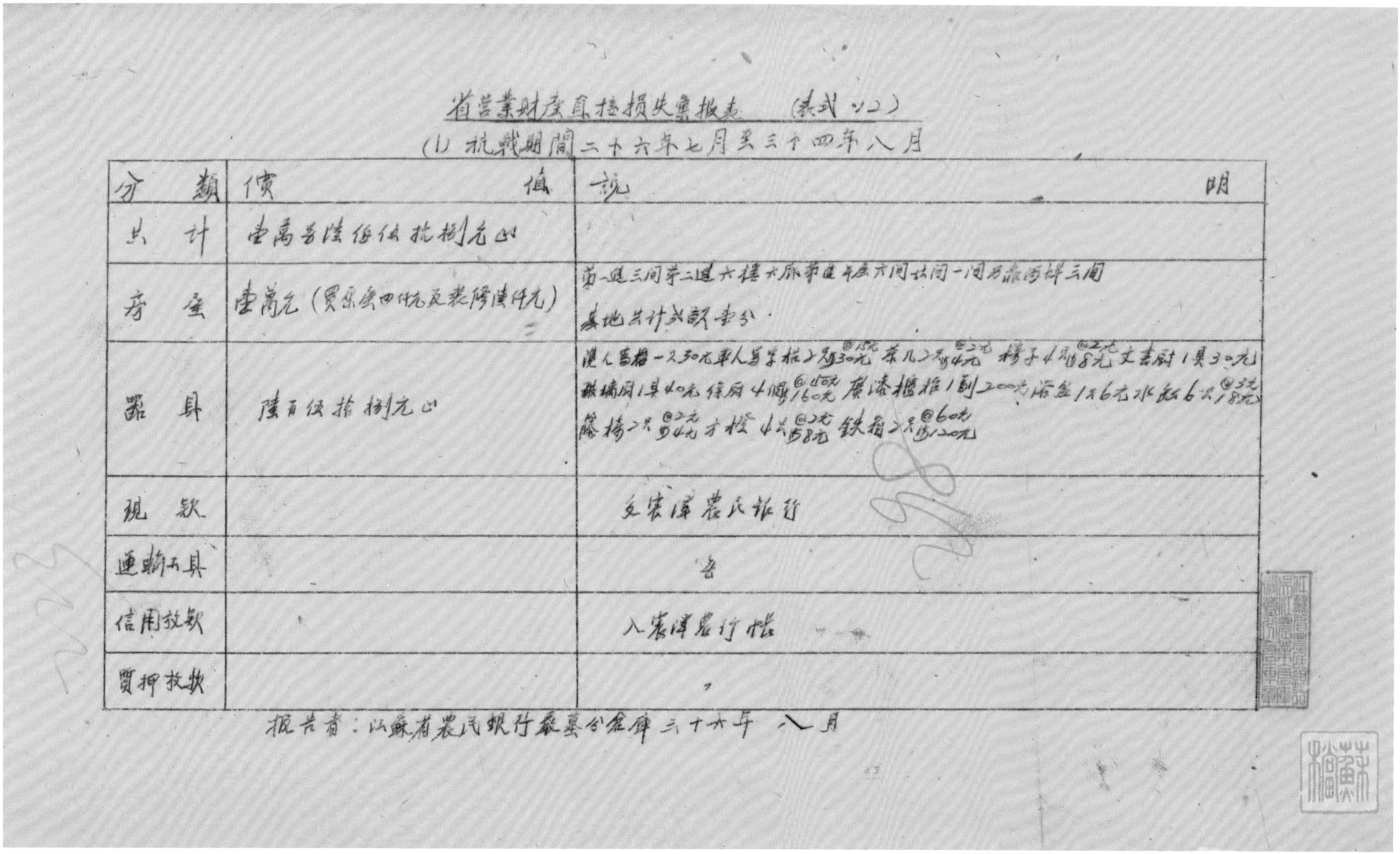

省营业财产直接损失汇报表　（表式22）

（1）抗战期间二十六年七月至三十四年八月

分类	价值	说明
共计	壹萬零陆佰伍拾捌元正	
房屋	壹萬元（买价肆仟元及装修陆仟元）	第一进三间第二进六楼六底第三进平屋六间灶间一间另有披屋三间 基地共计弍亩壹分
器具	陆百伍拾捌元正	双人写字台一只30元　单人写字台2只@15元30元　茶几2只@2元4元　椅子4只@2元8元　文书厨1只30元　玻璃厨1只40元　饭厨4只@40元160元　广漆柜台1副200元　浴盆1只6元　水缸6只@3元18元　藤椅2只@2元4元　方凳4只@2元8元　铁箱2只@60元120元
现款		交震泽农民银行
运输工具		無
信用放款		入震泽农行帐
质押放款		〃

报告者：江苏省农民银行严墓公仓库　三十六年八月

附四：江苏省农民银行平望农业仓库财产直接损失汇报表（一九四七年八月）

省营业财产直接损失汇报表（表式1乙）

（1）抗战期间二十六年七月至三十四年八月

分类	价值	说明
共计	$26,000.00	
房屋	12,750.00	共计平房85间每间建筑费为150元合计如上数
器具	600.00	营业用器具（柜枱1座 办公桌5只 单人椅10只 洋箱2座 公文橱1只 方桌2只 方凳10只 长凳10条 木床8付 挂钟1只）仓库用器具（磅秤2支 楼梯10只 脚盆5只 斛子2只 羊叉2付）
现款	2,000.00	库存
运输工具	0	
信用放款	0	
质押放款	10,000.00	储押米粮5,000石每石押价2.00计算合计如上数
其他	650.00	厨房什具（碗橱1架 缸子3只 小锅2只 锅盖3付 大小碗40只 刀构3付）职员行李 铺盖八付 衣箱六只及另星什件等

报告者：江苏省农民银行平望农业仓库　三十六年八月

注意：（一）价值应填当时估值

（二）说明栏详注细目

（三）不属于分类科目之损失统填入其他栏内

附五：江苏省农民银行震泽办事处财产直接损失汇报表（一九四七年七月）

省营事業財產直接損失彙報表（表式12）

銀行部份

（1）抗戰期間二十六年七月至三十四年八月

分類	價值	說明
共計	共188,319.12	填報數字係民國二十六年十一月敵軍入境時損失之當時估值
房屋	7,500.—	自建行屋共十二間
器具	336.—	鐵床12只@5.— 60.— [illegible] 1架 [illegible] 洋台2只@20.— 40.— [illegible] 椅子10只 [illegible] 文具橱1座 [illegible] 合共如上
現款	4,411.48	
運輸工具		
信用放款	112,766.—	
質押放款	63,305.64	
其他		

報告者：江蘇省農民銀行震澤辦事處　卅六年七月

注意：（一）價值應填當時估值

（二）說明欄詳註細目

（三）不屬於分類科目之損失統填入其他欄內

附六：江苏省农民银行盛泽办事处战事损失器具清单

226

江蘇省農民銀行盛澤辦事處戰事損失器具清單

品名	數量	原價	備註
38尺廣漆黄檀櫃檯	1副	200.00	
中號柳安寫字檯	6隻	56.00	
玻璃文書櫥	4隻	80.00	
柳安轉椅	6隻	84.00	
4寸鐵銀箱	1隻	50.00	
單人沙發椅	2隻	40.00	
雙人沙發椅	1隻	16.00	
會議檯	2隻	22.00	
洋木半靠椅	6隻	24.00	
八仙桌	2隻	20.00	
廣漆長櫈	6隻	7.00	
黑漆方櫈	12隻	24.00	
藤背靠椅	1隻	5.00	
大號掛鐘	1隻	24.00	
花瓷痰盂	12隻	6.00	
柴間欄桿	1間	60.00	
大號廣漆紗菜櫥	1個	24.00	
鐵舖架子	8副	80.00	
木舖架子	4副	20.00	
車光玻璃五斗櫥	4個	80.00	
半圓桌子	2只	10.00	
車光玻璃行門窗	4扇	14.00	
玻璃天篷	1座	150.00	
廣漆色檯面	1個	5.00	
銅字掛牌	2塊	60.00	
檯座電燈	6只	18.00	
120寸霓虹燈	1座	120.00	
綠網底牌木架	6對	90.00	
綠網底牌木墊架	12只	30.00	
綠網底牌小木櫈	2只	20.00	
電燈料連燈	17只	68.00	
廣漆三角欄柵	1副	5.00	
4叶子電風扇	1把	50.00	
過次頁		11,754.00	

301

品名	數量	原價		備註
承前頁		1,754.00		
60寸市磅秤	1座	20.00		
18寸市大秤	1根	6.00		
30两市小秤	1根	3.00		
寫字間地板	1堂	120.00		
文具品	6副	45.00		
印刷品		40.00		
大鉄火炉	1只	30.00		
洋木茶几	4只	16.00		
廣漆木浴盆	1只	8.00		
灶间碗盏鉄鍋什件		120.00		
廣漆便木桶	6只	24.00		
合計		共2,182.00		

省營事業財產直接損失彙報表　（表式[illegible]）

銀行部份

（1）抗戰期間二十六年七月至三十四年八月

分類	價值	說明
共計	358,265.07	
房屋		
器具	2,182.00	另詳清單
現款		
運輸工具		
信用放款	74,755.66	活期放款共74,755.66
質押放款	280,674.03	活期質押放款共126,515.53 定 〃 〃 共154,158.50
其他	633.00	存出保證金共633.00

報告者　江蘇省農民銀行盛澤辦事處

三十六年七月

注意

（一）價值應填當時估值

（二）說明欄詳註細目

（三）不屬於各類科目之損失統填入其他欄內

附七：江苏省农民银行盛泽办事处财产直接损失汇报表（一九四七年七月）

附八：江苏省农民银行同里办事处财产直接损失汇报表（一九四七年七月）

省營事業財產直接損失彙報表（表式12）

銀行部份

(1)抗戰期間二十六年七月至三十四年八月

分類	價值	說明
共計		
房屋		本處房屋向係租賃
器具	當時估值約叁百元	寫字枱四只 洋木床四只 舊式椋架二副 五斗櫥二個 方枱二只 櫈椅十四件及厨房一切用具行內零星器物等
現款		二十六年十一月十二日全送吴行
運輸工具		無
信用放款		無
質押放款		帳目證件全送吴行
其他		

報告者：江蘇省農民銀行同里辦事處 三十六年七月

注意：(一) 價值應填當時估值

(二) 說明欄詳註細目

(三) 不屬於分類科目之損失統填入其他欄内

（二）江苏省会保证信用合作社

江苏省会保证信用合作社、江苏省社会处关于填报战时损失汇报表事的往来公文（一九四六年五月十五至二十一日）

江苏省会保证信用合作社致省社会处的呈（一九四六年五月十五日）

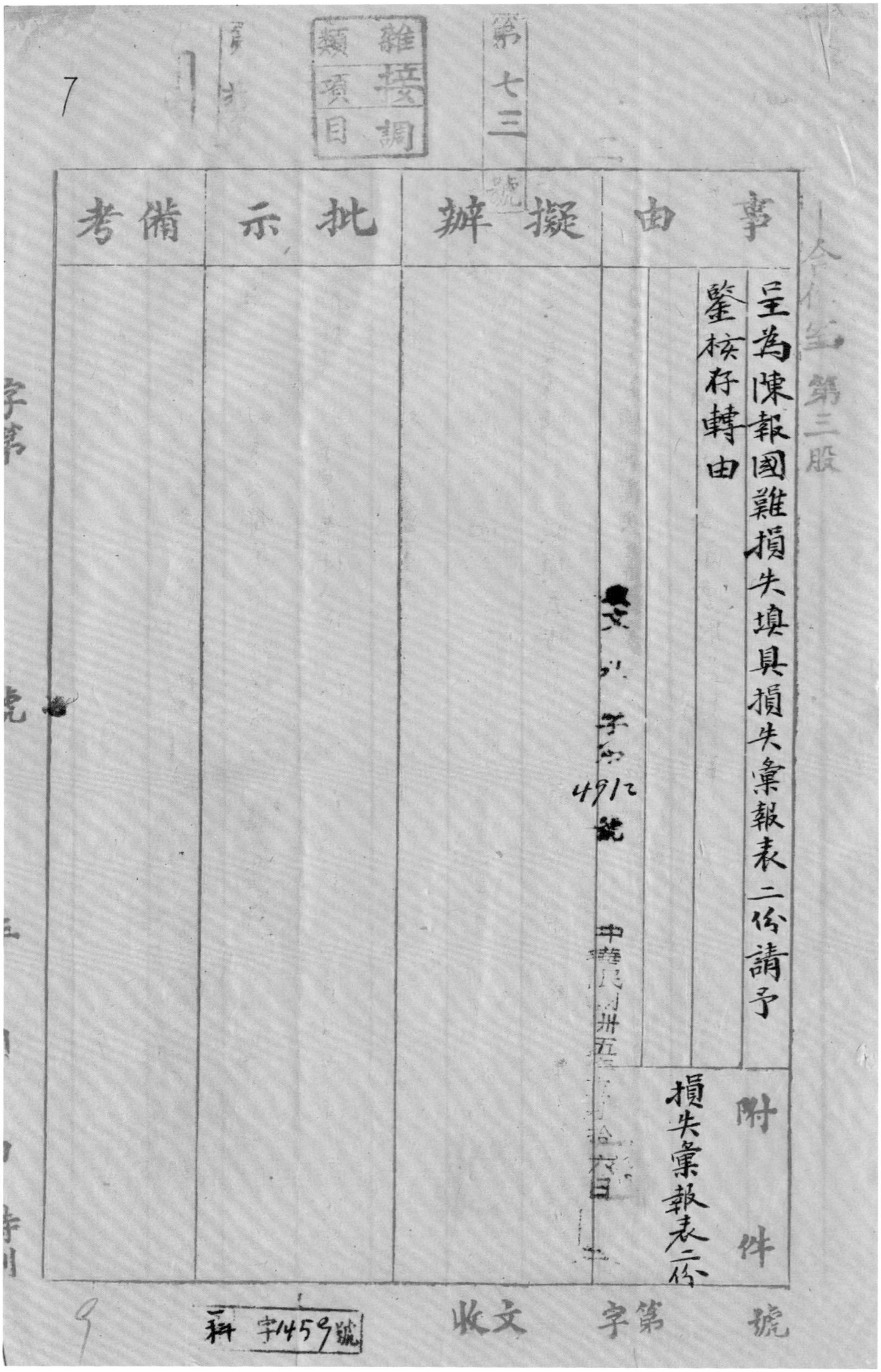

雜類 接項 調目

第七三號

合作組 第三股

事由：呈為陳報國難損失填具損失彙報表二份請予鑒核存轉由

擬辦

批示

備考

附件：損失彙報表二份

文 字第 4912 號

中華民國卅五年五月拾六日

科 字1459號

收文 字第 號

竊查本社創始於民國二十三年、至二十六年社員已達一千餘人、實收股款近二萬元、放出款項五萬餘元、規模粗具。不意是年七七之變、國難發生、省會淪陷、本社社員大都星散、寶塔路社址被敵焚燬、化為焦土、所有財產器具以及抵押貨品等項、盡付一炬、數載經營、毀於一旦、追懷往昔、良深痛心。今幸抗戰勝利、省會重光、社員先後返鎮、當經召開社務委員會議決、增加股額、籌備復業、而以前帳目亦須分別整理、所有本社因國難損失之財產器具、根據帳册、按照損失時價值、估計損失法幣貳拾貳萬捌仟伍伯伍拾叁元壹角貳分、并填具損失彙報表二份、陳乞

鑒核、尚懇轉請中央、向敵索取賠償、藉資彌補、而維合作。

謹呈

10

8

第七四號

江蘇省社會處處長鈕

具呈人保証責任江蘇省會儲蓄信用合作社

理事主席楊公崖

11

附：江苏省会保证信用合作社财产损失汇报表（一九四六年五月十五日）

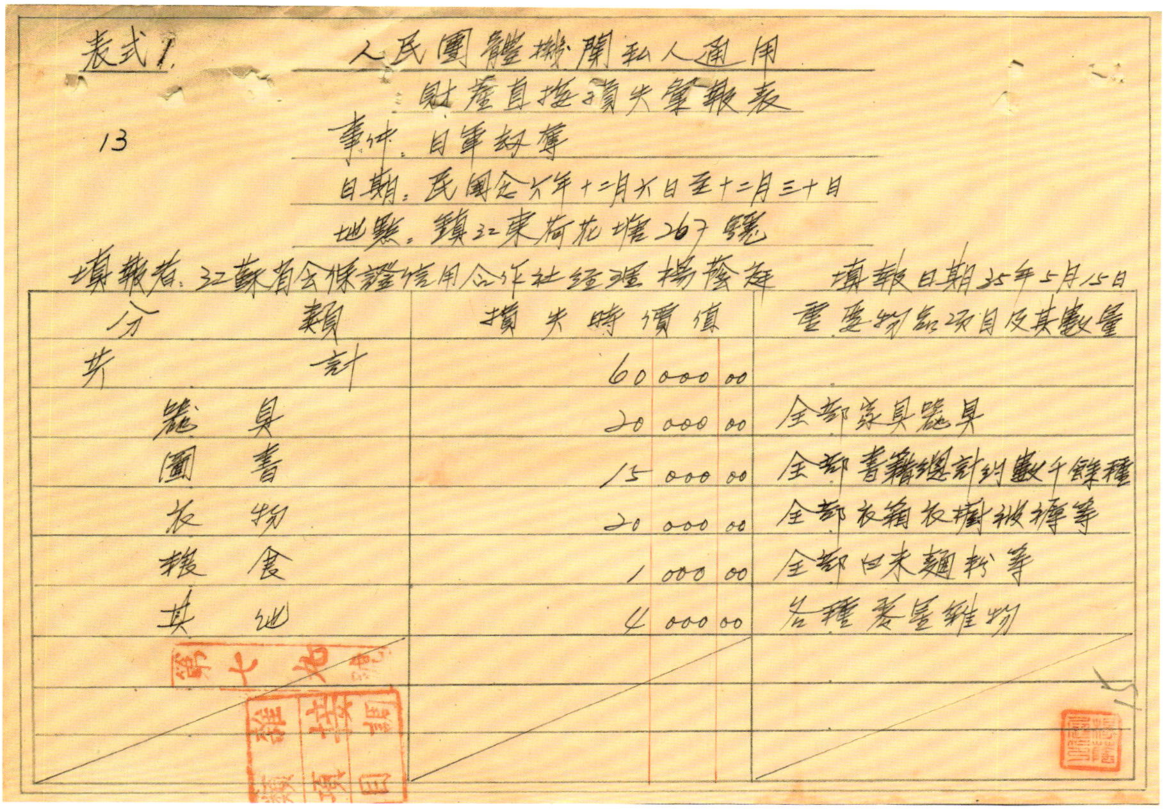

表式1

13

人民團體機關私人通用
財產直接損失彙報表

事件：日軍劫奪

日期：民國念六年十二月六日至十二月三十日

地點：鎮江東荷花塘267號

填報者：江蘇省會保證信用合作社經理楊蔭庭　填報日期35年5月15日

分類	損失時價值	重要物品項目及其數量
共計	60 000 00	
傢具	20 000 00	全部家具傢具
圖書	15 000 00	全部書籍總計約數千餘種
衣物	20 000 00	全部衣箱衣櫥被褥等
糧食	1 000 00	全部白米麵粉等
其他	4 000 00	各種零星雜物

表式 1.

1°

人民團體機關私人通用
財產直接損失彙報表

事件：日軍焚燬
日期：民國念六年十二月五日至十二月三十一日
地點：鎮江城外寶塔路21號

填報者：江蘇省會保證信用合作社　　填報日期35年5月15日

分類	損失時價值	重要物品項目及其數量
共計	150,553.12	
器具生財	2,817.50	本社全部器具生財
抵押品	144,972.00	本社社員抵押借款時所存
圖書	132.00	本社閱報室存各種雜誌書報及合作叢書等
衣服行李	495.00	本社職員所存
裝修及雜物	375.00	本社全部裝修及各種零星雜物
現金	267.62	根據本社最後一日之日報表所存
乒乓用品及乒乓用品	1,494.00	本社俱樂部乒乓組乒乓組所存

江蘇省會保證信用合作社

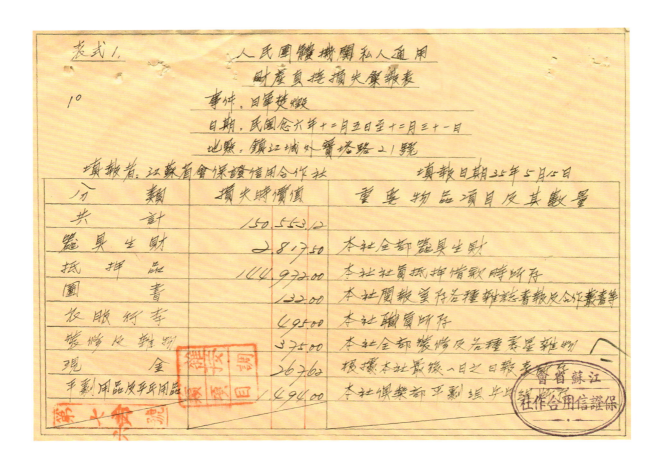

表式７

12

人民團體機關公司行號合作社及私人通用
財產間接損失彙報表

民國二十六年十二月十四日至三十五年三月一日

填報者：江蘇省会保證信用合作社　　填報日期 35年5月15日

分類	實際價值	摘要說明
共計	78000 00	
遷移費	50000 00	本社重要帳册由楊经理遷移至安徽歙縣本年三月携回
疏散費	8000 00	本社職員共計八人每人發給一千元
盈利减少	20000 00	本社每年盈餘約二千餘元八年損失約計上數

第七六號

81

江蘇省會保證信用合作社

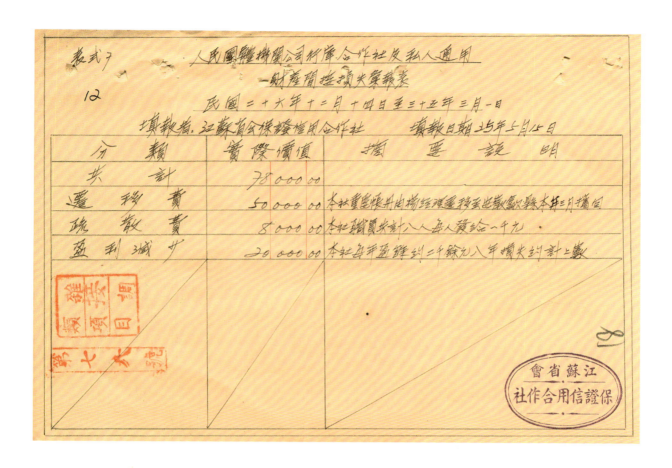

江苏省社会处致江苏省会保证信用合作社的批（一九四六年五月二十一日）

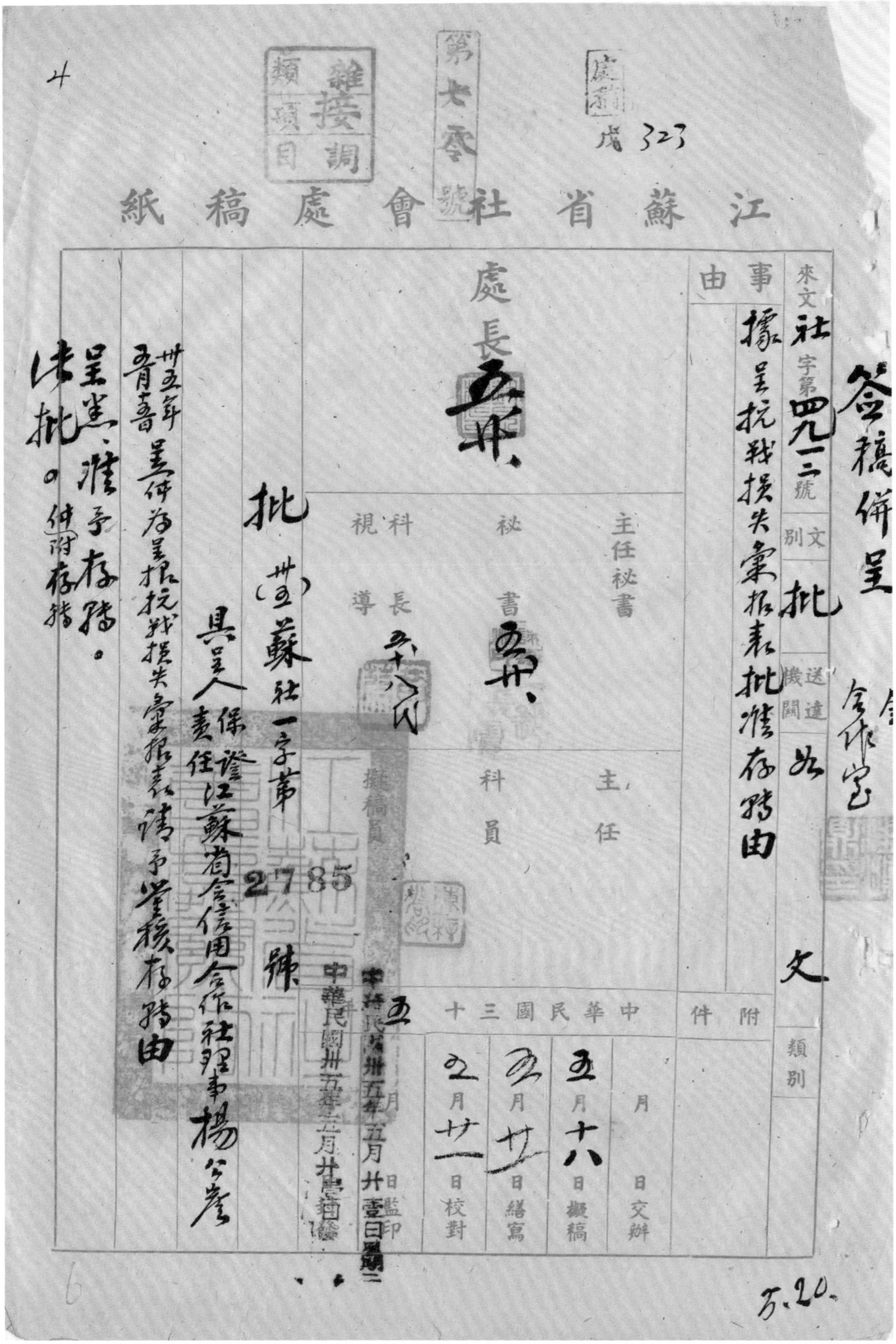

江蘇省社會處稿紙

雜類 接項 調目

第七零號

處前 處323

來文	社字第四九一二號
文別	批
送達機關	如文
事由	據呈抗戰損失彙報表批准存轉由
處長	五棠
主任秘書	
秘書	五棠
科長	五十八
視導	
主任	
科員	
擬稿員	

批 卅五 蘇社一字第2785號

具呈人 保證責任江蘇省會信用合作社理事楊公彥

卅五年五月十七日呈一件為呈報抗戰損失彙報表請予彙核存轉由

呈悉，准予存轉。此批。件附存轉

中華民國三十 年 五月 日交辦　五月十八日擬稿　五月廿一日繕寫　五月廿一日校對　月 日監印

中華民國卅五年五月廿一日

签稿併呈 合作室

5.20

（三）江苏省银行总行

江苏省银行总经理许葆英等关于归还被劫物资申请书（一九四七年二月一日）

歸還被刧物資申請書

被刧地点　上海江西路三七一号江蘇銀行大廈

被刧日期　民國三十四年七月

申請者江蘇省銀行茲申述下列各點

(一)遵照聯合國遠東委員會各國代表所曾協議並経華盛頓參謀總部於一九四六年七月二十五日由聯軍最高統帥轉令施行之規程茲就由於日本軍隊之行為而致喪失所有權之下列物資申請歸還

甲　此項物資之詳情

1. Classic 水汀五十六隻計六八八片共二六四八、三三二方尺美

國慎昌洋行出品原裝於上海江西路三七一号本行大厦
於卅四年七月被日本軍隊拆遷
又白鉄水汀管四寸者六四尺三寸者一九尺二寸半者一五六
尺二寸者一四三尺一寸半者六九七尺与1項物資裝於同一
地点同時被日軍隊拆遷
3 樓梯銅貼邊一百条与上項物資裝於同一地点同时
被日本軍隊拆遷
乙主權証明
1 高易洋行掛号道契權柄單抄本乙件
又原裝樓梯被撬留有凹凸痕跡

42

丙 本行被日本軍隊佔駐時上項物資被拆運還

(二)上項物資現在日本何地不能明瞭

(三)上項物資歸還時中國政府如予以適當調整則他國家或人民亦有申請歸還此項物資者當遵從聯合國間對於此事之決議

(四)此項申請并不妨礙中國政府向日本帝國政府提出關於此項申請歸還物資之其他權利

此申請

申請者 江蘇省銀行

代表人 總經理許葆英

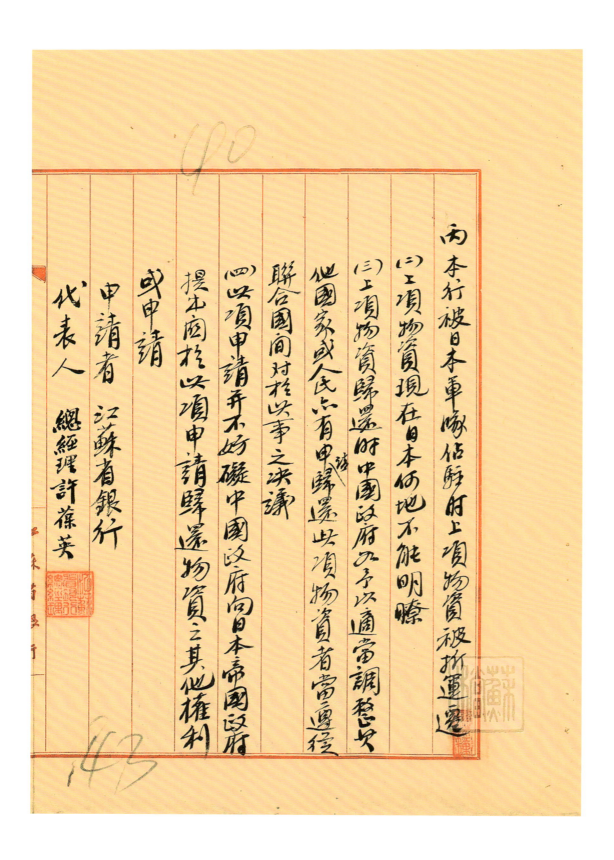

江蘇省銀行

地址　上海江西路三七一号

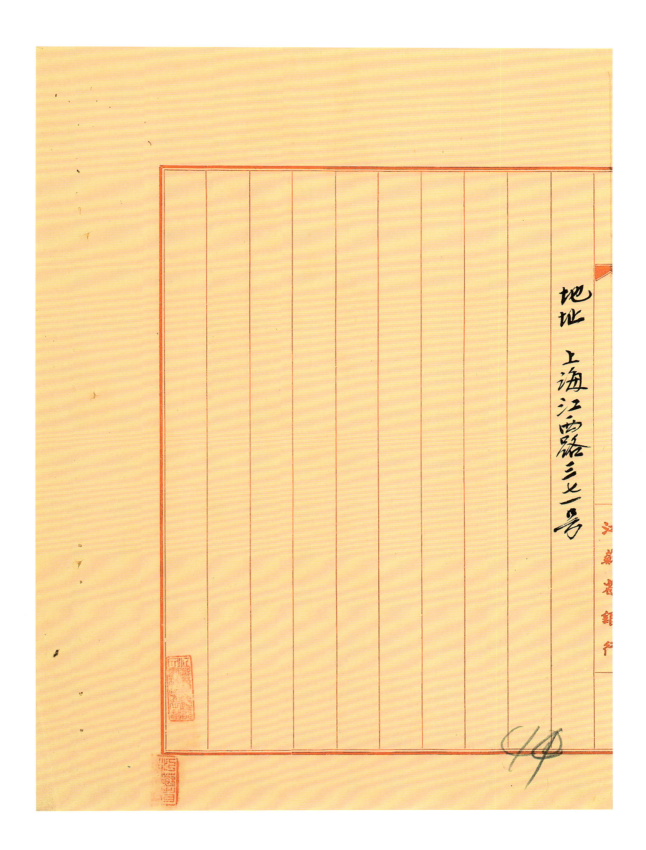

掛号代管道契產業單

立掛号代管道契產業單高易洋行麥根佩雷德今因住居
華人江蘇銀行托請本行麥根佩雷德出名代管
英國駐滬總領事館署地冊內第六千六百八十四号道契產業已由本
行掛号爲此訂明代爲管理並議定嗣後原業主江苏銀行及其
接收人與承受遺產人等經本行查明並將應付經費收清遇
有來函囑辦之事本行自必照行惟該業主既情本行掛号之
定之每年先期於西曆正月初一日付銀十兩作爲酬勞之資彼此訂
明日後本行接閱函囑實當視爲彼時該業主之所囑者並當
時交出本行所給掛号單據及道契等項本行按照函囑辦

江蘇商銀行

41

45

理以後毫無干係本行認單不認人如異日倘另者有假冒承

業情事日後顯露均與本行無涉故後有憑立此掛號代管

道契產業單存照

右單交華人江蘇銀行經理張知笙收執

高易洋行 麥振倫

雷德

乙卯年十二月廿六日

西曆一千九百十六年二月一日

附：江苏省银行抗战损失总报告表（一九四七年四月）

93

稿底

江蘇省銀行抗戰損失總報告表

（銀行部份）

事件：
日期：
地点：

填送日期36年4月　日

分類	價值
共計	23,618,016,090.90
房屋	1,838,271,380.00
器具	340,512,028.00
现款	165,434,000.00
生金銀	
保管品	519,817,510.00
抵押品	10,541,826,220.00
有價証券	333,814,390.00
運輸工具	
其他	9,878,360,562.90

附财産損失報告單　張

報告者

Kiangsu Provincial Bank 江蘇省銀行 AUDITING DEPT.

48

本表所列各項損失数字、係由各分支行處報告及依據现值填報外，其無從估計者，率依銀行公会通函以美滙3350元折合一千倍計算。

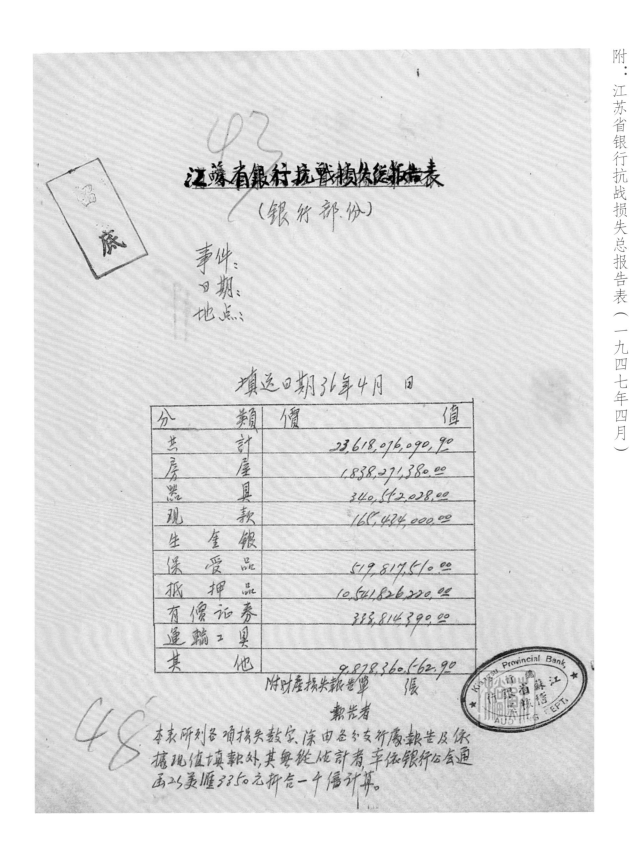

49

江蘇省銀行抗戰損失總報告表

填送日期 三十六年四月　日

分類	價值
房屋	1,838,271,380.00
器具	240,552,028.00
现款	165,434,000.00
保管品	519,817,510.00
抵押品	10,541,826,220.00
有價証券	333,814,390.00
運輸工具	—
其他	9,878,360,562.90
营利損失	147,700,000.00
合計	$23,765,776,090.90

附分類明細表捌紙及証件[illegible]參考

歸[illegible]物資[illegible]

本表所列各項損失數字、除由各行處報告及依據現值填報外、其無從估計者、率依銀行公會通函以美匯3350元折合一千倍計算之。

49

江苏省财政厅、江苏省银行总行关于填送战时损失表事的往来公文（一九四七年三月二十二日至四月九日）

江苏省财政厅致省银行总行的函（一九四七年三月二十二日）

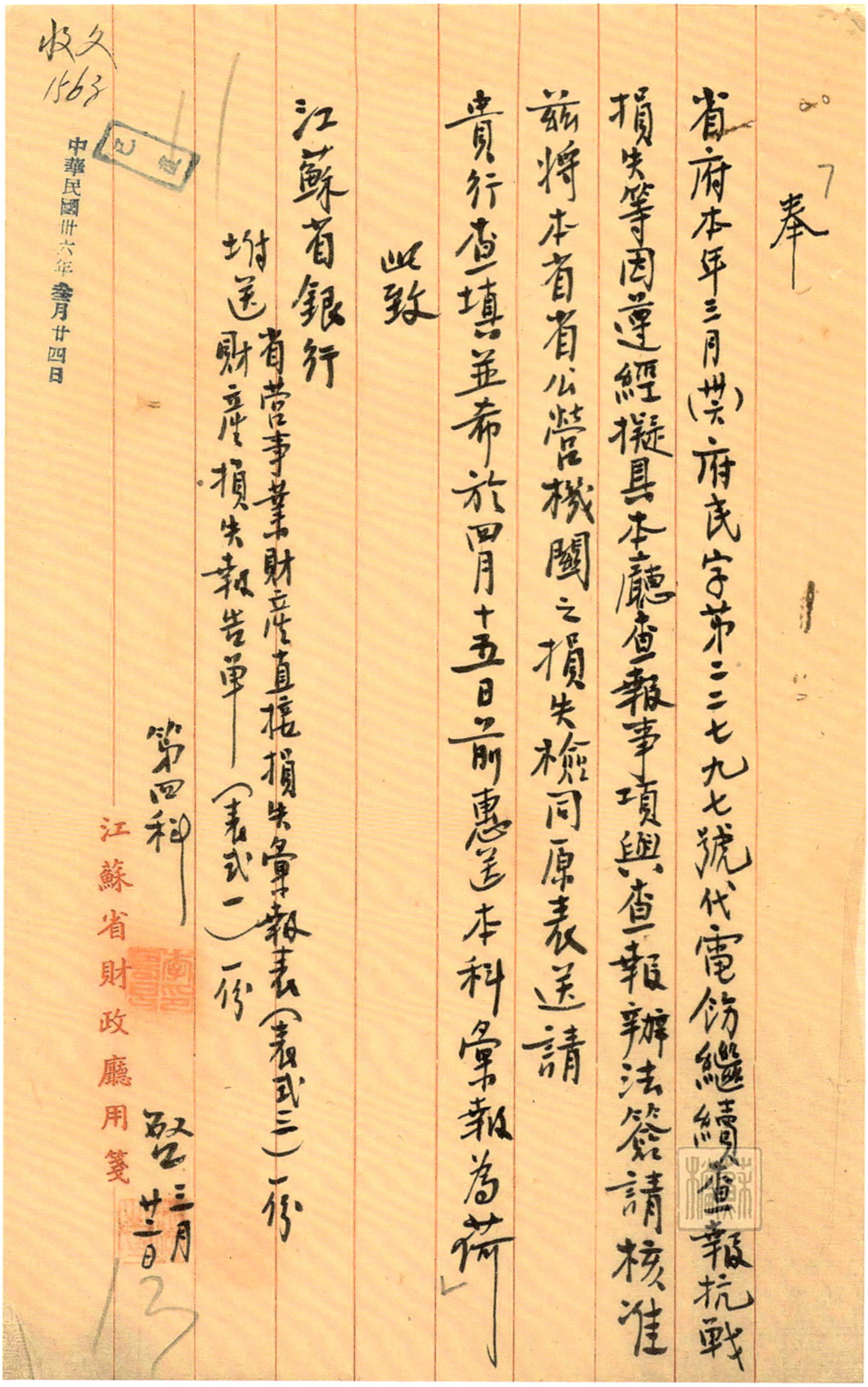

奉
省府本年三月（寅）府民字第二二七九七號代電飭繼續查報抗戰損失等因，遵經擬具本廳查報事項與查報辦法簽請核准，茲將本省省公營機關之損失檢同原表送請
貴行查填並希於四月十五日前惠送本科彙報為荷
此致
江蘇省銀行
附送財產損失報告單（表式一）一份
省營事業財產直接損失彙報表（表式三）一份
第四科
江蘇省財政廳用箋
啓 三月廿二日

收文 1563
中華民國卅六年叁月廿四日

省營事業財產直接損失彙報表（表式三）

（銀行部份）

事件：

日期：

地點：

填送日期　　年　　月　　日

分類	價值
共計	
房屋	
器具	
現款	
生金銀	
保管品	
抵押品	
有價證券	
運輸工具	
其他	

附財產損失報告單　　張

報告者

說明：1. 如為國營應於營字前加寫「國」字省營則填寫「省」字市營則填寫「市」字縣營則填寫「縣」字民營填寫「民」字並於其前填明該省市縣名稱

2. 可以聲明補領者不能列作損失

3. 應由彙報機關長官署名並加蓋機關印信

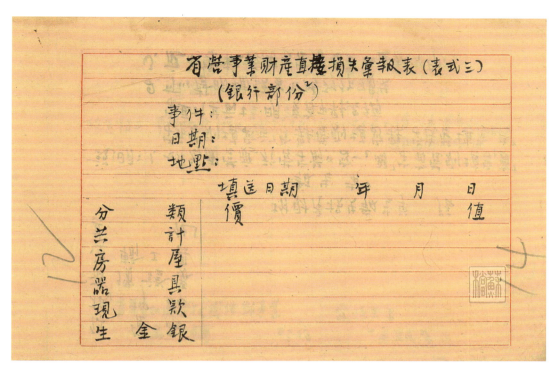

附二：财产损失报告单（表式一）

財產損失報告單（表式一）

填送日期　　年　　月　　日

損失年月日	事件	地點	損失項目	購置年月	單位	數量	價值（國幣元）		證件
							購置時價值	損失時價值	

直轄机關學校團体或事業　　受損失者

名稱　　印信　　填報者

姓名　服務處所與所任職務　與受損失者之關係　通信地址　蓋章

說明

1.「損失年月日」指事件發生之日期如某年某月某日或某年某月某日至某年某月某日

2.「事件」指發生損失之事件如日机之轟炸日軍之進攻等

3.「地點」指事件發生之地點如某市某縣某鄉某鎮某村等

4.「損失項目」指一切動產（如衣服什物財帛舟車證券等）及不動產（如房屋田園礦產等）所有損失逐項填明

5.「價值」如係當地幣制除折成國幣填列外並附填原國幣名稱及數額

6.如有證件應將名稱與件數填入「證件」欄內

7.受損失者如係私人填其姓名如係机關學校團体或事業

填其名稱

8. 私人之損失由本人填報或由代報者填報，機關團体學校

或事業之損失由各該主管人填報

江苏省银行总行到文签（一九四七年四月九日）

江蘇省銀行總行到文簽

中華民國卅六年四月四日到

收文第 1563 號

來文處所：財政所第四科

文別：函

事由：為增上抗戰損失表希填送由

附件：公文

總經理

副總經理

關係部份

擬辦：擬交方稽核並填閱私人部份請總務處洽辦 三、卅五

辦：一、表中所列數字係依據填報銀行公會日昨第(?)省府之「戰時財產損失總報告」「戰時京鎮各縣物資明細表」「被敵售去証券及股票明細表」填造，其中房屋損失一項後又據各行報來，其數字經已增加，另由稽核室黃德(?)手售(?)偉堂先生股票六二五三股，因非損失並不合所指規定，故未列入，再戰時營利損失按所指規定非直接損失，另列表一併報在。六、私人損失部份應請總務處合併列入損失表內 四月九日

決定辦法：來表限於四月中旬送府，限期已迫，關於私人損失部份，即交總務處速送(?)，擬由行方稽核先表先行送出，以免貽誤，總務處通函調查後再辦。表中註明私人損失部份俟彙齊補報。

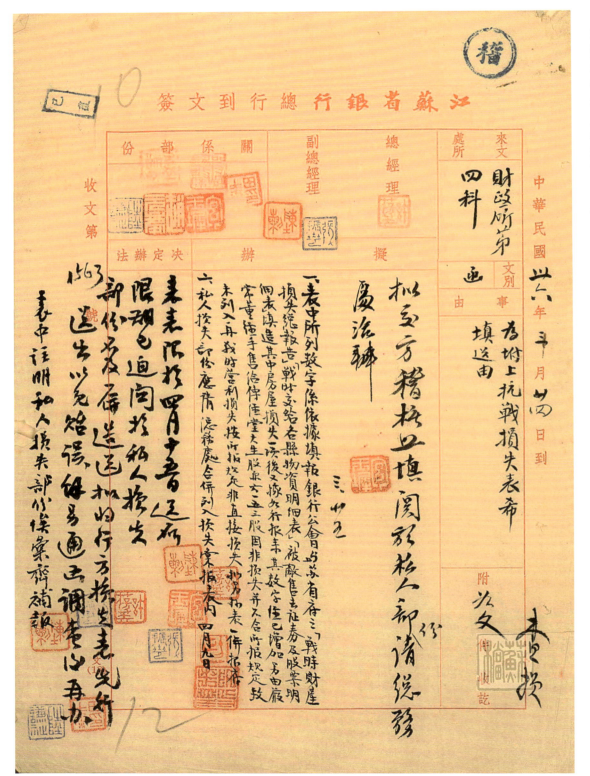

省營事業財產直接損失彙報表

（銀行部份）

事件：

日期：

地點：

填送日期36年4月　日

分類	價值
共計	23,618,076,090.90
房屋	1,838,271,380.—
器具	340,552,028.—
現款	165,434,000.—
生金銀	
保管品	519,817,510.—
抵押品	10,541,826,220.—
有價證券	333,814,390.—
運輸工具	
其他	9,878,360,562.90

附財產損失報告單　張

報告者

Kiangsu Provincial Bank
江蘇省銀行總行稽核處
AUD. DEPT.

本表所列各項損失數字除由各分支行處報告及依據現值填報外，其無從估計者，率依銀行公會通函，以美滙3350元折合一千倍計算。

16

房地產損失

地址	損失情形	現值	附注
南京建康路	墻壁房顶损失多處	15 000 000 —	依据该行报告数
南京中山東路105號	庫房及衛生设備等多折毁	200 000 000 —	〃 （補報）
南京高楼门85號	洋式房屋被拆门窗等損毁	100 000 000 —	〃
南京昇州路405號	門窗墻壁破損	100 000 000 —	〃 （補报）
南京鼓楼三條巷	門窗墻壁衛设備盡破坏	60 000 000 —	〃 （〃 〃）
南京下關三汊河	後進房屋被毁，前面亦遭破坏	40 000 000 —	〃
南京下關鄧府巷	全部焚燬	60 000 000 —	（原报26,000,000元，现補报如上数。）
南京中華門外上码頭	〃	30 000 000 —	依据该行报告数
江浦縣前大街	设備被拆除	5 000 000 —	〃 （補报）
浦鎮大街	〃	7 000 000 —	〃 （〃）
湖塾鎮大街	装修等被拆除	4 000 000 —	〃 （〃）
鎮江江边	全部焚燬	100 000 000 —	〃
鎮江姚一湾	倉庫房屋装修及货物全焚	50 000 000 —	〃 （内堆货物值五億元，亦损失）
鎮江二馬路二号	〃	40 000 000 —	〃 （内堆货物值四億元，亦损失。）
鎮江小營盤	全部装修及货物遭损失	10 000 000 —	〃 （内堆货物值十億元，亦损失）
鎮江二馬路四号	全部房屋及货物被焚燬	50 000 000 —	〃 （内堆货物值五億元，亦损失。）
常州西門外	该處房屋連同码頭圍墻被炸焚拆	536 500 000 —	〃
蘇州觀前大街176號	大部均遭损坏	24 149 200 —	按照原造價72,447,61三分之一，4倍計算
蘇州婁門外永安橋	房屋被拆墻垣坍倒	180 000 000 —	依据该庫报告数
蘇州閶門西中市大街	装修遭損壞	10 000 000 —	估價
常熟縣南街		15 000 000 —	依据该行报告数
揚州左衛街	房屋壹部及内部装修	4 590 000 —	〃
泰縣坡子大街	装修損失	1 500 000 —	按装修千倍计
南通行屋		56 091 000 —	依据该行报告
南通蒞倉壩	九號棧一所被毁	6 440 000 —	〃
南通唐家閘	窗户磚墻圍墻等	12 240 000 —	〃
上海滿州路堆棧		120 761 180 —	
合計		1 838 271 380 —	

20

器具損失

行名	損失時期	現值	附註
滬行	三十年份	21108410.00	此項數字係依照三十五年六月份購置價計算
滬處	〃	1869950.00	
京行	二十六年十二月	45522000.00	依據該行填報（原報估計84517400，現補報如上數）
建處	〃	17800000.00	〃 處 〃（補報）
閔處	〃	2744000.00	〃 〃
江浦辦事處	〃	2310000.00	〃 〃
浦鎮 〃	〃	2514000.00	〃 〃
湖熟 〃	二十七年一月	1174000.00	〃 〃
鎮行	二十六年十一月	100000000.00	依據該行填報
鎮江倉庫辦事處	二十七年六月	40000000.00	〃 鎮 〃 〃
進行	二十六年十月	15360000.00	〃 該 〃 〃
蘇行	二十六年十一月	5836500.00	此項數字係據該行損失原價千倍計算
閶門辦事處	〃	1932920.00	〃
蘇州倉庫	〃	2655880.00	〃
常行	二十六年	28504000.00	依據該行填報（原報86011370，補報數如上）
揚行	〃 十二月	8822650.00	
泰行	二十九年份	1370898.00	此項數字係依據該行卅六年五月份購置價計算
通行	〃	10630000.00	依據該行填報
海門支行	〃	7344820.00	〃
二十三未申報行處匡計	〃	23000000.00	二十三行處[illegible]器具損失一百萬元，行處名稱如下：硤[illegible]，[illegible]，泰[illegible]，[illegible]，[illegible]，[illegible]，[illegible]，[illegible]，大伊山，[illegible]湖，新[illegible]，[illegible]，[illegible]，淮[illegible]，清江，[illegible]，[illegible]，[illegible]，靖江，三[illegible]。（原報[illegible]28000000，[illegible]下閘，江浦，湖熟，浦鎮，補報[illegible]除估計[illegible]）
合計		340552028.00	

附四：现款损失

18

现款损失

行名	损失情形	金额	附证
锡行	该行及所属靖番与二坝库所存硬币损失	164022000	依照当时164022个合计算
灌云	灌云被炸受损	99000000	〃 900— 〃
蚌行	撤退时未及带出存库遭损	1376700000	〃 13767— 〃
苏行	该行四库现金计营业部147,772.99元 储蓄部1,117.29元 陶吴146.50元 均遭损失	14903678000	〃 149036.78 〃
合计		16543400000	

22

19

保管品损失

名稱	寄存户名	數量	現值	附註
统一甲種公債	綢業銀行及西儀孚等	48,820	2,050,440.00	根据卅六年二月廿五日徵信新聞行市每元42元計算
统一乙種公債	江蘇省農民銀行等	1,108,000	46,536,000.00	根据卅六年二月廿五日徵信新聞行市每元42元計算
统一丙種公債	勞工教育會等	177,210	11,873,070.00	根据卅六年二月廿五日徵信新聞行情每元67元計算
统一丁種公債	江蘇省農民銀行等	22,000	990,000.00	根据卅六年二月廿五日徵信新聞行情每元45元計算
统一戊種公債	〃	421,500	21,918,000.00	根据卅六年二月廿五日徵信新聞行情每元52元計算
大生紗廠股票	江蘇省政府	1,247	436,450,000.00	根据卅六年二月廿六日商报行情每股350,000元計算
共計			519,817,510.00	

江蘇省銀行總行稽核處 Kiangsu Provincial Bank. AUDITING DEPT.

蘇檔

23

抵押品损失

科目	说明	现值	附注
定期抵押放款	南京等处刘佳[illegible]等押品失陷时被劫失	660261700.00	上项押品当时值660261.7元以千倍计算如上数
活期抵押放款	〃 天丰[illegible] 〃	4407936580.00	〃 4407936.58
〃	扬州源盛昌等押品存于湾仓库损失	214253000.00	〃 214253.—
活期抵押透支	南京[illegible]同济等押品失陷时被劫失	4760497780.00	〃 4760497.78
往来抵押透支	上海通利等押品失陷时[illegible]损失	50682040.00	〃 50682.04
押汇	扬州等处以豆粕等押汇中途被劫	448195120.00	〃 448195.12
合计		10541826220.00	

有價証券損失

証券名稱	單位	数(票面)量	現值	附註
统一甲種公债		675 960	28 390 320—	依据卅六年二月廿五日徵信新闻每百元4,200元计算
〃乙〃		1 086 380	45 627 960—	〃
〃丙〃		1 527 590	102 348 530—	〃 6,700元〃
〃丁〃		908 300	40 873 500—	〃 4,500元〃
〃戊〃		2 003 920	104 203 840—	〃 5,200元〃
十七年金融長期公债		249 400	12 370 240—	依据卅六年二月廿五日统一各债行情批每百元4,960元计
共計			333 814 390—	

上列各项証券，在敌伪時期，被敌横濱銀行上海支店强迫向準備會取去及本行現存一部，均被取出售脱

Kiangsu Provincial Bank 江蘇省銀行總行稽核處 AUDITING DEPT.

蘇檔

22

其他损失

损失种类	金额	附注
呆滞放款	7,272,298.00	卅一年五月三十日各项放款余额如上数，因受战事影响未能收回
复业开办费用	345,290,634.90	结帐资遣费至卅五年六月底止计用开办费用如上数
非常时期费用	217,337,630.00	各行处在战时所用之非常费用依照当时数字十倍计算
战时交给各县物资	9,308,460,000.00	战事结束后收小麦78,020.79市担交与淮安等县政府以每担80,000元计算，另17,676.64石交与泰兴等县政府以每石120,000元计算，麦粉2,400袋交与东海等县府每袋以75,000元计算，另麻袋95700只，暨上项小麦用麻袋同交与各县府以每只8000元计算合如上数，一并损失。上项损失物资之价格系依据三十六年三月二十五日徵信新闻行市
合计	9,878,360,562.90	

26

營利損失

年份	損失原因	金額	附註
二十六年至二十七年	戰事發生後四十餘家停業	2,100,000.00	26年70万元，27年140万元
二十八年至二十九年	〃	7,000,000.00	28年280万元，29年420万元
三十年至三十一年	〃	18,900,000.00	30年630万元，31年1260万元
三十二年	〃	25,200,000.00	
三十三年	〃	37,800,000.00	
三十四年	〃	56,700,000.00	
合計		147,700,000.00	

上項盈益數以廿五年盈益372000元为準標推算

江苏省银行总行、上海市银行商业同业公会关于填报战时损失事的往来公文（一九四八年四月七至十九日）

上海市银行商业同业公会通告（一九四八年四月七日）

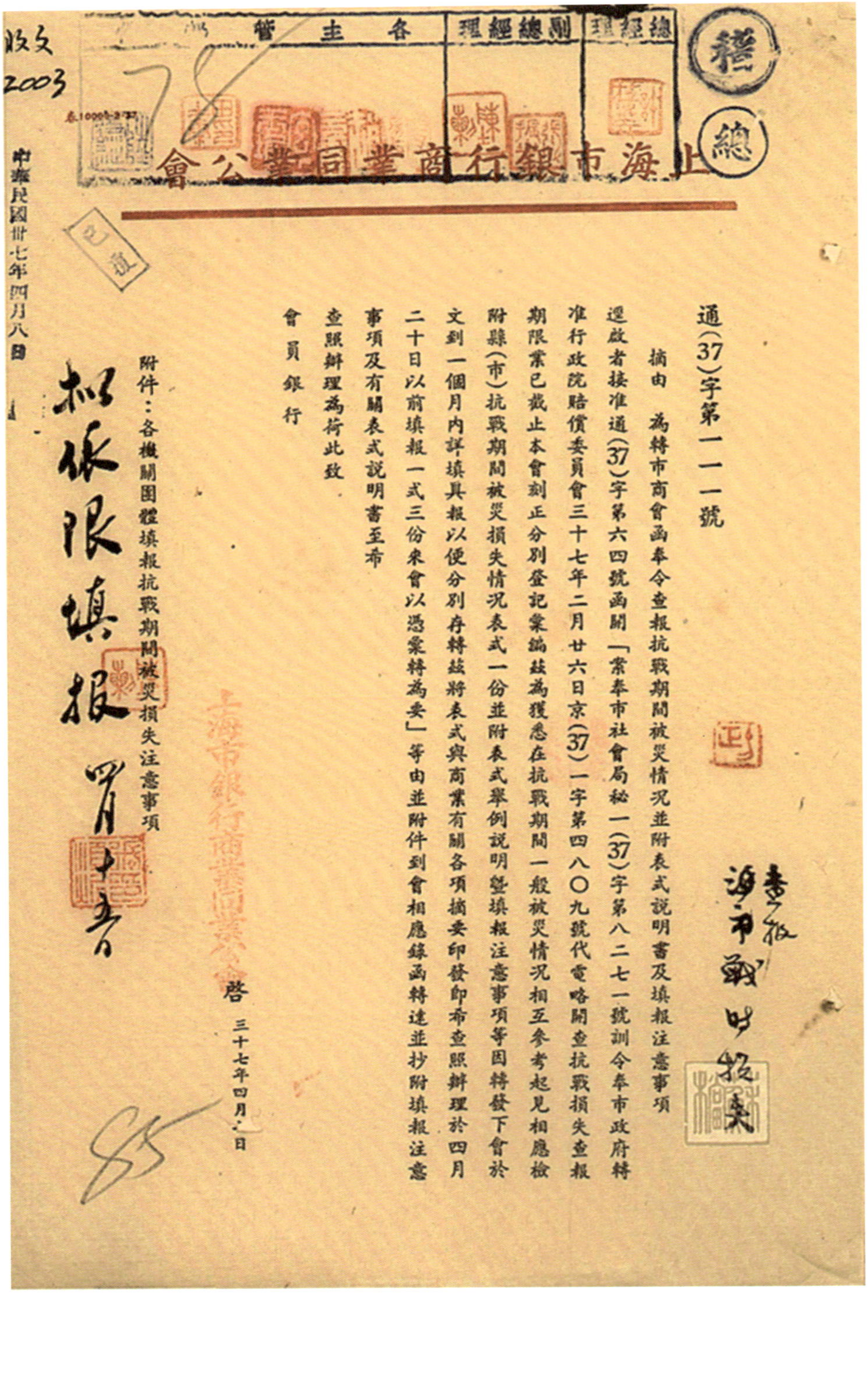

上海市銀行商業同業公會

通(37)字第一一一號

摘由　為轉市商會函奉令查報抗戰期間被災情況並附表式說明書及填報注意事項

逕啟者接准通(37)字第六四號函開「案奉市社會局秘一(37)字第八二七一號訓令奉市政府轉准行政院賠償委員會三十七年二月廿六日京(37)一字第四八〇九號代電略開查抗戰損失查報期限業已截止本會刻正分別登記彙編茲為獲悉在抗戰期間一般被災情況相互參考起見相應檢附縣(市)抗戰期間被災損失情況表式一份並附表式舉例說明暨填報注意事項等因轉發下會於文到一個月內詳填具報以便分別存轉茲將表式與商業有關各項摘要印發即希查照辦理於四月二十日以前填報一式三份來會以憑彙轉為要」等由並附件到會相應錄函轉達並抄附填報注意事項及有關表式說明書至希

查照辦理為荷此致

會員銀行

附件：各機關團體填報抗戰期間被災損失注意事項

上海市銀行商業同業公會　啓

三十七年四月七日

各機關團體填報抗戰期間被災損失注意事項（一·二·三·四·五·六·八·九·十·十三·十四）

三、商會應轉飭所屬並明所屬各商業損失價值估計數字彙計填報于「商業欄」內並轉飭所屬並明團體本身損失價值估計數字連同商會本身損失價值數字彙計填報于「人民團體欄」內

七、各商業同業公會應並明其所屬業內及團體本身損失價值估計數字分別列表報由市商會彙計

填表注意事項：（一）（三）（四）（七）從略

二、本表填報期間自民國二十六年七月七日起至三十四年九月二日敵人簽降之日止

五、損失價值一項：(A)單位一律用國幣元(B)損失價值一項統應折合二十六年七月之價值即在二十六年至三十四年間所受之損失其價值之填報應依照附發抗戰期間各年度另售物價增漲倍數比較表將逐年損失時價值折回至二十六年七月之價值後再填入上表不可填各年損失時之幣值

六、間接損失：(A)屬於機關學校團體等其間接損失之填報限於費用之增加如防空救濟特別公費等(B)屬於公私營業者其間接損失之填報包括1.可能生產額減少2.可獲純利額減少3.費用之增加等

抗戰期間各年度另售物價指數增漲倍數表

（二十六年七七事變以前購置者適用本表）

（表一）

基期二十六年上半年 ══ 100

年度	26年	27	28	29	30	31	32	33	34
指數	103	130	213	503	1,294	4,027	14,041	48,781	190,723
倍數	1.03	1.30	2.13	5.03	12.94	40.27	140.41	487.81	1907.23

抗戰期間各年度另售物價增漲倍數比較表（二十六年七七事變以後購置者適用本表）

（表二）

購置時期／損失時期	26年	27	28	29	30	31	32	33	34
27年	1.26								
28 〃	2.06	1.63							
29 〃	4.88	3.86	2.31						
30 〃	12.36	9.95	6.10	2.75					
31 〃	39.09	30.97	18.90	8.00	3.11				
32 〃	136.32	108.00	65.92	27.91	10.85	3.48			
33 〃	473.60	375.20	229.01	96.90	37.60	12.11	3.48		
34 〃	1851.68	1467.10	895.40	379.10	147.39	37.36	13.58	3.90	

（例）1. 設二十六年七七事變以前購西式樓房一棟於三十一年損失如照三十一年損失時價值為五萬元其折合為二十六年七月之價值計算法應如下式 50,000÷40.2══（二十六年七月以前之價值）·（見表一）

（例）2. 設有西式房屋一棟如係在二十八年購置計兩萬元於三十年損失其折合二十六年之計算法應如下式：　(20,000÷6.10)÷12.94══（二十六年七月以前之價值）（見表一及表二）

上海市抗戰期間被災損失情況表

公私財產損失估計							
損失項目	價值（單位：國幣元）（二十六年七月以前幣值）						備考
	私有			公有			
	損失戶數或數量	直接	間接	損失戶數或數量	直接	間接	
商業							
金融業							
汽車							
汽船							
漁船							
木船							
其他運輸工具							
人民團體							
學校							
中學							
小學							

江苏省银行总行致上海市银行商业同业公会的函（一九四八年四月十九日）

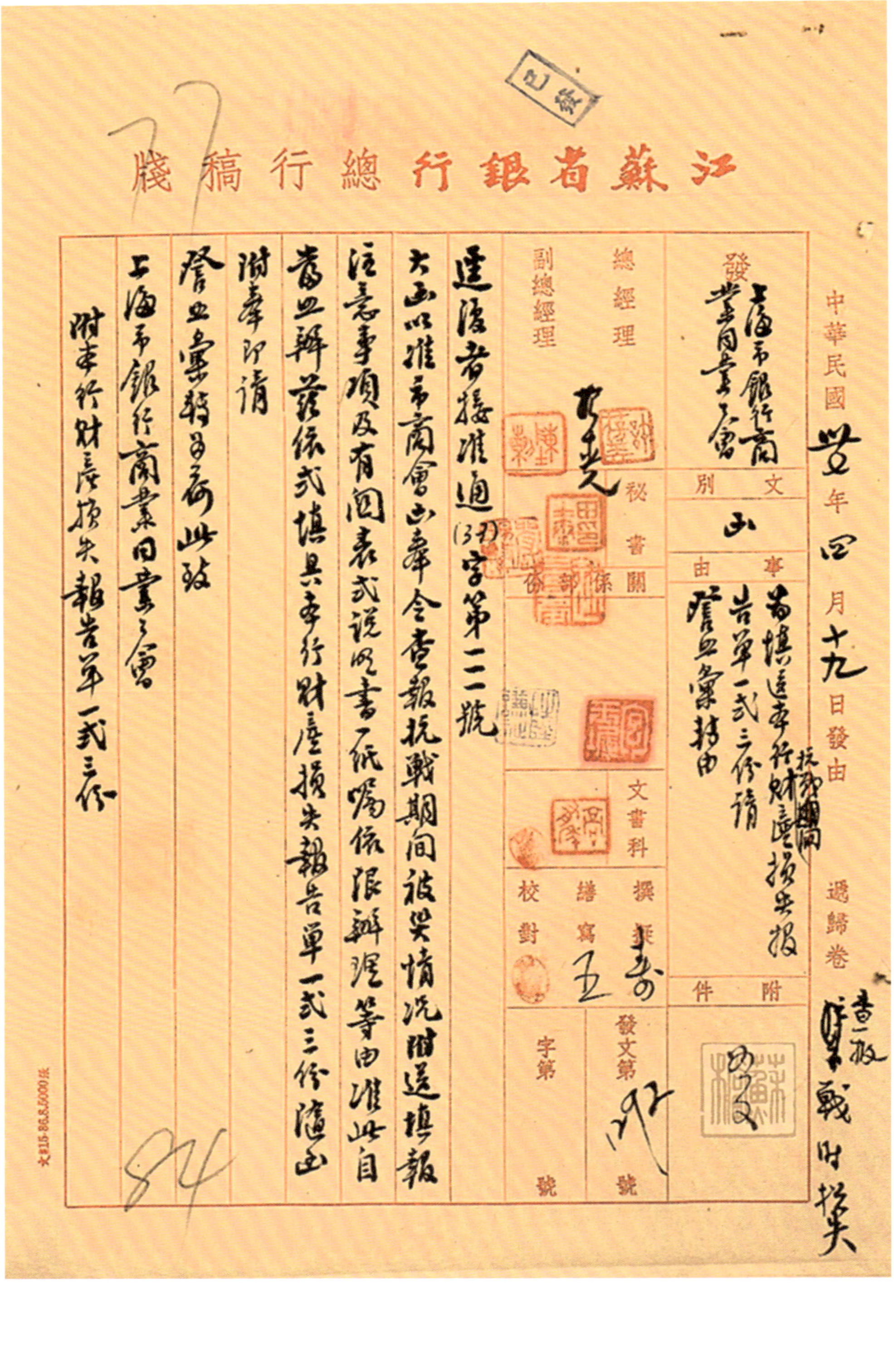
江蘇省銀行總行稿箋

中華民國卅七年四月十九日發

發 上海市銀行商業同業公會

文別 函

事由 為填送本行抗戰期間財產損失報告單一式三份請詧照彙轉由

附件

遞歸卷 壹般 戰時損失

總經理 副總經理 秘書 關係部份 文書科 撰擬 繕寫 校對 發文第 字第 號

逕復者：接准通（37）字第二二號
大函以准市商會函奉令查報抗戰期間被災情況，附送填報注意事項及有關表式說明書乙紙，囑依限辦理等由。准此，自當照辦。茲依式填具本行財產損失報告單一式三份，隨函附奉，即請
詧照彙轉為荷。此致
上海市銀行商業同業公會
附本行財產損失報告單一式三份

附：江苏省银行财产损失报告单（一九四八年四月十七日）

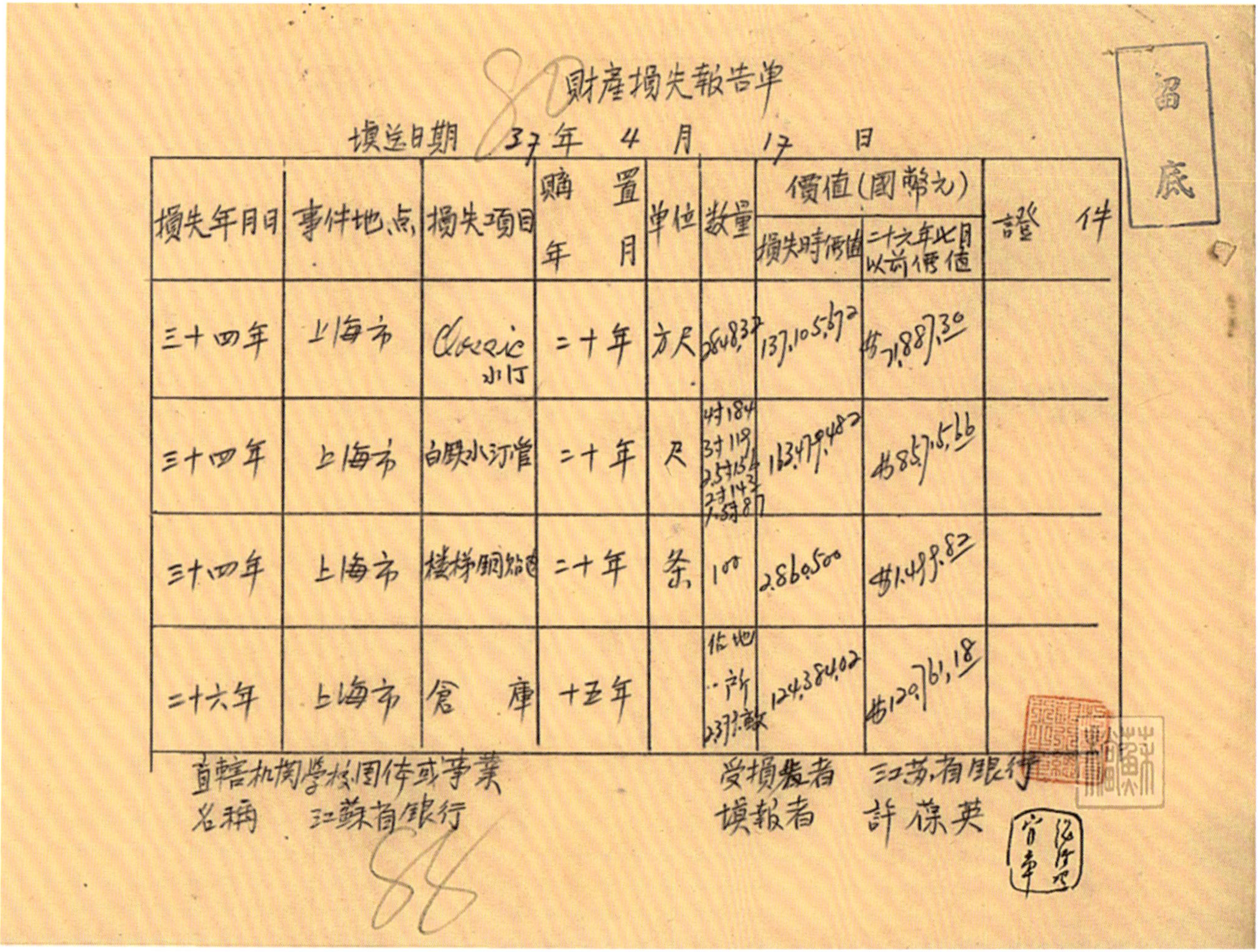

财產損失報告單

填送日期 37年 4月 17日

損失年月日	事件地点	損失項目	購置年月	單位	数量	價值（國幣元）損失時價值	價值（國幣元）二十六年七月以前價值	證件
三十四年	上海市	Classic 小汀	二十年	方尺	26,837	137,105,572	$71,887.30	
三十四年	上海市	白鉄水汀管	二十年	尺	4寸184 3寸119 2.5寸154 2寸142 1.5寸87	163,479,482	$85,715.66	
三十四年	上海市	樓梯銅帖	二十年	条	100	2,860,500	$1,495.82	
二十六年	上海市	倉庫	十五年		佔地一所 2337畝	124,384,02	$120,761.18	

直轄机関學校团体或事業名稱 江蘇省銀行

受損失者 江苏省銀行

填報者 許葆英

留底

三、农林工商业战时损失调查

（一）农业损失

江苏省农林改进委员会、江苏省建设厅关于报送战时财产损失报告单的往来公文（一九四六年四月二十六日至五月十三日）

江苏省建设厅致省农林改进委员会的训令（一九四六年四月二十六日）

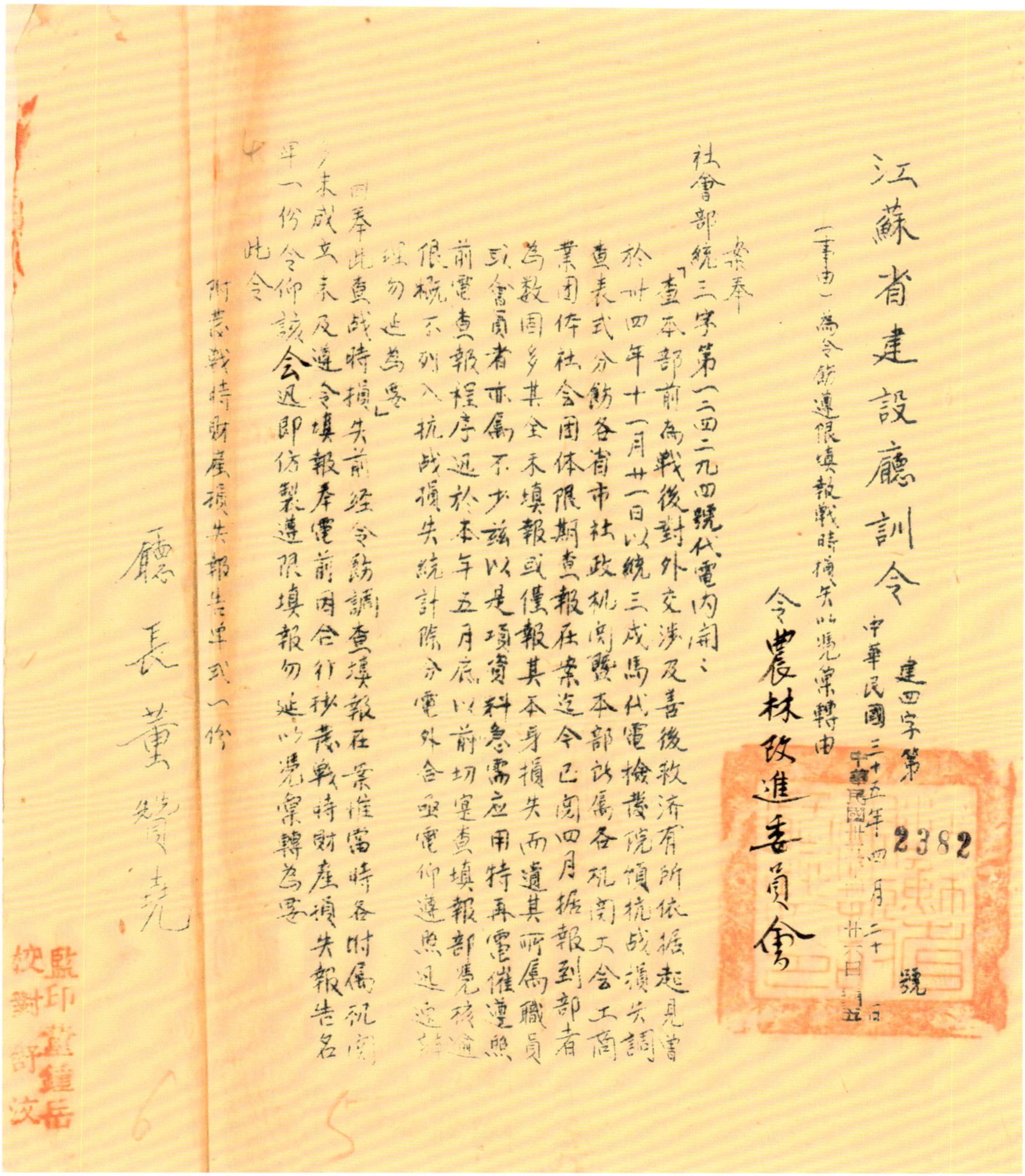
江蘇省建設廳訓令　建四字第2382號

事由：為令飭遵限填報戰時損失以憑彙轉由

中華民國三十五年四月二十六日

令農林改進委員會

案奉

社會部統三字第一二四二九四號代電內開：「查本部前為戰後對外交涉及善後救濟有所依據起見，曾於卅四年十一月廿一日以統三戌馬代電檢發院頒抗戰損失調查表式，分飭各省市社政机關暨本部所屬各机關、工會、工商業團体、社会團体限期查報在案。迄今已閱四月，据報到部者為數無多，其全未填報或僅報其本身損失而遺其所屬職員、工會會員者亦屬不少。茲以是項資料急需應用，特再電催遵照前電查報程序，迅於本年五月底以前切實查填報部，凴核。逾限概不列入抗战損失統計。除分電外，合亟電仰遵照迅速辦理勿延為要。」等因。奉此，查战時損失前經令飭調查填報在案，惟當時各附屬机關多未成立，未及遵令填報。奉電前因，合行抄發戰時財產損失報告單一份，令仰該会迅即仿製，遵限填報，勿延，以憑彙轉為要。

此令。

附發戰時財產損失報告單式一份

廳長　董贊堯

監印　董鍾岳

校對　舒汶

附：财产损失报告表表式

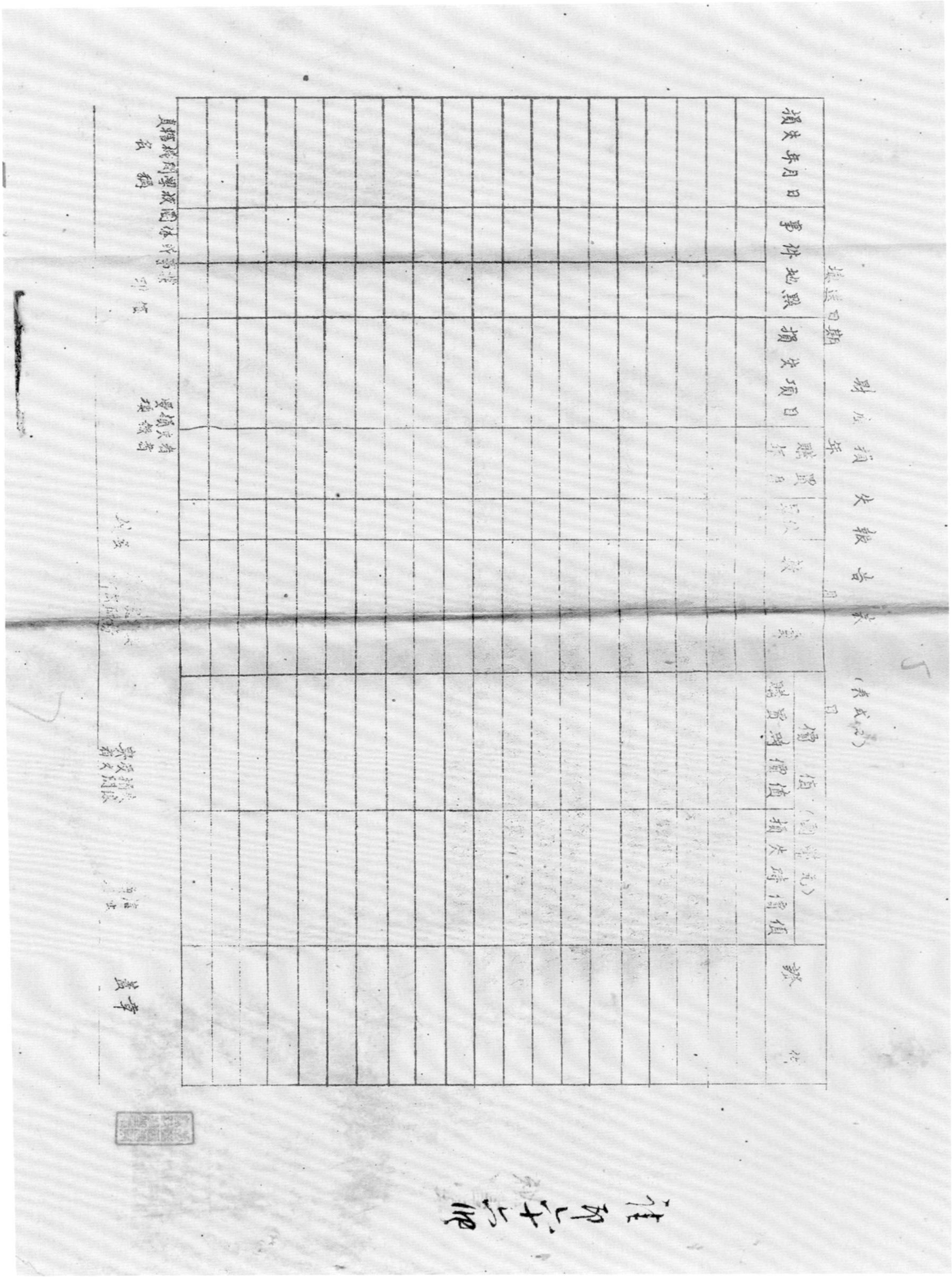

财产损失报告单 （表式2）

填送日期　　年　　月　　日

损失年月日	事件	地点	损失项目	购置年月	单位	数量	价值（国币元） 购置时价值	损失时价值	证件

直辖机关学校团体或事业　名称　　印信

受损失者　　　填报者

盖章

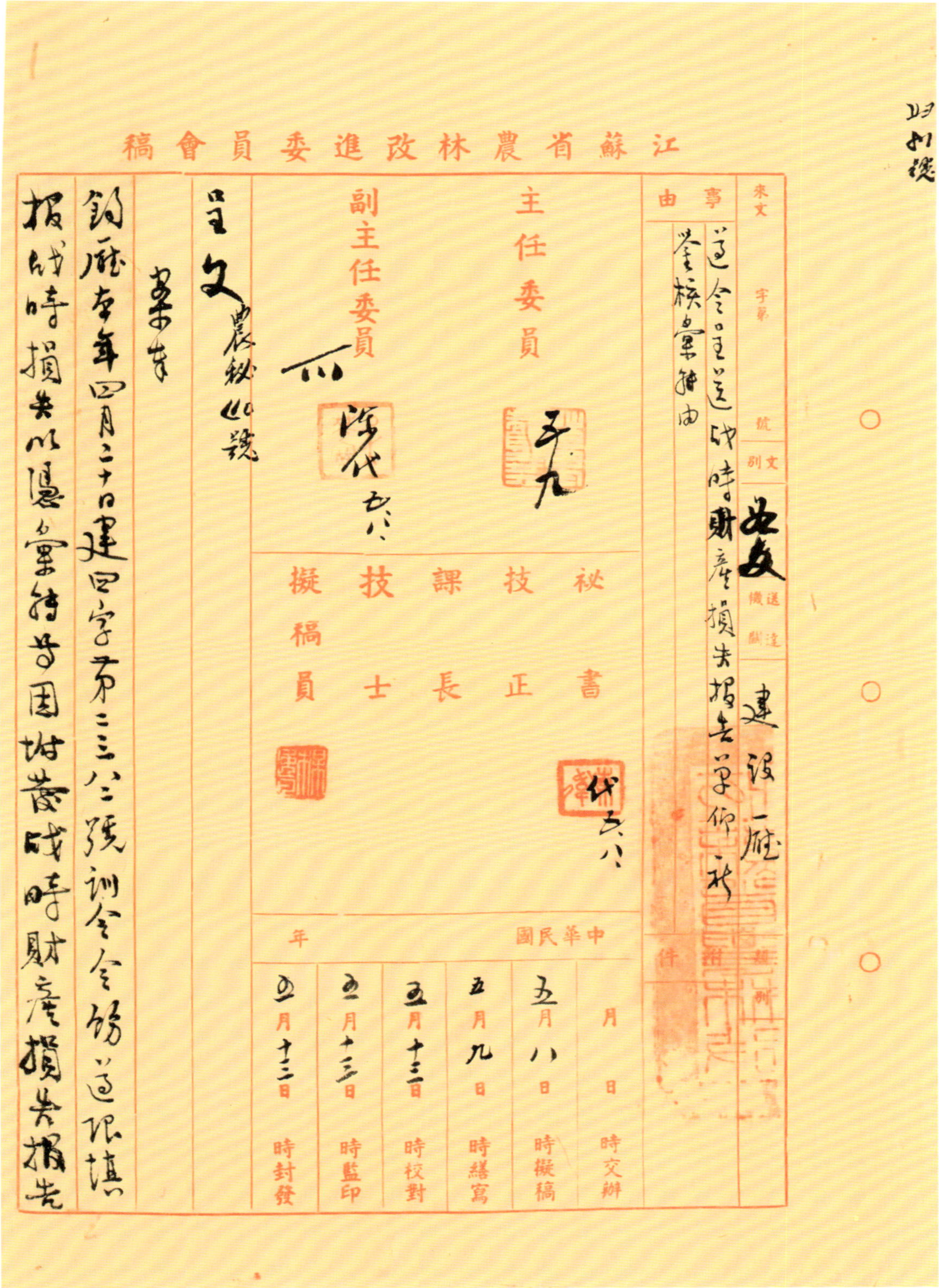

江蘇省農林改進委員會稿
事由
為遵令呈送抗時財產損失報告單仰祈鑒核彙轉由
來文 字第 號
文別 呈文
送達機關 建設廳
主任委員
副主任委員
秘書
技正
課長
技士
擬稿員
呈文 農秘 號
案奉
鈞廳本年四月二十日建四字第二三八三號訓令令飭遵照填報戰時損失以憑彙轉等因。茲將戰時財產損失報告
中華民國 年
月 日 時交辦
五月八日 時擬稿
五月九日 時繕寫
五月十二日 時校對
五月十三日 時監印
五月十二日 時封發

江苏省农林改进委员会致省建设厅的呈（一九四六年五月十三日）

2

单式一份等由。查本会前经成立未遭战时损失，惟本会职工在抗战期间损失财产者不乏其人，经饬该职工依式填报前来，理合检同本会职工战时财产损失报告单备文呈送，仰祈鉴核汇转。

谨呈

江苏省建设厅厅长董

附呈江苏省农林改进委员会员工战时财产损失报告单十一份

兼主任委员董○○

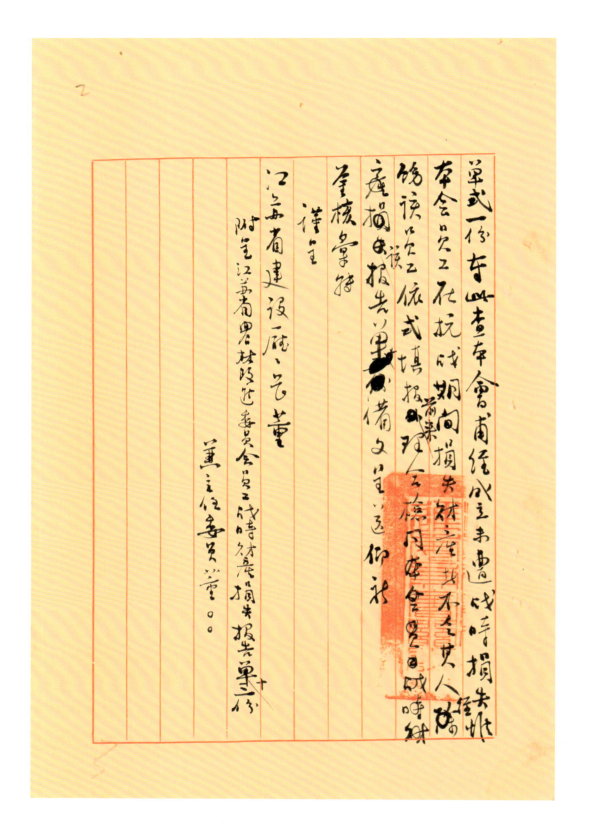

財產損失報告表

（表式2）

填送日期 35 年 5 月 1 日

損失年月日	事件地點	損失項目	購置年月	單位	數量	價值（國幣元）購置時價值	價值（國幣元）損失時價值	證件
卅三年四月二十日	江蘇泰縣第七區王楼鄉	洋襪	三十年六月	打	40	800元	160000元	
		汗衫	″ ″	″	10	1200元	240000元	
		毛巾	″ ″	″	12	800元	160000元	
		洋燭	″ ″	箱	5	500元	100000元	
		肥皂	″ ″	箱	5	600元	120000元	
		化裝品	″ ″	打	20	1200元	240000元	

直轄機關學校團體或事業
名稱 印信
江蘇省建設廳農林改進委員會

受損失者 王元晋
填報者 王元晋

姓名　服務處所與所任職務：江蘇省建設廳農林改進委員會秘書室課員　與受損失者之關係　通信地址：江蘇泰縣胡家集　蓋章

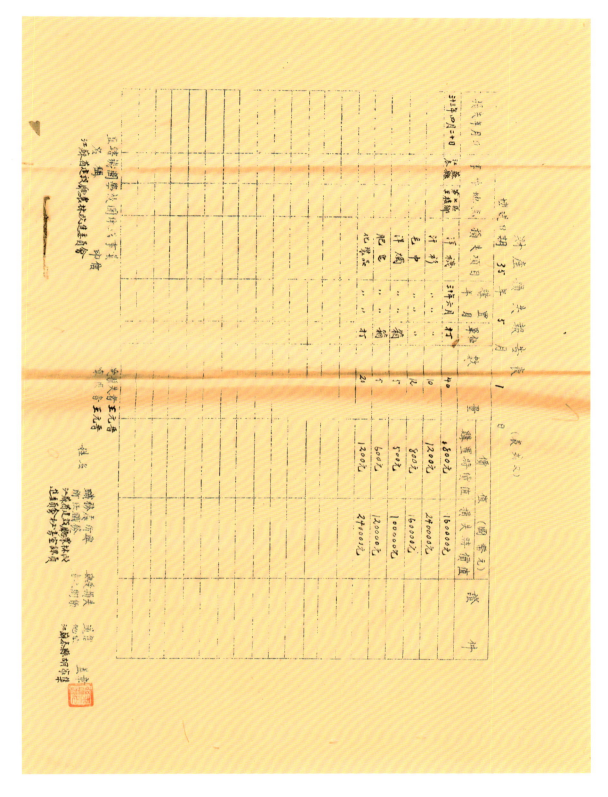

財產損失報告表 (表式2)

填送日期 35年 5月 1日

損失年月日	事件	地點	損失項目	購置年月	單位	數量	價值（國幣元）購置時價值	價值（國幣元）損失時價值	證件
26年11月6日	南遷	周浦鎮	柳箱	25年4月	只	1	10	20	
			被單	24-26年	条	6	60	100	
			衣服	24-25年	件	30	200	300	
			書籍	20-26年	本	40	300	500	
			帳子	24年	頂	2	20	40	

直轄機關學校團體或事業
名稱
江蘇省建設廳農林改進委員會
印信

受損失者 丁爾勉
填報者 丁爾勉

姓名	服務處所與所任職務	與受損失者之關係	通信地址	蓋章
	江蘇省建設廳農林改進委員會技士		江蘇泰縣三元	

財產損失報告單

填送日期　　年　　月　　日

損失年月日	事件地點	損失項目	購置年月	單位	數量	價值（國幣元） 購置時價值	損失時價值	證件
27.6.6.	北沙河	半樓		棟	壹	100元	300元	
29.7.15.	單港子	雞鴨		隻	拾	100	100元	

直轄機關學校團體或事業
名稱　　　　印信

受損失者
簽名蓋章　李世觀

服務處所　　　　與受損失者之關係　　　　蓋章
建設廳農委會技佐

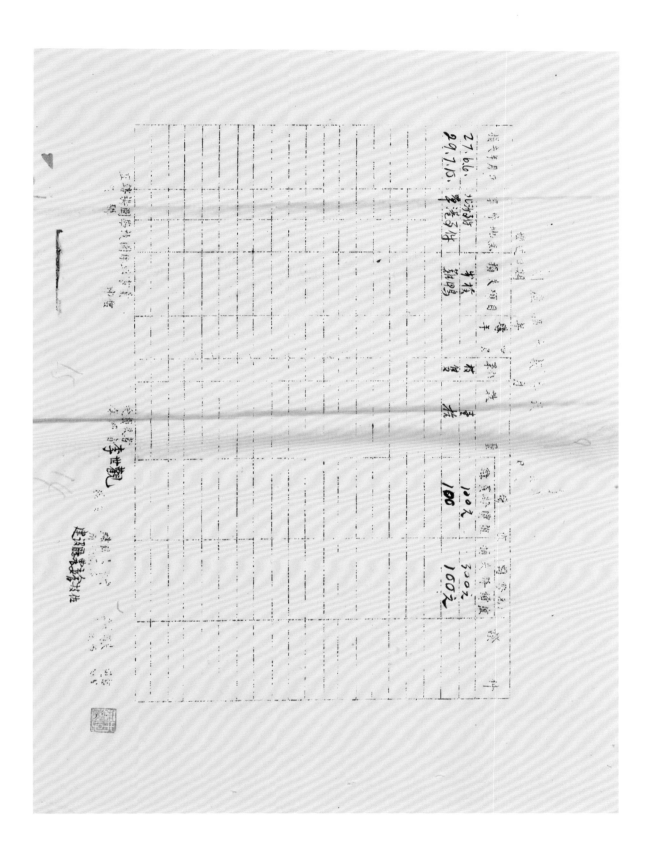

财产损失报告单　　（表式2）

填送日期　　年　　月　　日

损失年月日	事件	地点	损失项目	购置年月	单位	数量	价值（国币元）购置时价值	价值（国币元）损失时价值	证件
二十六年十一月	日寇焚烧	[illegible]	房屋什具衣物等	房屋祖遗	—	—	房十间家具五百元杂物五件	10000.00	101
二十七年十月	〃	南村	衣被书籍	二十年至廿六年	—	—	衣被二条衣五套 300.00	500.00	

直辖机关学校团体或事业
名称　　印信

受损失者
填报者

服务处所　　与受损失者之关系　　通信地址

葉志賢

16

財產損失報告表 （表式2）

填送日期　　年　　月　　日

損失年月日	事件	地點	損失項目	購置年月	單位	數量	價值（國幣元）購置時價值	價值（國幣元）損失時價值	證件
27年4月	炸弹	韶城	房屋三间		间	三间		450$	
33年3月	轰炸	韶九区	家具		件	七十六件		42000$	
34年5月	〃	韶四区	衣服[illegible]		件	八十三件		90000$	
〃	〃	〃	被帐		床	九		940000$	

直轄機關學校團體或事業
名稱　　印信

受損失者 杨逸凡
填報者 〃
姓名　服務處所與所任職務 建设厅　與受損失者之關係　通信地址

杨逸凡

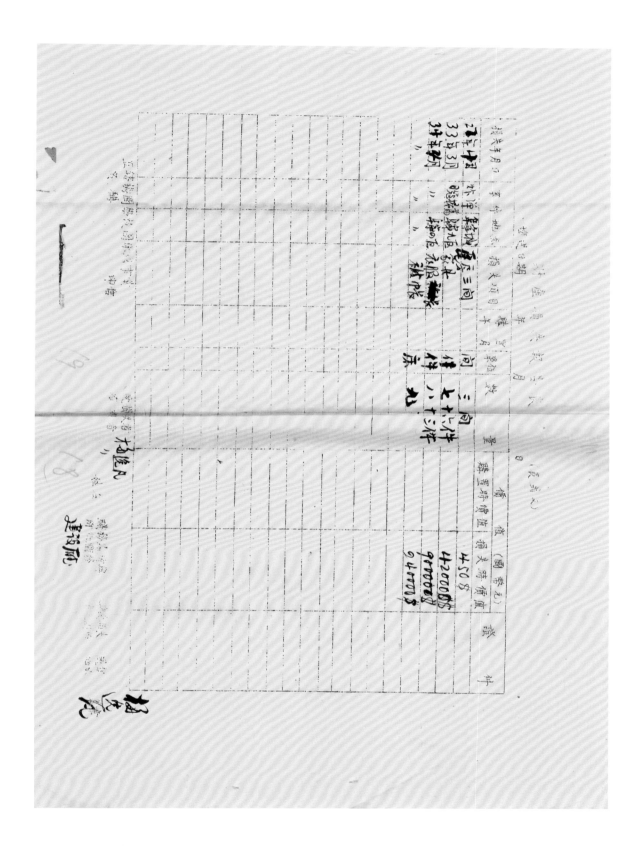

财产损失报告表（表式1）

填送日期　年　月　日

损失年月日	事件	地点	损失项目	购置年月	单位	数量	价值（国币元）购置时价值	损失时价值	证件
28年5月20日	（日军掳掠）	华亭二区徐月村	房屋	20年4月	间	七	700元	7000元	
			家具	25年6月	张	大桌二 椅子四 中桌一 杌子四	95元	950元	
33年11月25日		华亭二区徐月村	被子	24年10月	条	七	56元	19200元	
			毯子	16年6月	床	二	8元	10000元	
			帐子	18年5月	顶	二	6元	8000元	

直辖机关学校团体或事业　　　受损失者 徐秀倬

建设厅警委会技士

建设厅警委会 徐秀倬

財產損失報告表 （表式Ｘ）

填送日期　　年　　月　　日

損失年月日	事件	地點	損失項目	購置年月	單位	數量	價值（國幣元）購置時價值	價值（國幣元）損失時價值	證件
民二七年十月初三日	日寇焚燒	江蘇東台	祖遺及自置房屋全部物件	民二十年十月間置	一座	瓦房計十四間及傢具衣物[illegible]		10,000元	
民二七年十月初三日	日寇焚燒	江蘇東台	[illegible]	[illegible]	一座	草房[illegible]營業器具全[illegible]		5,000元	

直轄機關學校團體或事業　名稱　　印信

受損失者　金柳波

填報者　金柳滂　印

服務處所與之關係　江蘇省建設廳書記

與受損失者之關係　本人

通信地址　[illegible]

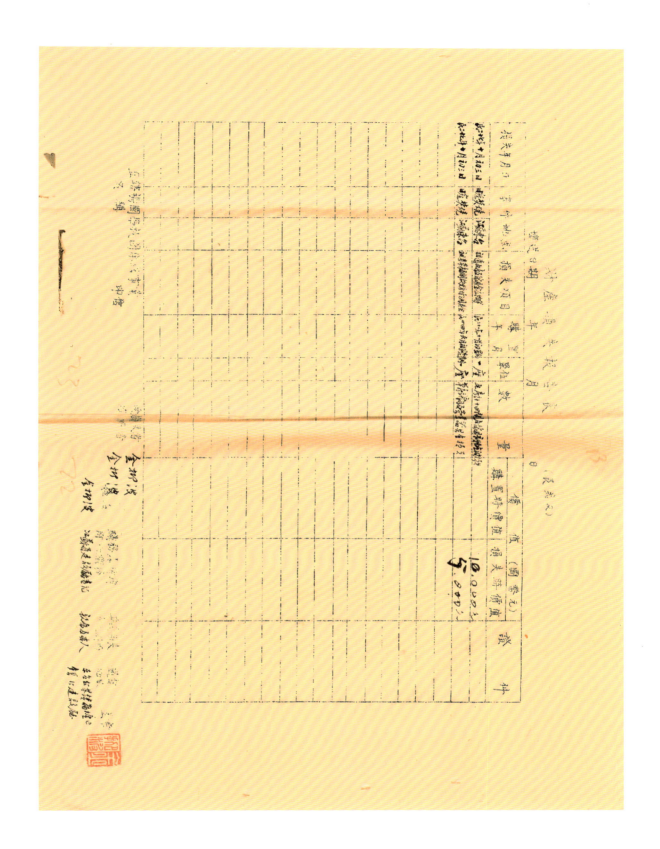

財產損失報告表

（表式2）

填送日期 35 年 5 月 1 日

損失年月日	事件地點		損失項目	購置年月	單位	數量	價值（國幣元）購置時價值	損失時價值	證件
民26年12月	日人縱火	南京孝陵衛	鐵床	21年7月	1			20元	
			木架床	〃〃	1			15〃	
			五抽台	〃〃	1			15〃	
			梳粧台	〃〃	1			18〃	
			桌（方形圓形）	〃〃	2			14〃	
			方凳	〃〃	6			6〃	
			盆	16年10月	3			15〃	
			水桶	22年4〃	2			8〃	
			馬桶	16年10〃	2			5〃	
			水缸	21年10〃	2			12〃	
			鍋	21年7月	2			5〃	
			被	16年10月	2			24〃	
			皮箱	16年11月	2			16〃	
			寫字台	25年9月	1			30〃	

直轄機關學校團體或事業 名稱 印信

受損失者 楊銘松
填報者 楊銘松

姓名

服務處所與所任職務 江蘇省建設廳 蘇北運河復堤工程處會計

與受損失者之關係

通信地址 現在住址 上海西寶興路溪北里34號

蓋章

財產損失報告單

填送日期35年5月1日

損失年月日	事件地點	損失項目	購置年月	單位	數量	價值（國幣元）購置時價值	價值（國幣元）損失時價值	證件
民國卅年二月	轟炸 興化中堡莊	鐘	廿七年	隻	弍	4元	8元	
		古畫	十三四年	幅	弍拾伍	2500	25000	
		字	〃	幅	肆拾	400	4000	
		古印	〃	顆	弍拾捌	280	2800	
		書	前清至民國廿年	本	弍佰	400	4000	
		帽	廿四年	顶	伍	5	50	
		鞋	廿九年	双	伍	10	20	
		襪	〃	双	拾	10	20	
		罐	廿五年	对	肆	8	80	
		眼鏡	廿四年	副	弍	10	20	
		茶壺	廿七年	把	弍	4	10	
		茶杯	廿七年	隻	捌	4	10	
		热水瓶	廿八年	〃	弍	8	16	
		米	廿九年	石	壹	60	65	
		柴	廿九年	担	伍	30	30	
		鈔票		張	拾	75	75	

直轄機關學校團體或事業 名稱 印信
江苏省建設廳農林改進委員会

受損失者 周圻
填報者 周圻

服務處所與所任職務：江苏省農林改進委员会技佐

與受損失者之關係：自身

通信地址：鎮江中山路建設廳農委会

（印）

财产损失报告单（表式）

填送日期 35 年 5 月 1 日

损失年月日	事件	地点	损失项目	购置年月	单位	数量	价值（国币元）购置时价值	价值（国币元）损失时价值	证件
民國卅年二月	轟炸	興化中堡莊	被	廿四五年	條	拾	80 元	800 元	
			單衣	廿四五年	套	弍拾	50	500	
			短夾衣	〃	〃	拾	50	500	
			長夾衣	〃	件	伍	50	500	
			上等棉衣	〃	〃	弍拾	100	1000	
			皮衣	廿二年	〃	陸	300	3000	
			牀	十七年	張	叁	60	6000	
			帳	廿二年	顶	叁	15	150	
			桌	十七年	張	肆	40	4000	
			櫈	〃	條	捌	8	800	
			椅	〃	張	肆	20	2000	
			箱	廿三年	隻	伍	50	500	
			鍋	廿七年	〃	叁	15	150	
			碗	廿七年	〃	弍拾	5	50	
			盤	〃	〃	拾	3	30	
			面盆	廿五年	〃	叁	9	60	
			手巾	廿九年	條	伍	10	15	
			鏡	廿七年	面	弍	4	8	
			行李包	廿五年	个	叁	6	30	
			缸	廿七年	隻	弍	4	8	

直辖机关学校团体或事业 名称 江苏省建設廳農林改進委员会 印信

受损失者 周圻

填报者 周圻 服务处所与所任职务 江苏省農林改進委员会技佐 与受损失者之关系 自身 通信地址 鎮江中山路建設廳農委会

（印：周圻）

財產損失報告表 （表式2）

填送日期 35 年 5 月 3 日

損失年月日	事件	地點	損失項目	購置年月	單位	數量	價值（國幣元） 購置時價值	損失時價值	證件
27年 26年至27年	日寇轟炸 日寇驅逐 搶取焚燒	南京白下路 揚州南河下	衣服、用具、書籍、 箱籠衣物什物用具床帳被褥等項			衣服棉單八件；用具約廿件；書籍用品甚多難以勝舉		估計約共1000.00 估約共5500.00	

直轄或隸屬機關學校團體或事業
名稱 江蘇省建設廳農林改進委員會
印信

受損失者 閔錫鈞
填報者 閔錫鈞（蓋章）

服務處所與受損失者之關係
所任職務 江蘇建設廳農林改進委員會課員

通信地址 永久地址 江蘇高郵太平集
現在地址 鎮江建設廳

閔錫鈞（印）

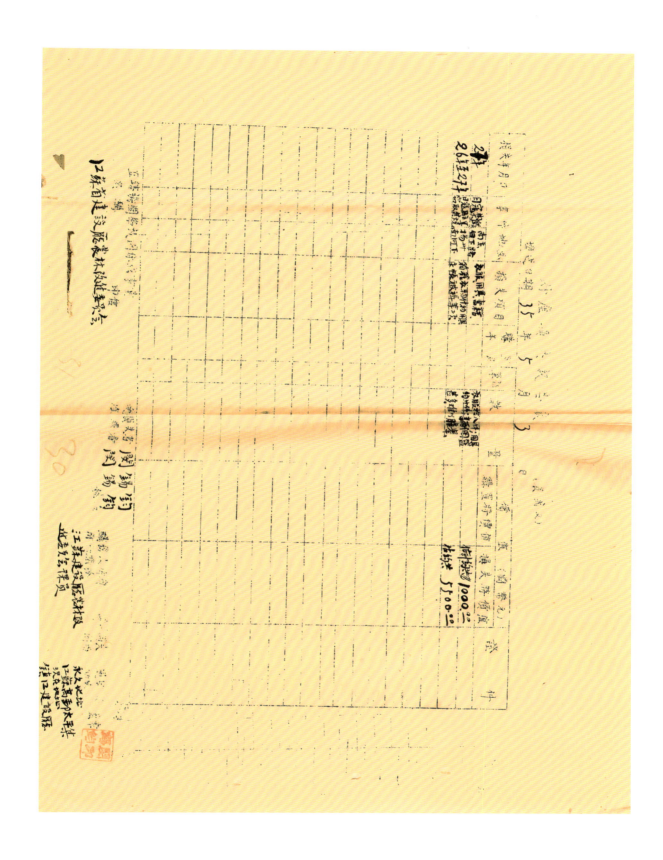

财产损失报告单（表式1）

填送日期 卅五年 五 月 七 日

损失年月日	事件地点	损失项目	购置年月	单位	数量	价值（国币元）购置时价值	价值（国币元）损失时价值	证件
二十八年七月	敌伪扫荡高	瓦房	祖置	间	16		3200.00元	房屋残迹可
	邮北乡之驻	草房	〃 〃	〃	8		800.00元	证明
	单租庄之王营	新置住房用物	廿五年	套	1		400.00元	当地居民可
	镇惨遭烧毁	旧有〃〃〃〃	旧有	〃	4		800.00元	证明
	舍间住屋用具	客堂用具	〃 〃	〃	2		400.00元	
	粮食均被烧	厨房用具	〃 〃	〃	1		200.00元	
	毁计有	农具	〃 〃	〃	1		300.00元	
		新旧衣服被帐	〃 〃	件	约200件		约2000.00元	
		古书字画	〃 〃		2橱		2000.00元	
		麦	租粉	担	20担		200.00元	
		其他杂品	旧有				约100.00元	
二十九年九月	敌伪乘黄桥内	皮衣	〃 〃	件	10件		800.00元	该地居民及
	变之后大举袭	毛绳衣裤	〃 〃	〃	6件		100.00元	该校负责人学
	击苏北驻扎	金首饰	〃 〃	两	4两		500.00元	生均可作证
	哈圩周庄之	珠花	〃 〃	件	1件（约有真珠200粒）		500.00元	
	抗战兵力时鄙	玉水盂	〃 〃	只	1只		1000.00元	
	人在周庄高邮							
	县立中学服务							
	被劫去贵重							
	物件如后							

直辖机关学校团体或事业 名称 江苏省农林改进委员会 印信

受损失者 张世度

填报者 张世度

服务处所 与受损失者之关系 技士 江苏省建设厅

財產損失報告單

（表式2）

填送日期 35 年 5 月 7 日

損失年月日	事件地點	損失項目	購置年月	單位	數量	價值（國幣元）購置時價值	價值（國幣元）損失時價值	證件
二十六年十一月六日	鎮江中山路16號	四尺鋼床	二十年四月	張	1	42元	50元	
〃	〃	白竹布帳	〃	頂	1	15元	18元	
〃	〃	玻璃衣櫥	〃	張	1	13元	15元	
〃	〃	洗面枱	〃	張	1	8元	9元	
〃	〃	九抽檯	〃	張	1	6元	8元	
〃	〃	小方檯	〃	張	1	10元	10元	
〃	〃	藤椅	〃	張	3	12元	15元	
〃	〃	棉被	〃	床	3	90元	110元	
〃	〃	圓桶	〃	個	1	2元	2元	
〃	〃	綢夾袍	十八年三月	件	1	16元	16元	
〃	〃	綢掛袴	二十三年五月	件	2	12元	15元	
〃	〃	布駝絨袍	十九年十月	件	1	26元	29元	
〃	〃	大方桌	二十年四月	張	1	16元	18元	
〃	〃	木椅	〃	張	6	36元	36元	
〃	〃	茶几	〃	張	2	9元	9元	
〃	〃	條几	〃	張	1	20元	24元	
〃	〃	錫爐台	〃	件	32市斤	18元	26元	
〃	〃	大木鐘	〃	個	1	18元	18元	
〃	〃	小洋鐘	〃	個	1	12元	16元	
〃	〃	大水缸	〃	個	1	5元	5元	
					總計	386元	449元	

直轄機關學校團體或事業名稱 江蘇省建設廳印信

受損失者簽名蓋章 唐章彭

填報者姓名 服務處所與所任職務 江蘇省農林委員會辦事員 與受損失者之關係 [illegible] 通信地址 鎮江縣[illegible] 蓋章

35

34

财产损失报告表（表式二）

填送日期 35 年 5 月 7 日

损失年月日	事件	地点	损失项目	购置年月	单位	数量	价值（国币元）购置时价值	价值（国币元）损失时价值	证件
26年11月12日	镇江	宋官营二十二号	二號大木鐘	20年8月	座	1	38元	45元	
"	"	"	(萍鄉)大磁花瓶	20年4月	只	1	8"	12"	
"	"	"	插牌站镜	"	只	1	6"	8"	
"	"		點銅錫香爐燭台全套	"	副	1	24"	30"	
"	"		坐木鐘	19年11月	只	1	4"	6"	
"	"		飛歌牌五燈收音機	24年5月	只	1	180"	240"	
"	"		(五尺)铁床	23年2月	張	1	22"	28"	
"	"		珍珠眼纱帳	" "	頂	1	7"	10"	
"	"		棉被	19年11月	床	2	20"	40"	
"	"		男紋皮皮鞋	26年3月	雙	1	8"	9"	
"	"		手提皮箱	22年5月	只	2	14"	18"	
"	"		二二维也纳服装	25年4月	件	1	22"	28"	
"	"		嗶吱男夹袍	" "	件	1	25"	30"	
"	"		軟緞女夹袍	" "	件	1	18"	20"	
"	"		幕本女駝绒袍	" 10月	件	1	22"	25"	
"	"		籐坐椅	" 4月	張	3	15"	18"	
"	"		男女纺绸褂裤	" "	身	3	30"	35"	
"	"		大磁器碗	24年4月	只	20	10"	12"	
"	"		竹床	" "	張	1	5"	6"	
							計478元	共計620元	

直轄機關學校團體或事業名稱　印信

受損失者（江蘇省建設廳農林改進委員會職員蘇又興）簽名蓋章 蘇又興

住址 蘇又興

服務處所與所任職務 本會職員

與受損失者之關係 本人

通信地址 鎮江宋官營二十二號

財產損失報告表 (表式2)

填送日期 35年5月2日

損失年月日	事件	地點	損失項目	購置年月	單位	數量	價值(國幣元) 購置時價值	損失時價值	證件
[illegible]年12月	[illegible]	[illegible]	被褥		条			300.00	
〃	〃	〃	帳		頂			80.00	
〃	〃	〃	皮鞋		双		35.00	50.00	
〃	〃	〃	手提箱		只			2200.00	
〃	〃	〃	絨毯		条			45.00	
〃	〃	〃	被單		〃		30.00	30.00	
〃	〃	〃	古瓷器		个			750.00	
〃	〃	〃	古字畫		幅			280.00	
								共23335.00	

受損失者 名稱 江苏省建設廳農林改進處 印信

填報者 姜誠

江苏省農会五弓長

江蘇省建設廳

财产损失报告表 （表式2）

填送日期 35年5月2日

损失年月日	事件	地点	损失项目	购置年月	单位	数量	价值（国币元）购置时价值	价值（国币元）损失时价值	证件
民国二十七年八月三日	[illegible]	[illegible]城外	屋		所	小间	760.00	760.00	
〃	〃	〃	方棹		张	四张	80.00	80.00	
〃	〃	〃	木凳		条	九条	45.00	45.00	
〃	〃	〃	圆凳		只	廿只	100.00	100.00	
〃	〃	〃	大床		只	两只	200.00	500.00	
〃	〃	〃	傢装		套	全套		700.00	
〃	〃	〃	厨房用具		套	全套		400.00	
〃	〃	〃	衣服		件	两箱		850.00	
〃	〃	〃	伞		把	三把		45.00	
二十八年七月廿日	[illegible]	东乡	住房		所	二十五间		2500.00	
〃	〃	〃	脚车		套	三套		1500.00	
〃	〃	〃	住房傢俱		〃	〃		3700.00	
〃	〃	〃	各种农具		〃	〃		3000.00	
〃	〃	〃	牛		头	一头		280.00	
〃	〃	〃	稻		担	廿五担		1300.00	
〃	〃	〃	麦		〃	七十五担		2250.00	
〃	〃	〃	米		〃	四担		160.00	
〃	〃	〃	打水机		架	一架		250.00	
〃	〃	〃	汽油		箱	四箱		50.00	
〃	〃	〃	[illegible]		担	七担		280.00	

直辖机关学校团体或事业 名称 印信

江苏省建设厅农林改进委员会

受损失者 姜钺

填报者

服务处所 与受损失者之关系

江苏省农林改进委员会

江苏省建设厅

財產損失報告表　（表式二）

填送日期　三十五年　五月　二日

損失年月日	事件地點	損失項目	購置年月	單位	數量	價值（國幣元）購置時價值	價值（國幣元）損失時價值	證件
二十六年拾一月	由鎮江浦 鎮江	衣物	廿四年	被	七床	56元	60元	
		〃	〃	褥	五床	35元	35元	
		〃	廿五年	夾衣	十九件	400元	400元	
		〃	廿三年	單衣	三十件	600元	600元	
		〃	廿六年	女棉衣	十七件	500元	500元	
		〃	〃	棉衣	四十件	750元	900元	
		〃	〃	男皮衣	三件	200元	200元	
		〃	〃	女皮衣	五件	400元	400元	
		〃	廿三年	小孩衣	四十九件	740元	740元	
		〃	廿五年	男大衣	三件	300元	300元	
		〃	廿三年	女大衣	兩件	200元	200元	
二十八年一月	由清江四里 清江浦	〃物	廿七年	小車	乙輛	4元	4元	
		〃	〃年	大車	乙輛	6元	6元	
		〃	〃	自行車	乙輛	30元	30元	
		〃	〃	皮袍	三件	450元	460元	
		〃	〃	西裝	兩套	300元	300元	
三十一年八月	日寇掃蕩	〃	廿五年	西裝	四套	240元	6000元	
	〃	〃	廿八年	絲袍	五件	1000元	10000元	
	〃	〃	〃九年	木器	三十七件	1200元	70000元	
	〃	〃	〃年	銀器	三十一件	40000元	180000元	

直轄機關學校團體或事業 名稱　印信

受損失者 簽章

姓名 劉三詩　服務處所與所任職務 農業改進所 技士

通信地址 農業改進所

江苏省立麦作试验场关于战时财产损失事致省建设厅的呈（一九四六年五月十四日）

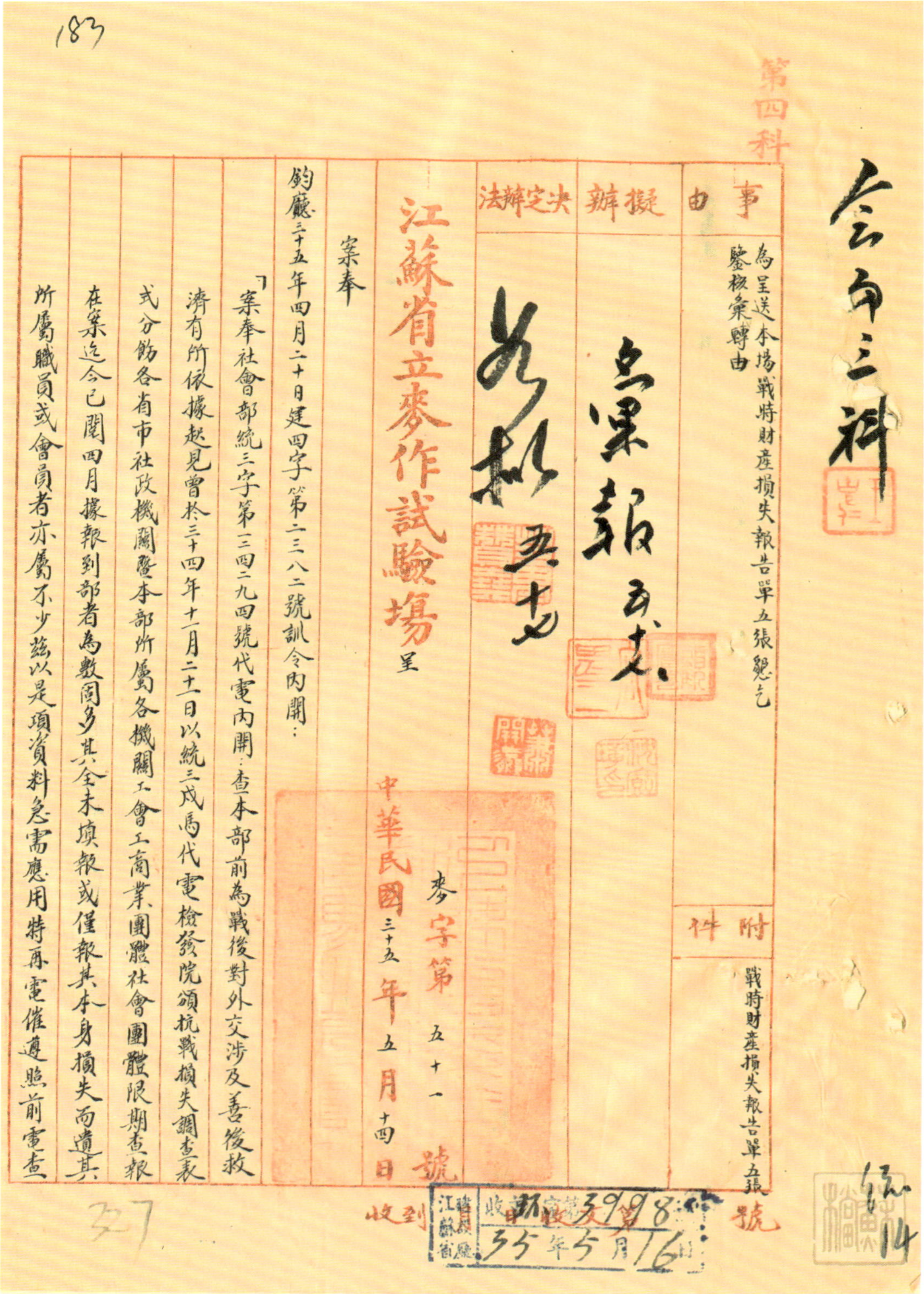

183

第四科

會四三科

事由：為呈送本場戰時財產損失報告單五張懇乞鑒核彙轉由

擬辦：照案報

決定辦法：

附件：戰時財產損失報告單五張

江蘇省立麥作試驗場 呈 麥字第五十一號

中華民國三十五年五月十四日

案奉

鈞廳三十五年四月二十日建四字第二三八二號訓令內開：

「案奉社會部統三字第三四二九四號代電內開：查本部前為戰後對外交涉及善後救濟有所依據起見，曾於三十四年十一月二十一日以統三戌馬代電檢發院頒抗戰損失調查表式，分飭各省市社政機關暨本部所屬各機關、工會、工商業團體、社會團體限期查報在案。迄今已閱四月，據報到部者為數固多，其全未填報或僅報其本身損失而遺其所屬職員或會員者亦屬不少。茲以是項資料急需應用，特再電催，遵照前電查

收到 江蘇省建設廳 收文 建字第3998號 35年5月16日

327

14

報程序迅於本年五月底以前切實查填報部憑核，逾限概不列入抗戰損失統計。除分電外，合亟電仰遵照迅速辦理，勿延為要」等因，奉此，查戰時損失前經
令飭調查填報在案，惟當時各附屬機關多未成立，未及遵令填報。奉電前因，合行
抄發戰時損失報告名單一份，令仰該場迅即仿製，遵限填報，勿延，以憑彙轉為要。此令」
等因，附發戰時財產損失報告單一份，奉此。查本場戰前各項設備業具相當規模，二十七年春
戰事形勢不利，為防萬一計，當將珍貴之測候育種儀器、參考圖說及重要文卷暨試驗記載表冊，分別裝箱，儲存於銅山三區之榆莊及蕭縣三區孫莊、六區所里等偏僻村莊。二十七年夏
徐州淪陷，職等遂參加地方抗戰工作，仍隨時注意照管，嗣以時間過長，存放地點在二十九、三十兩年相繼為敵偽侵及，儲存物品相繼損失。查徐州於二十七年五月十九日淪陷，職等於十七日始倉促離徐，故其他物品如農具、牲畜、農產品、傢具以及職員衣物等未及搬運，亦全部損失。奉令前因，理合遵照頒發表格詳為查填，備文呈送，懇祈
鑒核彙轉，實為公便。

謹呈

江蘇省建設廳廳長董

附呈戰時財產損失報告單五張

江蘇省麥作試驗場場長尹聘三

技士項學軒代

328

江苏省建设厅关于附发全国各省农业改进机关战时损失情形调查表表式的代电（一九四六年十一月十六日）

稽核

拟遵办照转饬各附属机关赶日填报以凭汇转 十一、九

江苏省建设厅代电 建三字第 号

中华民国三十五年十一月十六日

（事由）随电附发全国各省农业改进机关战时损失情形调查表仰依式填报以凭汇转由

蚕业改进委员会：案准农林部农京农（总）字第一〇一九二号代电内开：查全国各地农业改进机关于战时所受敌寇损害情形迄未详确报告，兹为明瞭上述情况起见，特制订全国各省农业改进机关战时损失情形调查表一种，希查照转饬依式填报为要等由；附全国各省农业改进机关战时损失情形调查表一份。除分行外，合行随电附发原附件一份，仰即依式填报，以凭汇转为要。

厅长萧赞育戌铣建三

附全国各省农业改进机关战时损失情形调查表一份

7960

建字第1185号 35年11月18日

监印 经缮 校对

51

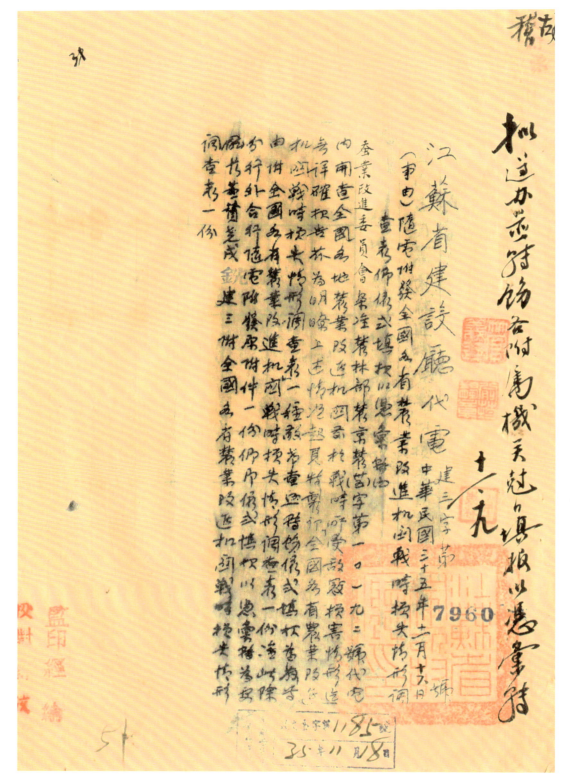

附：全国各省农业改进机关战时损失情形调查表

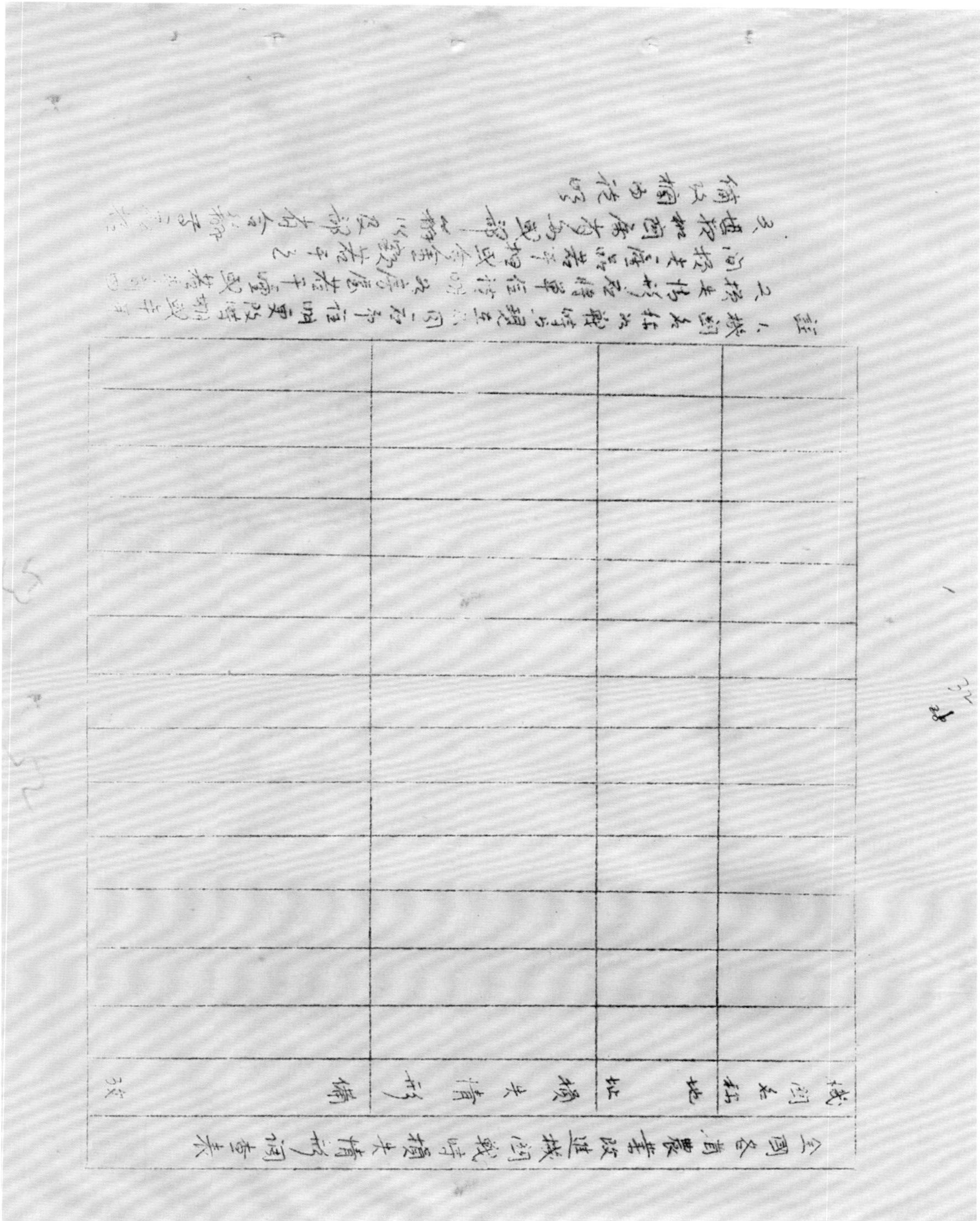

全国各省农业改进机关战时损失情形调查表

机关名称	地址	损失情形	备考

注：1、机关名称如战时与现在不同者，须注明[illegible]
2、损失情形[illegible]
3、[illegible]

江苏省农业改进所关于据省作试验场呈文报抗战损失事致省建设厅的呈（一九四七年八月六日）

24

第四科

事由：據省作試驗場呈復抗戰損失數字報請　鑒核彙轉由

擬辦

批示

江蘇省農業改進所

文別：呈

石亥四字第　　號

中華民國三十六年八月六日

附件

1696

案據省棉作試驗場總字第一五〇號呈稱：「案奉　鈞所石亥四字第一三四一號訓令略開：層奉　行政院賠償委員會京（卅）二字第七〇八號辰齊代電飭查各機關遷移費及防空費暨抗戰期間各地方臨時緊急之支出及對軍隊過往與作戰時之一切供應為數自極鉅大均應視為抗戰損失向日要求賠償除分令外令仰遵照查明具報以憑彙轉為要此令等因奉此。查本

25

場自三十五年三月份奉 令復員對於前項之還移費及防空費尚無支出惟於三十四年度計支出復員事業費壹百萬元本場職工復員還治費計尚有六七〇、〇〇〇元迄未奉准撥發至本場場產於三十五年六月二十八日曾奉 江蘇省建設廳(卅五)年建四字第三六四一號指令附發本場戰前場產概況及詢據有關人士計總場有場地總面積三三二畝(內種植地積二八八市畝原為民有由官給價收用設備方面房屋計有瓦屋二十二間草屋十間役畜大水牛四頭小水牛一頭農具大者六匹馬力柴油引擎一具三十二寸輥軸軋花機四架牛力軋花機人力軋花機各一架牛力打水用具二架棉花條播機四架五齒中耕器八架洋犂四架磅秤一具小者若鐵搭小鍬等俱全儀器方面有高倍顯微鏡一架精細天平五架氣候測候用具亦畧有設備圖書方面有中西書籍百餘冊中西文雜誌小冊凡四千餘冊黃包車一輛自行車三輛此外各項傢具俱全南滙分場種植地積五五、五市畝均係租用民田屋基三·三六三畝設備方面房屋有瓦屋十二間草屋四間役畜有大水牛一頭農具大者有小引擎一具人力軋花機一架洋犂一架中耕器一架播種器一架小者鐵搭小鍬等及各項傢具俱全南通棉

26

89

苗場種植地積凡一二六市畝均係租用民地設備方面有瓦屋十四間草屋三間鷄舍一座役畜有水牛一頭農具大者有十二匹馬力引擎一架三十二寸輥軸軋花機四架八吋抽水機一架碾米機一架小者若犂耙等及各項傢具俱全現除總場場地無損外其總分各場房屋儀器什物機器農具牲畜卷宗文件傢具全部被掠奪焚燬無存詢據有關人士估計如上設備根據目前物價狀況恐至少須二十億元奉令前因理合據實備文報請鈞所

鑒核彙轉

等情據此除指令外理合轉請

鈞廳鑒核彙轉

謹呈

江蘇省建設廳廳長董

江蘇省農業改進所所長吴華寶

27

江苏省农业改进所关于更正战时财产损失事致省建设厅的呈（一九四八年七月十三日）

160

江蘇省農業改進所（呈）

事由	擬辦	說明	批示
奉令呈送更正本所戰時財產損失表請鑒核存轉由			

附件

中華民國　年　月　日　時發

字第　號

5999

中華民國　年　月　日　時收

收文　字第

中華民國　年　月　日　時文辦

中華民國　年　月　日　時擬辦

江蘇省建設廳收文環自字9801號
三十七年7月14

建設廳第四科收文字第408號
三十七年7月15

245

案奉

鈞廳（卅）建自四字第一三八九號訓令內開：

「查該所呈報戰時財產損失一案經彙轉賠償委員會在案茲准該會

復稱江蘇省農業改進所報表一份核與規定不符原件發還並附審查單一份

即希轉飭該所依照審查圈註各點更正重報等由准此合行檢同原件令仰遵

照辦理」

等因附發未合原件及審查單一份奉此遵經依照審查圈註各點分别更正理合具文抄

檢附表三份呈請

鑒核轉報實為公便

謹呈

監印

校對

246

161

江蘇省建設廳廳長董

附呈 更正本所戰時財產損失表三份

江蘇省農業改進所所長吳華寶

中華民國三十七年七月 日

中華民國卅七年七月拾三日發出

247

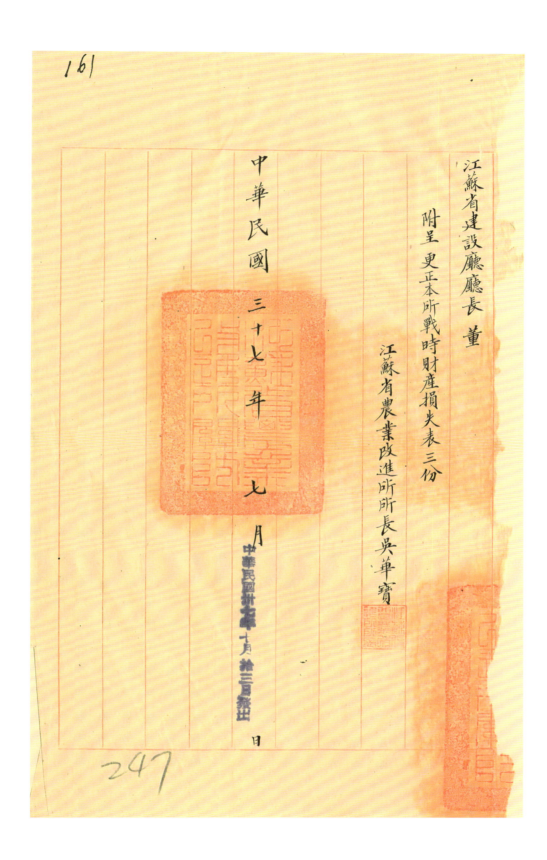

附：更正本所战时财产损失表（一九四八年七月）

填送日期 37年7月 日

損失年月日	事件地點	損失項目	購置年月	單位	數量	價值（國幣元）購置時價值	價值（國幣元）損失時價值	證件
26年12月日	蘇州	房屋	21年4月	間	32	128.000	131.840	
〃	〃	六尺鑽牀	〃	架	10	100.000	103.000	
〃	〃	小號鑽牀	〃	〃	8	90.000	92.700	
〃	〃	九尺車牀	〃	〃	10	150.000	154.500	
〃	〃	大磨牀	〃	〃	15	240.000	247.200	
〃	〃	六尺車牀	〃	〃	10	100.000	103.000	
〃	〃	八尺鑽牀	〃	〃	8	80.000	82.400	
〃	〃	中號銑牀	〃	〃	9	90.000	92.700	
〃	〃	十二匹引擎	〃	具	8	160.000	164.800	
〃	〃	搬鉗	〃	只	大小共計240只	480.000	494.400	
〃	〃	大小車牀齒輪	〃	〃	300	90.000	92.700	
〃	〃	鉋床	〃	〃	10	50.000	51.500	
〃	〃	大車牀長梘	〃	根	240	480.000	494.400	
〃	〃	細銅管	〃	尺	680	340.000	350.200	
〃	〃	彈簧鋼	〃	尺	520	208.000	214.240	
〃	〃	台來夾頭	〃	個	380	38.000	39.140	
〃	〃	大小衝頭	〃	〃	700	700.000	721.000	
〃	〃	大小壓鎚	〃	〃	500	25.000	25.750	
〃	〃	模型	〃	〃	600	300.000	309.000	
〃	〃	大小壓殼	〃	〃	210	48.000	49.440	
〃	〃	一匹馬力引擎	〃	具	5	80.000	82.400	
〃	〃	大小鋤頭	〃	隻	180	5.400	5.562	
〃	〃	電表	〃	〃	1	600	618	
〃	〃	磅秤	〃	〃	3	1.500	1.545	
共計						4.209.500	4.335.785	

受損者：江蘇省農具製造所　　填報者：江蘇省農業改進所

（二）工商业损失

喻海记营造厂关于镇江中正码头工程建设损失事致江苏省建设厅的呈（一九四五年十二月十一日）

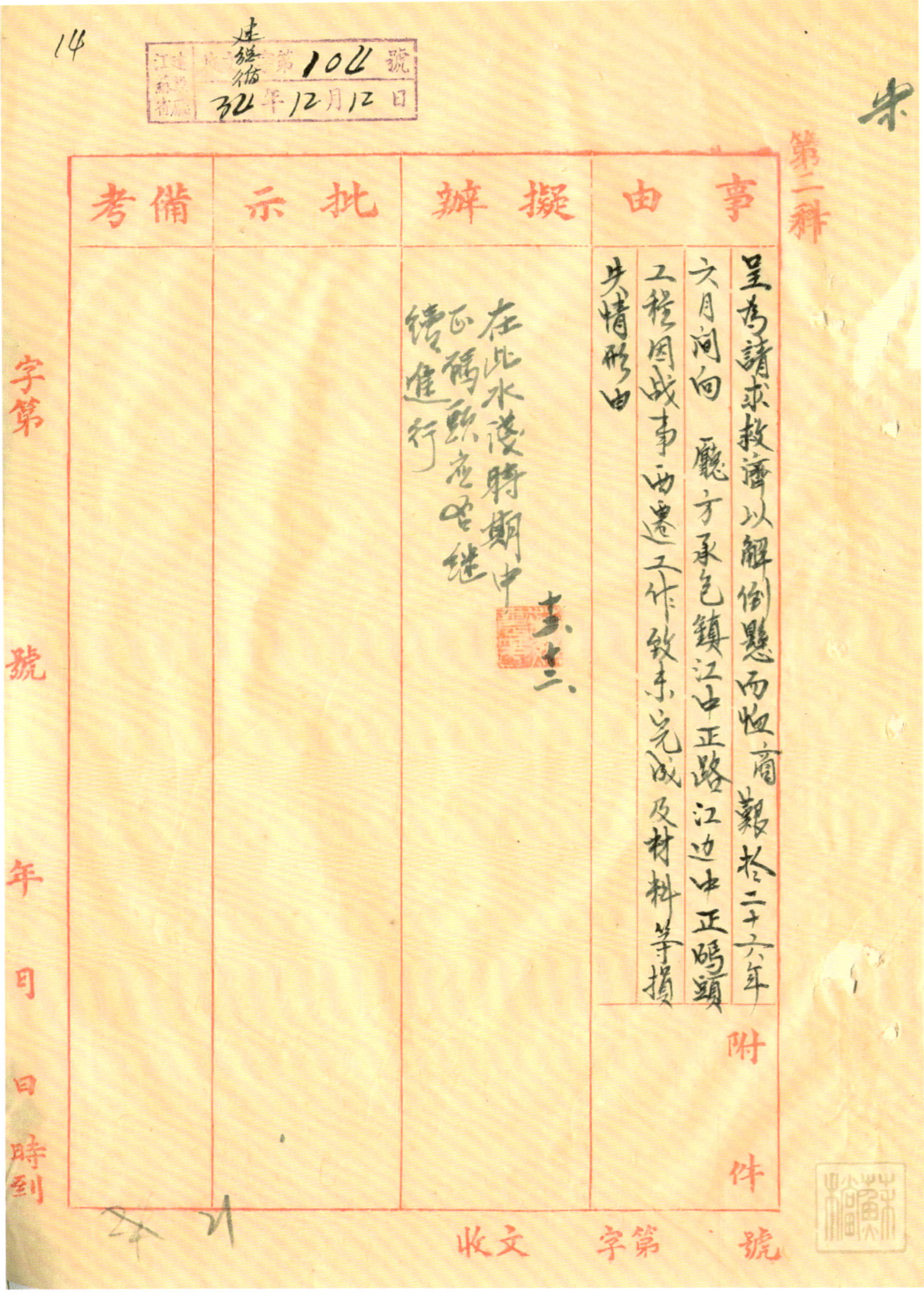
14

江蘇省建設廳 收文 建總 字第 104 號 34年12月12日

朱

第二科

事由	擬辦	批示	備考
呈為請求救濟以解倒懸而恤商艱。於二十六年六月間向廳方承包鎮江中正路江邊中正碼頭工程，因戰事西遷，工作致未完成，及材料等損失情形由	在此水陸時期中正碼頭應否繼續進行 十二		字第　號　年　月　日　日時到

附件

收文　字第　號

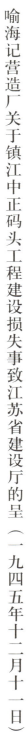

呈為請求救濟以解倒懸而恤商艱事竊商前於二十六

年六月間向

廳方承包鎮江中正路江边中正碼頭工程計價國幣陸萬伍仟元自

簽訂合同後即積極進行採購材料自申運至工地由前省会

市政建設工程處王主任燕泉指派陶工程師選青前往驗收全

部材料與圖表相符轉呈

省廳核發第一期材料款暨第二期工款合約國幣叁萬元正

在積極趕工之際適逢強鄰侵佔上海之時於八月間復奉

廳令趕築江防公路指做項瀏段橋樑涵洞土方等工程即將員

工移往工作去後對於中正碼頭各項材料除樁頭完成外其餘

15

仍堆之地及商應用器具脚手等材料在鎮江淪陷之後均被
敵軍移作軍用而該項材料皆由商向上海各行號拖欠而来
除領公款償付一部份外尚有餘款迨未歸還彼時各行號屢
次向商追討商尚可藉詞推托政府西遷一俟有日定當設
法償還經友規勸始行作罷而今秋強鄰屈服勝利已現政
府業經恢復办公以致各行號仍復前来坐索其門若市多
方解說終無效果並且有人提説現在政府業已派員處此
時期無法再推茲將自備應用材料及工具損失詳情一併附
表乙份呈明迫不得已為此縷述以上各緣由呈懇
鈞廳体恤商艱准予所請并對該項工程是否繼續工作仰祈

核奪辦理　謹呈

江蘇省建設廳廳長董

具呈人包商喻海記

喻海記書柬

通訊處　上海長沙路一四九弄二〇號　電話九六五二七

鎮江商會街十二號

24

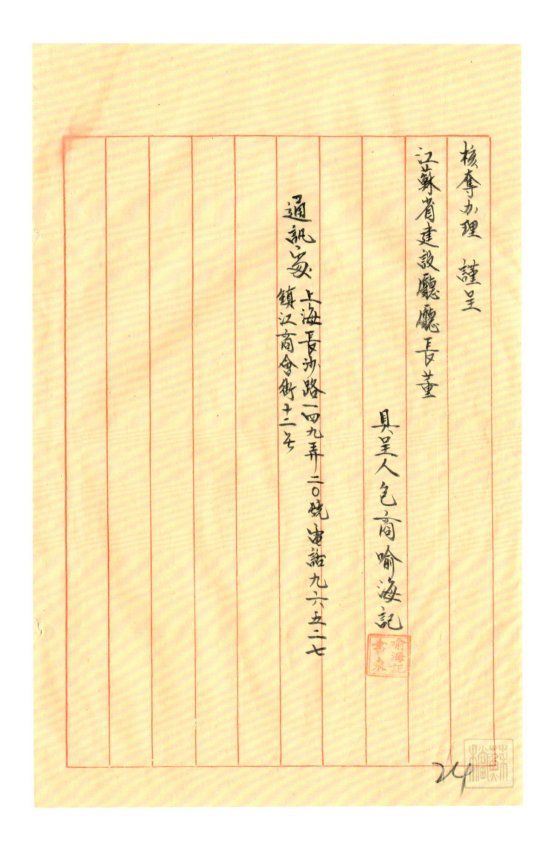

16

中華民國三十四年十二月 十一 日

17

中正碼頭材料及工具損失表

類別	尺吋	數量	備考
脚手椿	25×25×12.0	40根	30.00立公方
〃〃〃	20×20×12.0	20〃	9.60〃〃
長稍西木	30′×8″φ	120〃	
椿架		2副	20.00立公方
四噸鉄錘		1只	
二噸鉄錘		1〃	
機器炉子		1〃	
摇車		1〃	
6分鉛絲繩		6根	每根200公尺
鉄葫芦		8只	
卡車		1輛	大蒙天　領沪執照16333
工料房		17间	
模形板		全部	35.00立公方
椿架鉄件		2副	250公斤

具報商人喻海記 [印：喻海記書柬]

民國卅四年十二月十一日

26

附：中正码头材料及工具损失表（一九四五年十二月十一日）

喻海记营造厂关于赶筑江防公路等工程因战事遭受损失事致江苏省建设厅的呈（一九四五年十二月十一日）

第二科

建务 32 105 號 12 12 日

事由	擬辦	批示	備考
呈為請求救濟以解倒懸而恤商艱，於二十六年八月間奉廳令趕築江防公路橋樑涵筒土方等工程，因戰事西遷工作致未完成及材料等損失情由	併卷簽後再行核辦 十二、十六		

附件

收文 字第 號

呈為請求救濟以解倒懸而恤商艱事竊商 前於二十六年
八月間奉
廳令趕築江防公路指派項瀏段橋、涵、土方等工程以來
即會同
廳委王技正燕泉向上海復記木行採購橋樑材料二十座
及水泥三伯桶外另由商自向大慎霖記及壽康祥兩木行採辦
橋樑材料四座暨鉄料七伯伍拾担即行趕運工地應用時復奉
公路總工程處沈處長寶璋電飭 周主任玉昌囑商 因時
机迫促除斡河建橋九座外餘均填塞俾使速成以利軍用
其餘剩各種材料由商 照價購進後於本年十月間復奉

4

3

沈處長電飭速將餘剩材料轉運至港薛段趕築橋樑當即遵令辦理除第一二批運至工次應用外其餘在運輸途中被敵機轟炸致將木排炸散漂流並將運水泥船四艘連人擄去迄今八載於茲音訊杳無而該船家屬屢向商索維持費祇得勉強維持長此實不堪負担為此縷述以上各緣由呈懇鈞廳体恤商艱予以救濟另附自備應用工具材料損失數量表弍份呈明 謹呈

江蘇省建設廳廳長董

具呈人包商喻海記

通訊處 上海長沙路一四九弄二〇號電話九六五二七

鎮江商會街十二號

5

中華民國三十四年十二月十一日

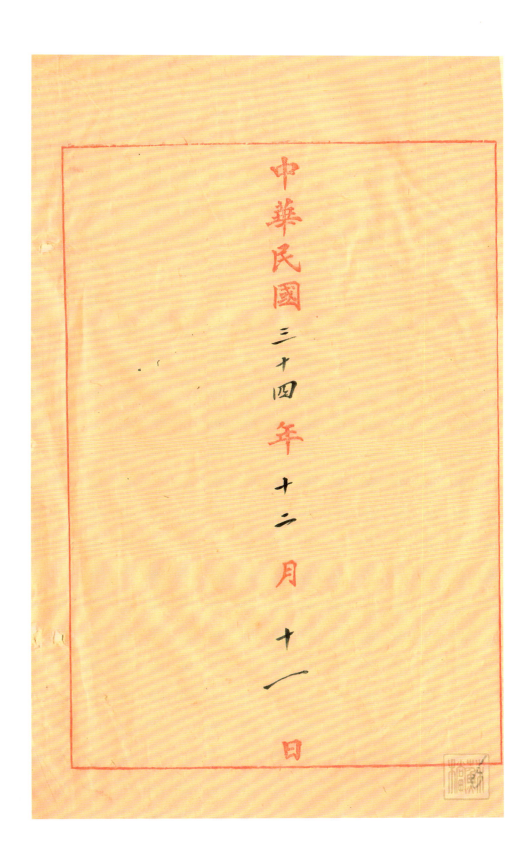

附：江防公路港薛段余剩洋松材料表、江防公路港薛段材料及工具损失表（一九四五年十二月十一日）

3

江防公路港薛段餘剩洋松材料表

根數	尺寸	數(公)量	備攷	根數	尺寸	數(公)量	備攷
1	40×40×7,40	1,184		1	20×20×3,70	0,148	
1	〃 8,60	1,376		2	〃 4,30	0,344	
2	〃 8,90	2,848		7	〃 5,50	1,540	
8	〃 9,80	12,544		14	〃 6,10	3,416	
1	〃 10,10	1,616		12	〃 8,00	3,840	
2	〃 11,30	3,616		4	〃 8,60	1,376	
5	〃 11,60	9,280		10	〃 9,20	3,680	
5	〃 11,90	9,520		2	〃 9,50	0,760	
24	〃 12,20	46,848		45	〃 9,80	17,640	
2	45×45×12,20	4,941		15	〃 10,40	6,240	
2	30×30×7,40	1,332		1	〃 10,70	0,428	
4	7,70	2,772		18	〃 12,20	8,784	
6	8,00	4,320		35	15×15×6,10	4,804	
4	8,60	3,096		41	〃 6,70	6,181	
3	8,90	2,403		6	〃 7,30	0,986	
6	9,20	4,968		21	〃 8,00	3,780	
12	9,80	10,584		26	〃 8,60	5,031	
5	10,10	4,545		3	〃 8,90	0,601	
4	10,40	3,744		1	〃 9,20	0,207	
1	11,00	0,990		15	〃 12,20	4,118	
15	11,30	15,255		1	〃 6,50	0,137	
8	11,60	8,352		8	7,6×25×6,10	0,927	
4	11,90	4,284		9	〃 6,70	1,146	
6	12,20	6,588		6	15×20×12,20	2,196	
6	25×25×12,20	4,575		3	15×30×3,70	0,500	
1	〃 4,30	0,269		2	〃 12,20	1,098	
計共		171,850		2	5×30×3,05	0,915	
				57	〃 3,70	3,164	
				125	〃 4,90	9,188	
				128	〃 6,10	11,712	
				6	10×30×5,50	0,990	
				2	〃 6,10	0,366	
				計共		107,243	
						總共	279,093

具報商人 喻海記 （印：喻海記書柬）　民國三十四年十二月十一日

4

江防公路滬蘇段材料及工具損失表

類別	單位	數量	備考
橋架	副	13	80.00立公方 𢫬車13部 鉄葫芦52只
橋架鉄件	〃	13	1,000.00公斤 另有橋樑鉄件25,000.公斤
鋅鉛線繩	根	26	每根200公尺
鉄錘	個	13	二噸半計六個 二噸計七個
運輸船	隻	4	載木噸重二只 十二噸重二只
船伕	名	4	陶大牛 徐官寶 薛兆月 薛三
水泥	桶	200	
60公分涵管	隻	150	
45〃 〃	〃	200	
30〃 〃	〃	300	
23〃 〃	〃	400	
汽車	輛	1	沪執照10046 鎮執照190

具報商人喻海記 [印：喻海記]

民國三十四年十二月十一日

8

8

[印]

民生建筑公司关于承办公路工程惨遭战祸损失事致江苏省建设厅的呈（一九四六年二月五日）

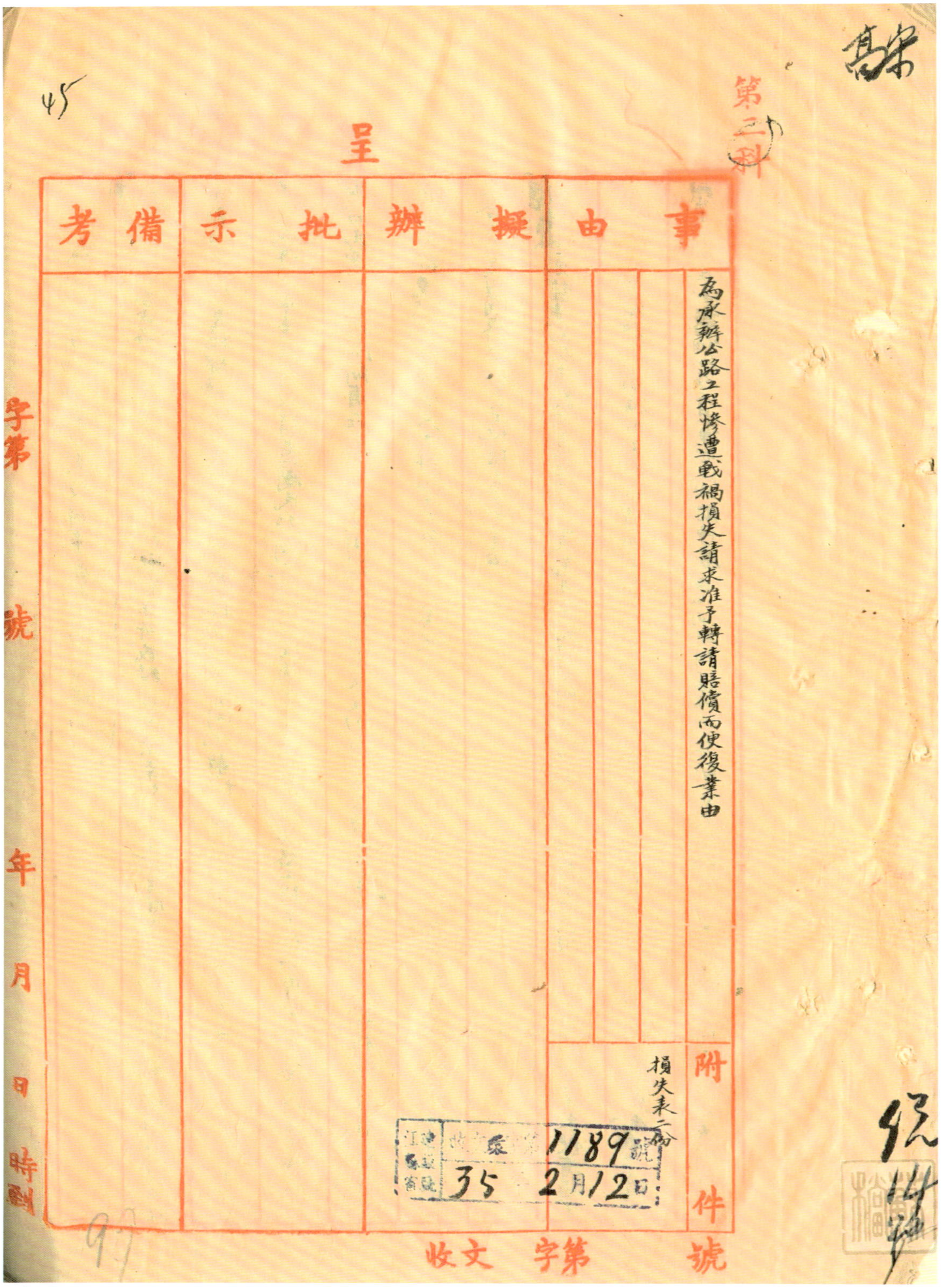

45

第三科

呈

事由	擬辦	批示	備考
為承辦公路工程慘遭戰禍損失請求准予轉請賠償而使復業由			

附件：損失表二份

江蘇省建設廳收文第1189號
35年2月12日

收文　字第　號

字第　號　年　月　日　時刻

竊查敝公司自開業以來設辦事處於鎮江中正北路承辦
鈞廳所屬各公路土基路面橋樑涵管工程，歷有年所，成績卓著。不幸於二十六年九月間當滬戰爆發之際承辦江防要路
常熟支茆段土基橋樑涵管各工程，彼時因抗戰心切，敝公司亦同仇敵愾，不惜消耗鉅資鼓勵勞工日以繼夜使工事及
早完成，俾利軍事進行，以稍盡國民報國之心。惜公路甫報竣工，經常熟公路工程事務所會同督察工程處驗明，而
翌日即遭日寇攻陷，所有在工用具以及用餘材料均未及取出，損失殆盡。又同年六月間因承辦鎮江江邊馬路，並奉
通知先從澆做全部涵管入手，計四十六公分徑二英尺高水泥涵管貳千貳百陸拾只，又二十三公分徑水泥涵管捌百
玖拾只，當時備齊材料於工地，搭蓋廠篷，由
鈞廳派員監澆，已及半數。不意七七事變，忽奉通知停工，所有已澆做涵管保存工地，並准稍緩即行復工，不致使有損失。
豈意戰火蔓延，警報頻傳，致未能繼續興工，而日寇突至，所有存路已成涵管及未成涵管各材料均經損失。至敝公司鎮江
辦事處內全部設備以及工具，連同瓜洲財神廟敝公司材料廠內歷年所餘大部份材料用具等，亦均遭損失。敝公司同人

46

於此八年之間，流離失所，未能營業，今幸抗戰勝利，除常熟公路支節段未發尾欵另文請求補發外，理合造具

敝公司戰禍損失表二份，呈請

鈞廳鑒核，俯賜轉請戰禍損失賠償委員會特予賠償，而便復業。

謹呈

江蘇省建設廳廳長董

附呈送戰禍損失表二份

民生建築公司經理朱伯宣

通訊處揚州教場街公協盛五洋號內

101

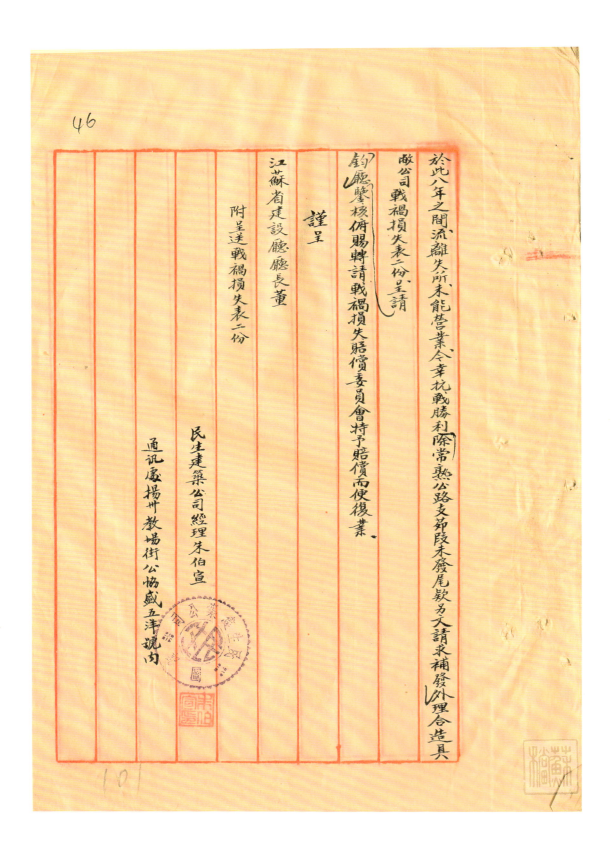

47

中華民國三十五年二月五日

附：镇江民生建筑公司战祸损失表

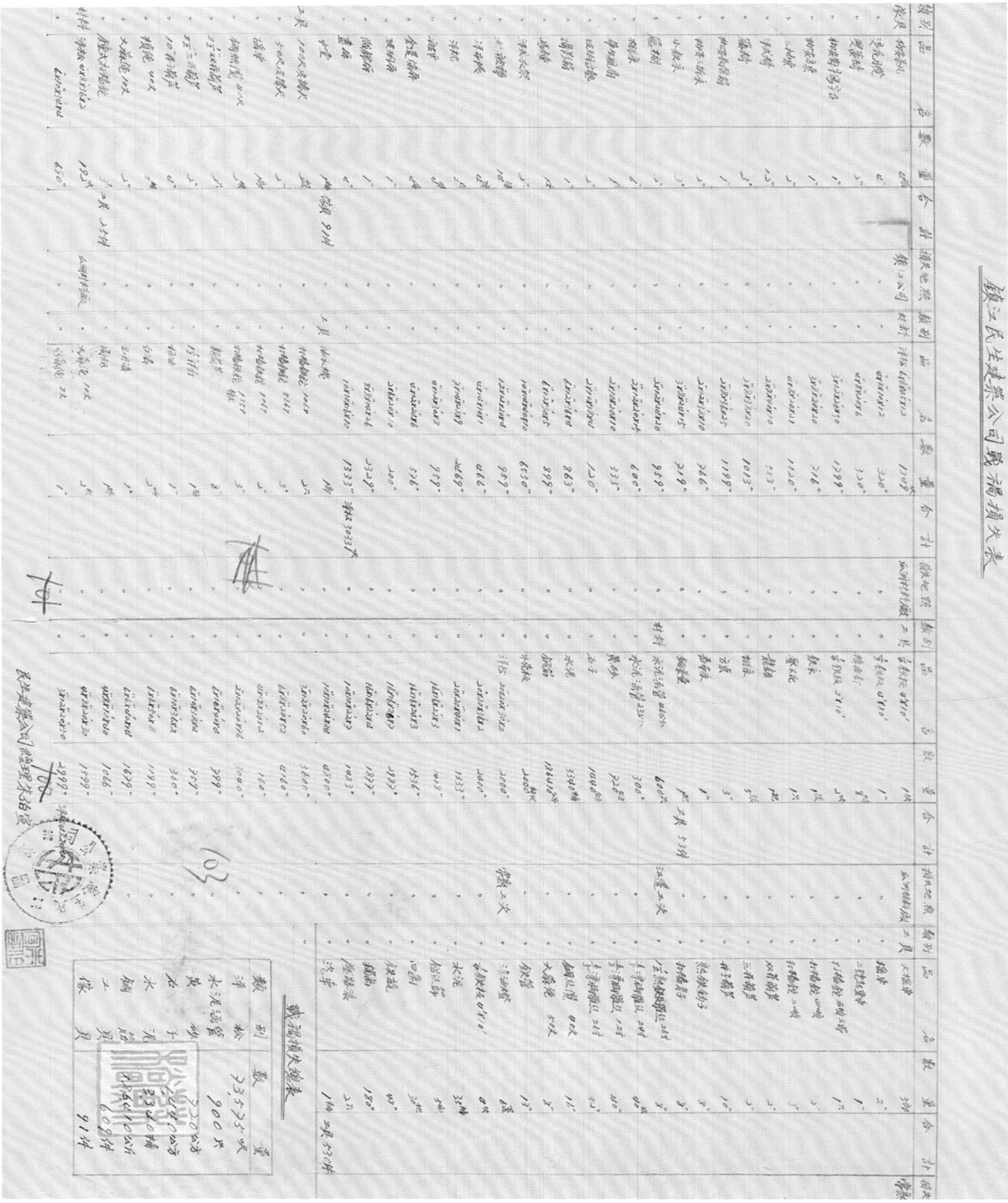
镇江民生建筑公司战祸损失表

喻海记营造厂关于抗战期间镇江中正码头及常熟江防公路工具材料损失事致江苏省建设厅的呈（一九四六年四月二日）

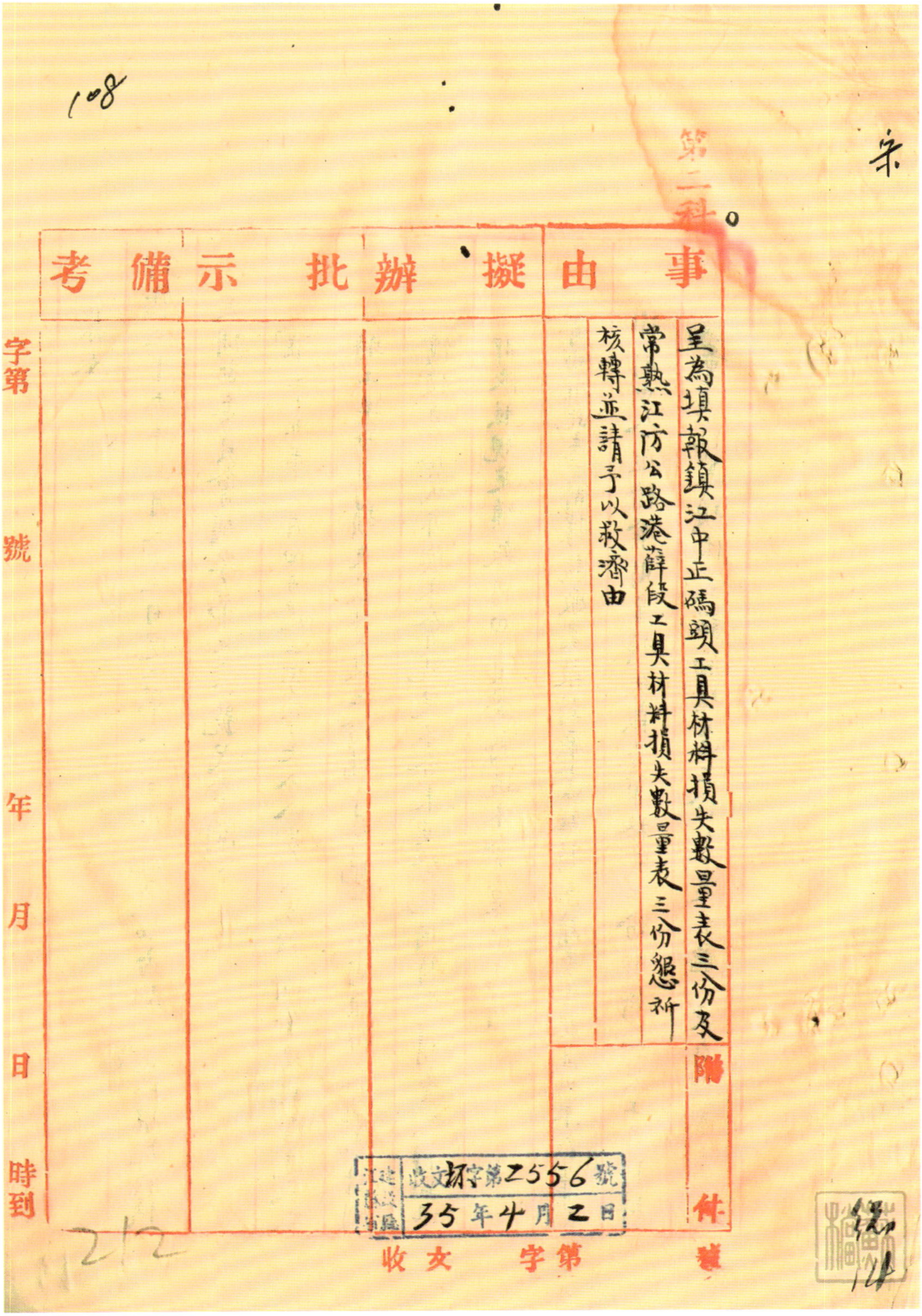

第二科

事由	擬辦	批示	備考
呈為填報鎮江中正碼頭工具材料損失數量表三份及常熟江防公路港薛段工具材料損失數量表三份懇祈核轉並請予以救濟由			

附件

第　　字　　號　　年　　月　　日　　時到

收文　　字第　　號

江蘇省建設廳 收文 建字第2556號 35年4月2日

案奉

鈞廳三十五年三月二十三日建二第一七三八號通知内開：「案准抗戰損失調查委員會調字第三三四號代電開：「准三十五年二月四日建二字第七八八號公函轉送喻海記營造廠戰時工具材料損失數量表二份囑予登記一案查原附表並未計列價值其格式亦與本會規定不合未便登記用特電請查照轉知迅即依照規定填報仍由貴廳轉送本會彙編為荷」等由准此查前據該廠呈報到廳業經轉函請予登記並批示在案茲准前由合亟檢發財產損失報告單格式二份仰將損失工具材料數量價值等項依式詳細填造三份尅速呈廳以便存轉為要」

109

等因奉此當即遵命依式填報鎮江中正碼頭損失工具材料數量表三份及常熟江防公路港薛段損失工具材料數量表三份懇祈

鈞廳核轉外查商自勝利以來已閱九月政府亦已還治但商因戰時替國家效力致將所有各項工具及材料損失殆盡業再呈請予以救濟迄今並未達到目的現在就有工程可做因無相當工具亦難進行伏乞

鈞廳洞悉商艱逾格通融懇向善後救濟公署協商請求發給相當工具俾商得能繼續營業免成餓殍實為公德兩便二

謹呈

江蘇省建設廳廳長董

具呈人包商 喻海記

喻海記書柬

214

110

中華民國三十五年四月二日

21

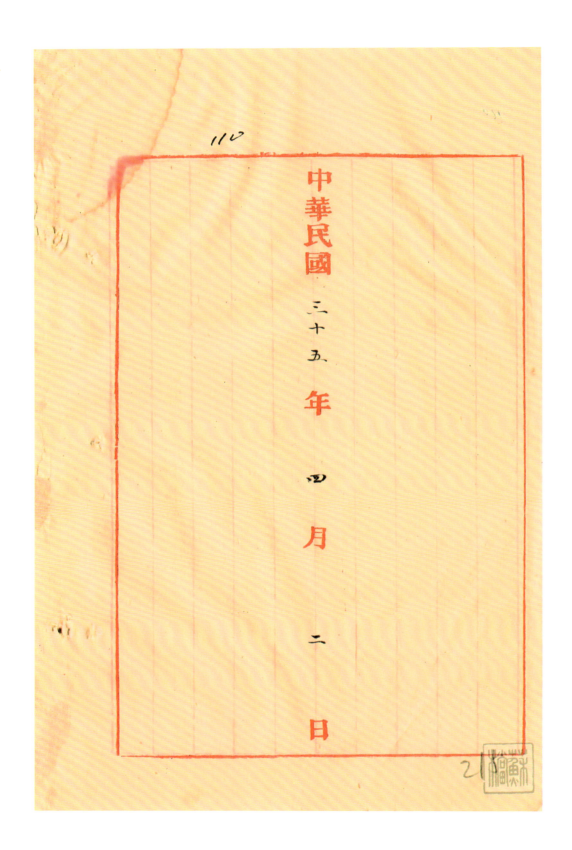

附：财产损失报告表（一九四六年四月二日）

111

財產損失報告表（表式2）

填送日期三十五年四月二日

損失年月日	事件	地點	損失項目	購置年月	單位	數量	價值（國幣元） 購置時價值	損失時價值	證件
二十六年十一月	承	常	洋松樁架	二十六年九月	副	13	7,150.00	8,940.00	
〃	築	熟	樁架鐵件	〃	公斤	1,000	350.00	420.00	
〃	江	滸	橋樑鐵件	〃		2,500	962.50	1,155.00	
〃	防	浦	六分鋁絲繩	二十五年三月	根	26	1,690.00	2,184.00	
〃	公	段	二噸半鐵錘	〃	隻	6	2,250.00	3,675.00	
〃	路	〃	一噸鐵錘	二十五年九月	〃	7	2,240.00	3,430.00	
〃	橋	〃	運輸船	二十六年九月	〃	4	1,200.00	1,200.00	
〃	樑	〃	船伕炸亡撫恤	〃	名	4	2,000.00	2,000.00	
〃	及	〃	水泥	〃	桶	200	1,300.00	1,500.00	
〃	涵	〃	六十公分涵管	〃	隻	150	600.00	675.00	
〃	洞	〃	四十五公分〃〃	〃	〃	200	600.00	680.00	
〃	等	〃	三十公分〃〃	〃	〃	300	540.00	600.00	
〃	工	〃	二十三公分〃〃	〃	〃	400	400.00	480.00	
〃	程	〃	汽車	二十六年三月	輛	1	1,500.00	2,000.00	牌照〃 10046號 170號
〃	〃	〃	摇車	二十五年三月	部	13	3,250.00	4,550.00	
〃	〃	〃	鐵葫蘆	〃	隻	62	676.00	936.00	
〃	〃	〃	洋松	二十六年九月	公方	280	26,120.00	30,620.00	
〃									

直轄機關學校團体或事業名稱 喻海記 印信

受損失者 喻海記營造廠

填報者 喻生森

姓名 服務處所與所任職務 江蘇省吳縣 與受損失者之關係 自己 通信地址 蓋章

217 216

112

財產損失報告表（表式 2）

填送日期 三十五年 四 月 二 日

損失年月日	事件	地点	損失項目	購置年月	單位	數量	價值（國幣元）購置時價值	價值（國幣元）損失時價值	證件
二十七年三月份	淪陷	鎮江	脚手檣	二十六年[illegible]	根	40	1600.00	2,000.00	
〃	〃	〃	〃	〃	〃	20	510.00	640.00	
〃	〃	〃	長樹西木	〃	〃	120	720.00	900.00	
〃	〃	〃	洋松檣架	〃	副	2	1,020.00	1,253.00	
〃	〃	〃	四噸鉄鏈	〃	只	1	700.00	980.00	
〃	〃	〃	二噸鉄鏈	〃	〃	1	350.00	490.00	
〃	〃	〃	打樁机器坍子	〃	〃	1	3500.00	4,200.00	
〃	〃	〃	搖車	〃	部	1	280.00	350.00	
〃	〃	〃	六分鉛絲繩	〃	根	6	420.00	504.00	
〃	〃	〃	鉄葫芦	〃	只	8	120.00	144.00	
〃	〃	〃	運貨卡車	〃	輛	1	3000.00	3,500.00	執照[illegible]號
〃	〃	〃	工料房	〃	間	17	306.00	378.00	
〃	〃	〃	洋松模型板	〃	立公	35	1785.00	2,230.00	
〃	〃	〃	檣架鉄件	〃	公斤	250	67.50	81.00	

直轄機關學校團體或事業名稱 [illegible]

受損失者 海記營造廠 填報者 生瀛

219 218

民生建筑公司关于抗战期间财产损失事致江苏省建设厅的呈（一九四六年五月六日）

144

第二科 6

民生建築公司 呈 江蘇省建設廳

事由	擬辦	批示	備考
為遵令填送財產損失報告表仰祈賜予核轉由			

附件：如文

江蘇省建設廳收文 建字第5671號 35年5月7日

字第　號　年　月　日　時到

收文　字第　號

268

竊奉

鈞廳通知建二字第二二四五號内開：

「案准抗戰損失調查委員會調字第三九一號寅寢代開准三十五年二月十八日建二字第一〇五六號公函轉送民生建築公司財產損失表一案查原表僅有損失數量未列價值核與規定不合未便登記特檢發查報辦法一份電請轉該公司另行依式填報以憑彙編為荷等由附查報辦法一份准此查此案前據該公司呈請到廳經即轉函登記并批示在案茲准前由合行檢發財產損失報告表式一份仰即詳細填造三份加蓋印章限文到三日内呈廳核轉毋延為要」等因計檢發財產損失報告表式一份奉此茲謹遵照原表格式繕填三份備文呈送

仰祈

269

145

鈞長鑒核並請在呈送表內直轄機關名稱項下加蓋印信賜予轉呈實為德便

謹呈

江蘇省建設廳廳長董

附呈送財產損失報告表三份

民生建築公司經理朱伯宣

270

中華民國三十五年五月六日

271

附：财产损失报告表（一九四六年五月）

146

財產損失報告表 （表式2）

填送日期 35 年 5 月 6 日

損失年月日	事件	地點	損失項目	購置年月	單位	數量	價值（國幣元）購置時價值	價值（國幣元）損失時價值	證件
26年11月13日起	日機轟炸日軍進攻	常熟工次	洋松 20"x20"x30'x2	26年8月	呎	2000	# 280.00	# 280.00	
〃	〃	〃	〃 20"x20"x36'x2	〃	〃	2400	〃 336.00	〃 336.00	
〃	〃	〃	〃 20"x20"x40'x1	〃	〃	1333	〃 186.60	〃 186.60	
〃	〃	〃	〃 16"x16"x24'x3	〃	〃	1536	〃 215.00	〃 215.00	
〃	〃	〃	〃 16"x16"x22'x7	〃	〃	3285	〃 460.00	〃 460.00	
〃	〃	〃	〃 16"x16"x26'x7	〃	〃	2987	〃 418.20	〃 418.20	
〃	〃	〃	〃 10"x10"x22'x7	〃	〃	1483	〃 207.60	〃 207.60	
〃	〃	〃	〃 10"x10"x24'x24	〃	〃	4800	〃 672.00	〃 672.00	
〃	〃	〃	〃 3"x12"x20'x60	〃	〃	3600	〃 360.00	〃 360.00	
〃	〃	〃	〃 6"x8"x20'x52	〃	〃	4160	〃 582.40	〃 582.40	
〃	〃	〃	〃 4"x12"x20'x2	〃	〃	160	〃 32.40	〃 32.40	
〃	〃	〃	〃 2"x12"x20'x76	〃	〃	3040	〃 304.00	〃 304.00	
〃	〃	〃	〃 6"x10"x40'x4	〃	〃	799	〃 111.90	〃 111.90	
〃	〃	〃	〃 6"x10"x38'x4	〃	〃	759	〃 106.30	〃 106.30	
〃	〃	〃	〃 6"x10"x36'x2	〃	〃	360	〃 50.40	〃 50.40	
〃	〃	〃	〃 6"x6"x50'x8	〃	〃	1199	〃 167.90	〃 167.90	
〃	〃	〃	〃 6"x6"x40'x14	〃	〃	1679	〃 235.00	〃 235.00	
〃	〃	〃	〃 4"x8"x10'x40	〃	〃	1066	〃 149.20	〃 149.20	
〃	〃	〃	〃 3"x12"x20'x50	〃	〃	2999	〃 299.90	〃 299.90	
〃	〃	〃	〃 4"x8"x20'x30	〃	〃	1599	〃 223.80	〃 223.80	
〃	〃	〃	大摇車	23年10月	部	1	〃 450.00	〃 585.00	

直轄機關學校團體或事業名稱 江蘇省建設廳 印信

受損失者 民生建築公司
填報者 朱伯宣 姓名 朱伯宣 服務處所與所任職務 民生建築公司 經理 與受損失者之關係 技師兼經理 通信地址 鎮江上河邊八號 揚州教場街45號 公協成五洋店 蓋章

273 272

147

財產損失報告表（表式2）

填送日期 35 年 5 月 日

損失年月日	事件	地點	損失項目	購置年月	單位	數量	價值（國幣元）購置時價值	價值（國幣元）損失時價值	證件
26年11月13日起	日機轟炸 日軍進攻	常熟工次	搖車	23年10月	部	2	# 200.00	# 260.00	
〃	〃	〃	2號起重車	〃	〃	1	〃 290.00	〃 377.00	
〃	〃	〃	355P.打樁鉈	〃	只	1	〃 261.30	〃 339.00	
〃	〃	〃	106P.打樁鉈	〃	〃	2	〃 147.42	〃 191.60	
〃	〃	〃	566P.打樁鉈	〃	〃	3	〃 416.30	〃 541.20	
〃	〃	〃	雙弁葫芦	〃	〃	2	〃 40.50	〃 52.60	
〃	〃	〃	三弁葫芦	〃	〃	2	〃 54.00	〃 70.20	
〃	〃	〃	弁子葫芦	〃	〃	10	〃 124.40	〃 161.70	
〃	〃	〃	熟鉄鈎子	〃	〃	8	〃 102.00	〃 132.60	
〃	〃	〃	打樁甬子	〃	〃	8	〃 9.60	〃 12.50	
〃	〃	〃	26呎長5/8"熟鉄鏈羅絲	〃	〃	8	〃 26.88	〃 35.00	
〃	〃	〃	24呎長5/8"灣脚羅絲	〃	根	40	〃 8.00	〃 10.00	
〃	〃	〃	12呎長5/8"灣脚羅絲	〃	〃	40	〃 8.00	〃 10.00	
〃	〃	〃	26呎長5/8"灣脚羅絲	〃	〃	52	〃 10.00	〃 13.00	
〃	〃	〃	40丈長鋼絲纜	〃	〃	16	〃 480.00	〃 624.00	
〃	〃	〃	10丈長大蔴繩	〃	〃	8	〃 64.00	〃 83.20	
〃	〃	〃	鉄管	〃	〃	13	〃 6.00	〃 7.80	
〃	〃	〃	汽油燈	〃	盞	6	〃 78.00	〃 101.00	
〃	〃	〃	1/2"鉄板4'×16'	〃	块	4	〃 8.00	〃 10.00	
〃	〃	〃	水泥	〃	桶	35	〃 210.00	〃 273.00	
〃	〃	〃	鉛絲篩	〃	面	5	〃 20.00	〃 26.00	

直轄機關學校團體或事業 名稱 印信 江蘇省建設廳

受損失者 民生建築公司（印）

填報者 朱伯宣（印）

姓名 朱伯宣 服務處所與所任職務 民生建築公司經理（印）

與受損失者之關係 技師兼經理

通信地址 鎮江上河邊八號 揚州埂子街45號公協盛五洋店 蓋章（印）

（印）

財産損失報告表 (表式2)

填送日期 35 年 5 月 日

損失年月日	事件	地點	損失項目	購置年月	單位	數量	價值(國幣元) 購置時價值	價值(國幣元) 損失時價值	證件
26年11月13日起	日機轟炸 日軍進攻	常熟工次	四齒扒	26年8月	把	30	# 36^{00}	# 36^{00}	
"	"	"	鉄撬	"	付	48	" 72^{00}	" 72^{00}	
"	"	"	獨輪	"	把	180	" 180^{00}	" 180^{00}	
"	"	"	壓路滾	"	件	2	" 800^{00}	" 800^{00}	
"	"	"	汽車	"	輛	1	" 2800^{00}	" 2800^{00}	
26年12月7日	日軍進攻	鎮江江邊	46公分水泥涵管	26年7月	只	600	" 1776^{00}	" 1776^{00}	
"	"	"	23公分水泥涵管	"	"	300	" 288^{00}	" 288^{00}	
"	"	"	黃砂	"	公方	72	" 432^{00}	" 432^{00}	
"	"	"	石子	"	"	144	" 864^{00}	" 864^{00}	
"	"	"	水泥	"	桶	334	" 2004^{00}	" 2004^{00}	
"	"	"	鋼筋	"	公斤	18641	" 932^{00}	" 932^{00}	
"	"	"	木壳板	"	板尺	2000	" 200^{00}	" 200^{00}	
26年12月10日	日軍進攻	瓜州材料廠	洋松 4x8x36x2	23年9月	呎	192	" 23^{00}	" 30^{00}	
"	"	"	" 6x10x34x4	"	"	680	" 81^{60}	" 106^{00}	
"	"	"	" 6x6x45x12	"	"	1349	" 162^{00}	" 210^{60}	
"	"	"	" 4x8x10x12	"	"	320	" 38^{40}	" 50^{00}	
"	"	"	" 4x8x20x6	"	"	320	" 38^{40}	" 50^{00}	
"	"	"	" 3x12x20x30	"	"	1799	" 144^{00}	" 187^{20}	
"	"	"	" 3x8x20x20	"	"	716	" 57^{30}	" 74^{50}	
"	"	"	" 3x8x24x15	"	"	719	" 86^{30}	" 112^{20}	
"	"	"	" 4x8x20x21	"	"	1120	" 29^{60}	" 116^{50}	

直轄機關學校團體或事業 名稱 印信
江蘇省建設廳

受損失者 民生建築公司
填報者 朱伯宣（印）
姓名 朱伯宣
服務處所與所任職務 民生建築公司經理（印）
與受損失者之關係 技師兼經理
通信地址 鎮江上河邊八號 揚州[illegible]4號 公協成五洋店 蓋章（印）

R4

149

財產損失報告表 （表式2）

填送日期 35 年 5 月 日

損失年月日	事件	地點	損失項目	購置年月	單位	數量	價值（國幣元）購置時價值	價值（國幣元）損失時價值	證件
26年12月10日	日軍進攻	瓜洲材料廠	洋松 2"×8"×40'×10	23年9月	呎	533	# 42.60	# 55.38	
〃	〃	〃	〃 2"×8"×38'×20	〃	〃	1013	〃 81.00	〃 105.30	
〃	〃	〃	〃 2"×8"×36'×25	〃	〃	1199	〃 86.00	〃 111.80	
〃	〃	〃	〃 2"×12"×38'×10	〃	〃	766	〃 61.30	〃 80.00	
〃	〃	〃	〃 2"×12"×24'×20	〃	〃	959	〃 76.70	〃 100.00	
〃	〃	〃	〃 2"×12"×20'×15	〃	〃	600	〃 48.00	〃 62.40	
〃	〃	〃	〃 2"×10"×20'×10	〃	〃	333	〃 26.60	〃 34.60	
〃	〃	〃	〃 2"×10"×18'×4	〃	〃	120	〃 9.60	〃 12.50	
〃	〃	〃	〃 6"×12"×36'×4	24年2月	〃	863	〃 103.60	〃 134.68	
〃	〃	〃	〃 6"×12"×30'×5	〃	〃	899	〃 108.00	〃 140.40	
〃	〃	〃	〃 14"×14"×40'×10	〃	〃	6530	〃 783.60	〃 1018.68	
〃	〃	〃	〃 12"×12"×20'×4	〃	〃	959	〃 115.00	〃 149.50	
〃	〃	〃	〃 4"×14"×10'×1	〃	〃	466	〃 56.00	〃 72.80	
〃	〃	〃	〃 7"×14"×28'×9	〃	〃	2469	〃 296.00	〃 384.80	
〃	〃	〃	〃 4"×12"×30'×8	〃	〃	959	〃 115.00	〃 149.50	
〃	〃	〃	〃 4"×12"×24'×6	〃	〃	576	〃 69.10	〃 89.83	
〃	〃	〃	〃 2"×6"×20'×10	〃	〃	200	〃 16.00	〃 20.80	
〃	〃	〃	〃 8"×8"×14'×26	〃	〃	2329	〃 279.50	〃 363.35	
〃	〃	〃	〃 10"×10"×16'×10	〃	〃	1333	〃 160.00	〃 208.00	
〃	〃	〃	抽水機	23年10月	部	1	〃 901.00	〃 1171.00	
〃	〃	〃	106附打樁鉄鉈	〃	只	2	〃 147.42	〃 191.60	

直轄機關學校團體或事業名稱 江蘇省建設廳 印信

受損失者 民生建築公司
填報者 朱伯宣 （印）

姓名 朱伯宣 服務處所 民生建築公司 所任職務 經理（印） 與受損失者之關係 技師兼經理 通信地址 鎮江上河邊八號 揚州教場街145號民生公司滁州分號 蓋章（印）

279 278

財產損失報告表 （表式二）

填送日期 35 年 5 月 日

損失年月日	事件	地點	損失項目	購置年月	單位	數量	價值（國幣元） 購置時價值	價值（國幣元） 損失時價值	證件
26年12月10日	日軍進攻	瓜洲材料廠	56LP打樁鉄鉈	23年10月	只	3	# 416.13	# 540.97	
〃	〃	〃	106P打樁鉄鉈	〃	〃	2	〃 147.12	〃 191.26	
〃	〃	〃	135P鑄鉄打樁鉈	〃	〃	3	〃 237.13	〃 308.27	
〃	〃	〃	新葫芦	〃	〃	8	〃 156.00	〃 202.80	
〃	〃	〃	1寸洋釘	〃	桶	1	〃 8.00	〃 10.00	
〃	〃	〃	白漆	〃	听	2	〃 2.00	〃 2.60	
〃	〃	〃	紅丹漆	〃	〃	1	〃 1.00	〃 1.30	
〃	〃	〃	圖紙	〃	捲	1	〃 8.00	〃 10.00	
〃	〃	〃	大蔴繩10丈長	〃	根	2	〃 8.00	〃 10.00	
〃	〃	〃	小蔴繩8丈長	〃	〃	1	〃 1.00	〃 1.30	
〃	〃	〃	1/4鉄板4'x10'	〃	块	1	〃 2.00	〃 2.60	
〃	〃	〃	1/8鉄板4'x10'	〃	〃	1	〃 2.00	〃 2.60	
〃	〃	〃	1/4鉄板2'x10'	〃	〃	2	〃 2.00	〃 2.60	
〃	〃	〃	橋面釘	〃	桶	8	〃 40.00	〃 52.00	
〃	〃	〃	鉄床	23年8月	張	1	〃 2.00	〃 2.60	
〃	〃	〃	壓硯	〃	只	1	〃 5.00	〃 6.50	
〃	〃	〃	龍鋸	〃	把	1	〃 2.00	〃 2.60	
〃	〃	〃	棚床	〃	張	5	〃 5.00	〃 6.50	
〃	〃	〃	方桌	〃	〃	3	〃 2.00	〃 2.60	
〃	〃	〃	番布床	〃	〃	1	〃 1.00	〃 1.30	
〃	〃	〃	銅茶壺	〃	把	1	〃 1.00	〃 1.30	

直轄機關學校團體或事業 名稱 印信：江蘇省建設廳

受損失者：民生建築公司
填報者：朱伯宣
姓名：朱伯宣
服務處所與所任職務：民生建築公司 經理
與受損失者之關係：技師兼經理
通信地址：鎮江上河边八號 揚州教場街四號 公協戚五洋店 蓋章

151

R6

財產損失報告表（表式2）

填送日期 35 年 5 月 日

損失年月日	事件	地點	損失項目	購置年月	單位	數量	價值（國幣元）購置時價值	價值（國幣元）損失時價值	證件
26年12月7日	日軍進攻	鎮江公司	柳安茶几	23年7月	張	4	# 1600	# 2080	
〃	〃	〃	燙花腳欖	〃	〃	4	〃 1000	〃 1300	
〃	〃	〃	嬰簧椅	〃	〃	2	〃 800	〃 1000	
〃	〃	〃	柳安對斗寫字枱	〃	〃	1	〃 1800	〃 2340	
〃	〃	〃	柳安方桌	〃	〃	1	〃 800	〃 1000	
〃	〃	〃	三抽桌	〃	〃	2	〃 1000	〃 1300	
〃	〃	〃	洋椅子	〃	〃	12	〃 2000	〃 2600	
〃	〃	〃	籐椅子	〃	〃	3	〃 450	〃 580	
〃	〃	〃	柳安長信箱	〃	〃	1	〃 1400	〃 1820	
〃	〃	〃	柳安三折床	〃	〃	2	〃 4000	〃 5200	
〃	〃	〃	小鉄床	〃	〃	3	〃 800	〃 1000	
〃	〃	〃	籐棚	〃	〃	2	〃 1600	〃 2080	
〃	〃	〃	棚床	〃	〃	6	〃 600	〃 780	
〃	〃	〃	華生風扇	23年6月	只	1	〃 3200	〃 4160	
〃	〃	〃	玻璃台墊	〃	〃	2	〃 320	〃 420	
〃	〃	〃	攝影箱	〃	〃	1	〃 530	〃 700	
〃	〃	〃	馬鐘	〃	〃	1	〃 490	〃 650	
〃	〃	〃	洋式衣架	〃	〃	2	〃 800	〃 1000	
〃	〃	〃	綢被褥	〃	條	14	〃 16800	〃 21840	
〃	〃	〃	洋布帳	〃	頂	4	〃 3000	〃 4000	
〃	〃	〃	洋枕	〃	只	8	〃 1200	〃 1600	

直轄機關學校團體或事業 名稱 江蘇省建設廳 印信

受損失者 民生建築公司
填報者 朱伯宣（印）

姓名 朱伯宣 服務處所與所任職務 民生建築公司經理（印） 與受損失者之關係 技師兼經理 通信地址 鎮江上河邊八號 揚州教場街岱公協盛五洋店 蓋章（印）

283 282

152

財產損失報告表

(表式2)

填送日期 35 年 5 月 日

損失年月日	事件	地點	損失項目	購置年月	單位	數量	價值(國幣元) 購置時價值	價值(國幣元) 損失時價值	證件
26年12月7日	日軍進攻	鎮江公司	被單	23年6月	條	4	# 1200	# 1560	
〃	〃	〃	金邊鏡屏	〃	屏	4	〃 6000	〃 7800	
〃	〃	〃	玻璃屏	〃	〃	1	〃 300	〃 400	
〃	〃	〃	織錦屏	〃	〃	1	〃 600	〃 800	
〃	〃	〃	畫屏	〃	〃	4	〃 300	〃 400	
〃	〃	〃	中堂	〃	軸	1	〃 360	〃 500	
〃	〃	〃	皮捲尺100尺	〃	盤	2	〃 1000	〃 1500	
〃	〃	〃	皮捲尺50尺	〃	〃	2	〃 700	〃 1000	
〃	〃	〃	搖車	23年10月	部	1	〃 15000	〃 20000	
〃	〃	〃	鋼絲纜40尺	〃	根	2	〃 6000	〃 8000	
〃	〃	〃	8½雙弁葫芦	〃	只	2	〃 4050	〃 5500	
〃	〃	〃	8½三弁葫芦	〃	〃	2	〃 5400	〃 7000	
〃	〃	〃	10″弁子葫芦	〃	〃	4	〃 5000	〃 6500	
〃	〃	〃	棕繩40丈	〃	根	5	〃 6000	〃 8000	
〃	〃	〃	大麻繩10丈	〃	〃	2	〃 1400	〃 1800	
〃	〃	〃	鐘式打樁錠	〃	只	3	〃 24000	〃 32100	
			合計				# 25367.00	# 28256.60	

直轄機關學校團體或事業名稱 江蘇省建設廳 印信

受損失者 民生建築公司
填報者 朱伯宣 姓名 朱伯宣（印）

服務處所與所任職務 民生建築公司 經理（印）

與受損失者之關係 技師兼經理

通信地址 鎮江上河邊八號 揚州教場街45號 公協成五洋店 蓋章

285 284

喻海记营造厂、唐保记营造厂等关于战时损失器材事致江苏省建设厅的呈（一九四七年七月三十一日）

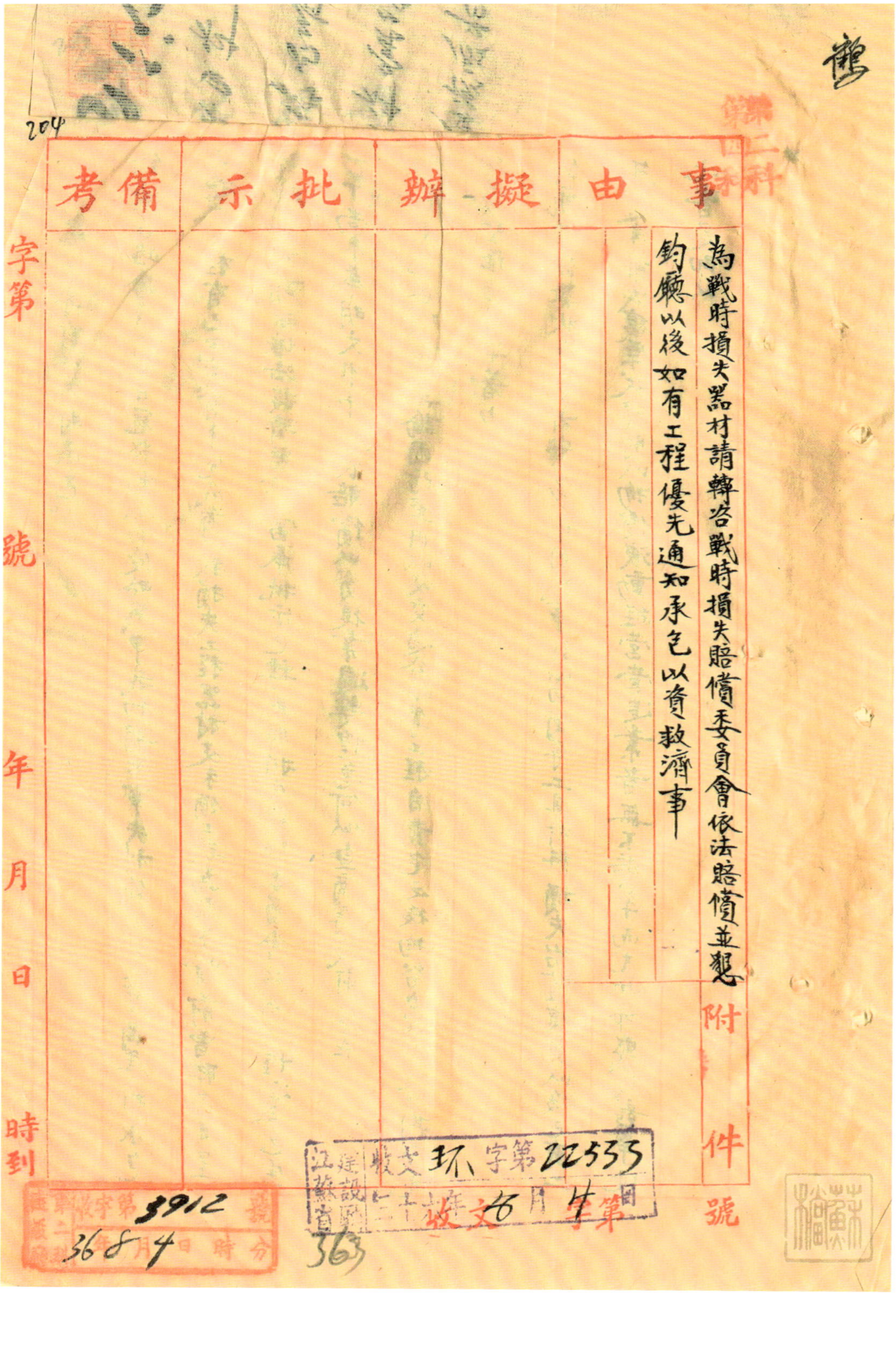

事由：為戰時損失器材請轉咨戰時損失賠償委員會依法賠償並懇鈞廳以後如有工程優先通知承包以資救濟事

附件

擬辦

批示

備考

字第　號　年　月　日　時到

江蘇省建設廳收文环字第22535號 三十六年八月 日

第二科收字第3912號 36 8 4

竊商等前以戰時承包
鈞廳各路搶修工程日寇發動全面侵略戰爭我初期軍事失利節節退守商等所承包之搶修工程有已完成有未完成者以致損失工程器材及未領工款為數不貲前曾聯名具呈
鈞廳列表請求依法援濟賠償當奉批示已轉戰時損失賠償委員會核辦矣惟迄今已屆一年尚未奉明文准予照表賠償以資復業週轉惶急何似查商等戰前歷在
鈞廳承包各項工程無論國防軍用以及交通公路等工程自發包之後均努力趕做總在期前完工能力堅强信用卓著由
鈞廳頒發獎狀在案者實多惟因戰事影響商等工具材料損失殆盡復員以後已有二年迄未能恢復原狀現時以物價波動經營營造業者無不賠累而尤拚命賤價競爭比比皆是即以

205

鈞廳復員二年來固亦未有大宗工程舉辦即有一二亦非商等可以插足其間屏之門外者居多誠令人百思不解商等生活堪虞所遭損失一時無法抵償悠悠歲月情何以堪迫不得已用再聯名具呈請求迅予轉咨戰時損失賠償委員會依法賠償損失器材外並懇以後

鈞廳如有工程准予優先通知商等承包俾資維持仰祈

鑒核批示祇遵不勝迫切待命之至

謹呈

江蘇省建設廳長董

包商

喻海記營造廠

唐保記營造廠

365

孫堯記營造廠
民生建築公司

中華民國三十六年七月三十一日

361

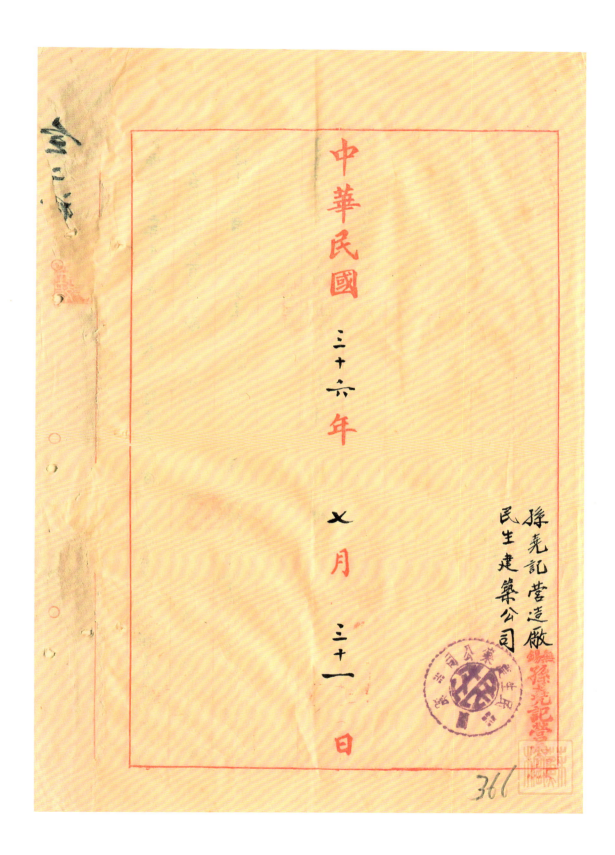

镇江《新江苏报》抗战期中历次损失生财机器铅字及一切设备清单（时间不详）

（一）兹将本报抗战期中历次损失生财機器鉛字及一切設備

開具清单如后

計開

第一次　民國二十六年冬鎮江本館損失

（1）对開印机四架

（2）四開印机一架

（3）二三號圆盤印机各一架

（4）打樣機一架

（5）对開切紙机一架

（6）打眼机一架

（25）四寸手提方盒鏡頭一隻

（26）無線電收音机RCA二隻

（27）西門子自用電话机二隻

（28）電扇華生台式五架

（29）電炉六隻

（30）十匹馬力電气馬達一隻

(7) 四開压紙机一架

(8) 訂書机一架

(9) 双面澆字炉一具

(10) 頭二三四号宋体鉛字字模各全副

(11) 紙版澆字机一架附件全

(12) 特号手刻鉛字一千二百磅張

(13) 頭号鉛字一千五百磅張

(14) 弍号鉛字捌百磅張

(15) 叁号鉛字陸百磅張

(16) 四号鉛字一千五百磅張

(31) 各印机馬達配件全副

(32) 電表兩隻

(33) 電灯材料三百盞張

(34) 自鳴鐘五架

(35) 双層鉄床二十二張

(36) 單層鉄床六十二張

(37) 沙發椅三副 玖張

(38) 各部门用具木器文具全副

(39) 白報紙二百令

(40) 墨油四百磅

128

(17)五号鉛字一千磅強

(18)六号鉛字五百磅強

(19)新五号鉛字駒千磅強

(20)空鉛材料一千五百磅強

(21)鉛線二千打強

(22)鉛塊二千磅

(23)各号鉛字盒架全副

(24)八寸手提方盒鏡頭一隻

(41)雪佛蘭轎式汽車一輛

(42)自用人力車三輛

(43)脚踏自行車五輛

(44)運貨老虎車壹輛

(45)冬夏德國膠式百磅

(46)煤炉六只

(47)炊事器具全部

(48)汽油十二聽

(説明)本報每日出版对開報紙兩大張半及四開夕刊一張 共二萬七千餘份 職工近七十人 房屋佔三十間 分總務 編輯 發行 承印 排字 机器 鑄字 裝订 照相 庶務

163

等部門在省報中粗具規模者府未離鎮前出版如常迨省府去後地面秩序紊亂交通阻碍一切設備等無法遷移同仁在大轟炸後離鎮時除將四號方頭及新五號字模各一副五匹馬力電氣馬達一隻報紙二百令自鳴鐘一隻無線電收報机一副六寸照相鏡一隻隨身携帶外其餘一切設備完全犧牲是本報歷年精裝存報已携至江干亦复棄諸船埠當時倉惶情形可知至承印部存貨概未列入合併声明

第二次 民國二十六年冬揚州損失

(1)白報紙壹百令

(2)人力包車壹輛

(3)電氣馬達（五匹馬力）壹隻

(4)人力自行車壹輛

(5)長途電話机一隻

(6)同人約十人辦公食宿用具全副

129

（説明）本報全省分館及分銷處有五十餘處均为包辦制獨揚州分館

業務特繁直属總館同人迁江北後即假江都貧兒院印刷部出版省会淪陷

揚州吃緊省府又遷淮陰秩序紊乱本報轉徙泰縣

第三次 民国三十二年春泰縣損失

(1)各号鉛字約十五百磅 (3)人力包車壹輛

(2)無線電收報机壹只 (4)自行車壹輛

第四次 民国三十二年春上海損失

同人到沪後以重价租屋仍發行三日刊迨新一二八事變發生沪上吾

一日居遂决迁宜兴張渚鎮复刊途次武進總主筆程善之先生以腦冲血症未

及十小時即殁用費固属難筹而精神損失尤非金錢所能计至在沪所購

165

用具無法携帶悉數拋棄

第五次 民国卅二年秋宜兴張渚鎮損失

(1)四号方頭宋体鉛字模全副

(2)新五号宋体鉛字模全副

(3)單面澆字炉一隻

(4)各号正楷鉛字弍千伍百磅及材料

(5)字盒連架弍百隻

(6)同人千餘人辦公食宿用具全副

由張渚鎮設法移出之机字復遭損失

(1)四開印机壹架

(2)二三号圓盤印机各壹架

(3)打眼机壹架

(4)鉛字五百磅

(説明)上項机字設法移出無處可存迫不得已沉諸水底事後往撈已歸烏有僅餘收報机隨身携帶今猶存在

166

130

附註

流亡八載不獨報館財產損失殆盡即明叔私人經營事業如新協和蚕種場房屋被焚中央儲蓄会一切設備傢具及家中衣物完全蕩然一播越各地携眷偕行同人中亦有携眷与僕女食宿川資悉由本報供給無形中虧耗難以數計痛定思痛誠不堪回首

167

(1)

30

商辦鎮揚長途汽車公司抗戰期間財產損失明細表

(一)汽車
1. 長途客車 拾叁輛（礼和牌）
2. 運貨車 五輛（礼和牌二輛、威利斯牌二輛、赫德森一輛）
3. 小客車 拾輛（納喜牌二輛、雪佛蘭牌二輛、司蒂倍克一輛、別克五輛）

(二)燃料
1. 汽油 六千一百七十二介侖
2. 木炭 壹百五拾九担六十公斤
3. 柴油 拾式噸半（輪渡用）

(三)滑油

39

1. 机油 七百七十四介侖

2. 黄油 弍百六十八磅

3. 黑油 五拾六介侖

4. 火油 拾七介侖

(四)車輛配件

32×6 外胎 拾捌只

30×5 外胎 九只

500-20 外胎 叁只

32×6 内胎 拾三只

30×5 内胎 七只

40

(2)

31

札和車前鋼板　拾五付
　又後鋼板　拾一付
蓄電池　弍只
水箱　弍只
其他各車另件計壹萬餘件
(五)修車工具
軸承扳手　兩只
大小扳手　拾九只
套桶扳手　拾付
鋸架　壹只

41

鍊條鉗　壹只
2/4寸管子鉗　壹只
座鉗　六只
卡尺　四只
扳鑽　壹具
麻花鑽　叁只
大小作凳　五張
手摇木鑽　壹只
作案　叁張
引擎架　四張

42

(3)

32

粗細螺絲弓 叁付
皮帶銃 弍只
三角刮刀 弍只
洋刀 壹把
剪刀 壹把
補胎机 壹具
縫級机 壹具
熨斗 壹只
鉄砧 弍只
元頭錘 弍只

43

木　锉　两把
充电机　壹具
起沆门机　壹具
波氏比重表　壹具
钢字锐　壹付
活塞栓绞刀　壹只
测电表　壹只
电液测验器　壹只
玻璃漏斗　壹只
大汽筒　两只

(4)

33

小汽筒　壹只
大起重机　壹只
小起重机　拾只
喷灯　两只
煉铁爐　壹只
風箱　壹只
油石　两块
鲤魚钳　弍拾把
手鑽　拾四把
手摇鑽　叁只

45

裁玻璃钻刀 壹只
粗细扳锉 拾四支
钢皮尺 壹只
钢皮捲尺 弍只
砂轮 壹具
大五寸胎衬 壹只
六尺车床 壹具
三角铁架 壹只
自来扶头 壹只
车刀 拾把

46

34

擂絲刀　弍只

鉛絲刷　兩把

測驗胎氣表　壹只

車床用皮帶　壹根

加油壺　四把

白鉄胎糟　壹只

(六)修路工具

大小石磙　叁架

鉄鍬　六拾四把

皮尺　壹盤

41

木鏟　四拾把
一字鋤　拾把
鋤頭　九把
釘扒　六把
掃帚　三拾把
篾籮　拾六只
竹槓　四根
篾箕　七付
扁担　五条
木鋸　壹把

48

35

鑿　刀　兩把

雨　衣　貳拾件

(七)傢具

四面大鐘　壹架

大小掛鐘　拾壹架

四座公事桌　壹張

絨墊旋轉椅　四張

腰圓大餐桌　壹張

絲絨靠背椅　捌張

絲絨三座沙發椅　壹張

49

絲絨單座沙發椅 六張

双層玻璃茶几 五張

大圓桌 陸張

單座板面椅 弍拾四張

寫字台 拾捌張

書櫥 兩張

信箱 兩張

彈簧轉椅 兩張

會客室桌椅 捌件

噴漆鉄床 拾四張

60

衛生設備 壹具
大小方桌 拾五張
飛來椅 叁拾弍張
木椅 四拾叁張
籐椅 弍拾六張
小半桌 拾叁張
大小長櫈 五拾張
元杌 四拾五張
大木櫥 六張
玻璃櫥 四張

衣架 叁張
架床 拾五張
保險箱 五只
大小皮箱 拾只
配件架 四張
售票台 叁張
舖板 叁拾贰付
磅秤 五架
軋票机 壹具
滅火机 壹具

52

(8)

37

小洋龍 壹架

鉛桶 拾六付

水缸 九只

澡盆 拾壹只

煤爐 拾壹只

煤爐用的鉄管 拾壹套

鎖鉆鉄拉門 壹付

鉄錨連鍊 壹根

各式電灯罩 四拾叁件

双台灯 四盏

53

單台灯 陆盏
汽油灯 两盏
馬灯 陆盏
收音机 壹具
磁銅茶壺 陆把
票剪 拾把
痰盂 贰拾捌只
號碼機 两架
玻璃台墊 拾捌面
鋼筆板 壹具

54

(9)

38

算盤 拾五只

躉船 兩只 錨鍊繩索等全

(八)房屋

磚房 弍拾七间

板房 六间

洋鉄房 五间

草房 六间

磚墻水泥瓦車庫 弍拾七间

白鉄棚 兩座

車務處圍墻 兩道

55

廚房　四間

河廳　叁間

待渡亭　壹座

本路長途電話材料及桿綫等

56

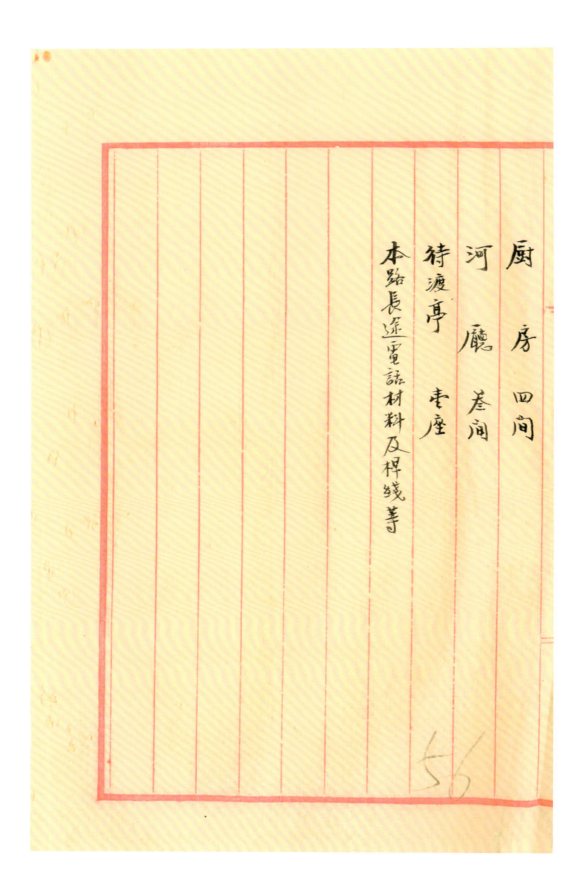

（三） 货物税收损失

财政部江苏区货物税局江宁分局关于报送抗战损失清单致江苏区货物税局的呈（一九四五年十二月二十六日）

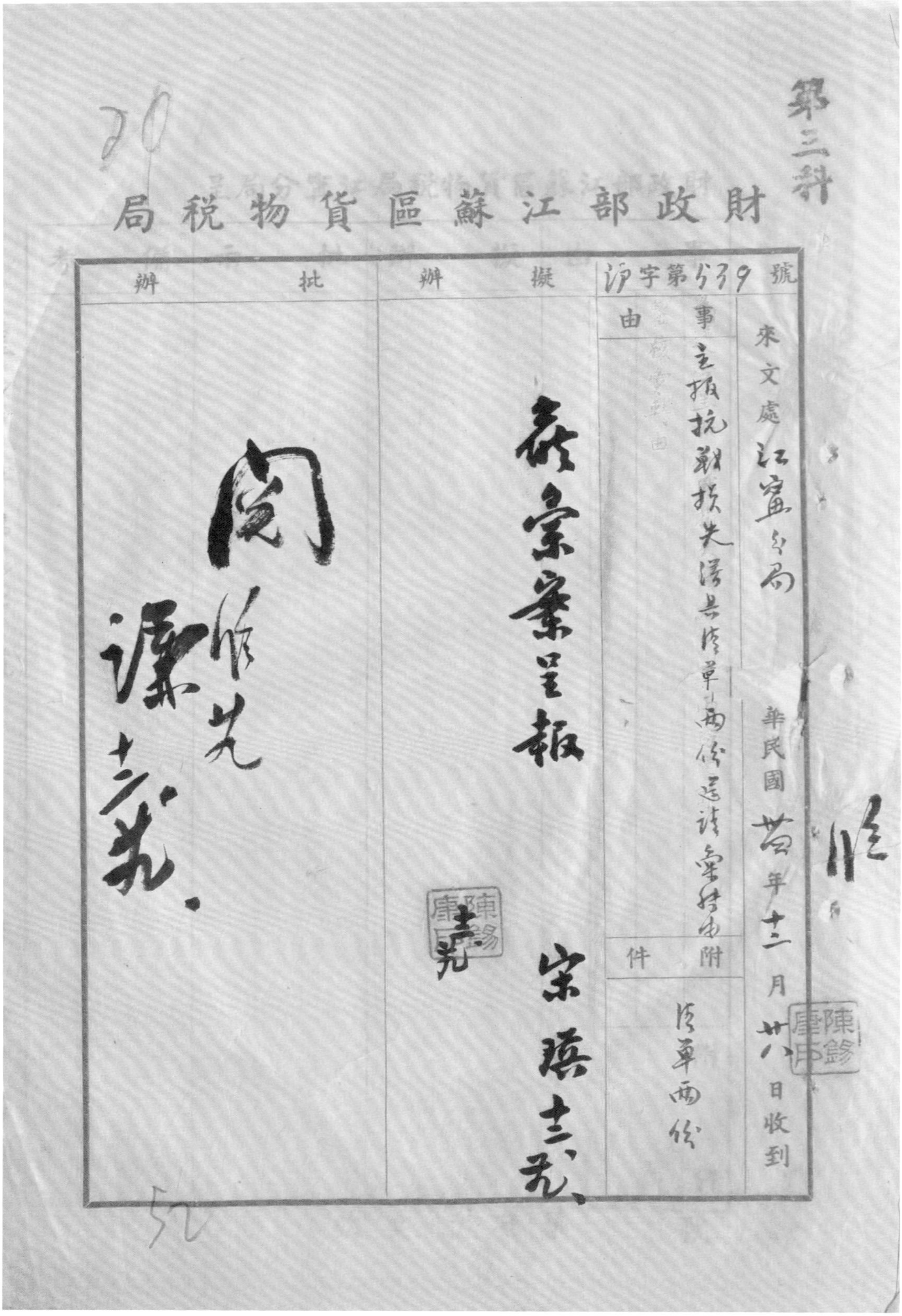

第三科

財政部江蘇區貨物稅局

號	滬字第539
來文處	江寧分局
事由	呈報抗戰損失清單兩份送請彙轉由
附件	清單兩份
	華民國卅四年十二月廿八日收到
擬辦	擬彙案呈報 宗璟 十二/廿九
批辦	閱 准先 謙 十二/卅

21

財政部江蘇區貨物稅局江寧分局呈

事由	擬辦	批示	備考
為遵令呈報抗戰損失繕具清單兩份送請鑒核彙轉由			

附件：如文

呈寧三字第82號

年　月　日　時到

收文　字第　號

33

案奉

鈞局滬字第二四四號訓令略開為抄發抗戰損失須知一份限於文到十日內將該分局轄區抗戰損失情形切實查明具報等因附抗戰損失查報須知摘要一份奉此自應遵辦惟查原屬稅務署之各機關財產損失及屬稅務署之各機關稅收損失兩点除三十二年一月起至三十四年八月止稅收數字及職局此次接收偽稅務局江寗分局財產目錄業已查明外至前偽菸酒印花稅局因無人負責交代以致無從接收有無損失殊難臆測其餘部分以無卷可稽難得真相茲奉前因理合繕具三十二年一月起至三十四年八月止稅收數字暨接收偽統稅局江寗分局財產目錄清單各壹份備文呈送仰祈

鑒核彙轉

謹呈

財政部江蘇區貨物稅局局長傅

副局長李

34

計呈三十二年一月起至三十四年八月止稅收數字清單壹份

接收偽統稅局江寧分局財產目錄清單壹份

財政部江蘇區貨物稅局江寧分局局長湯靜吾

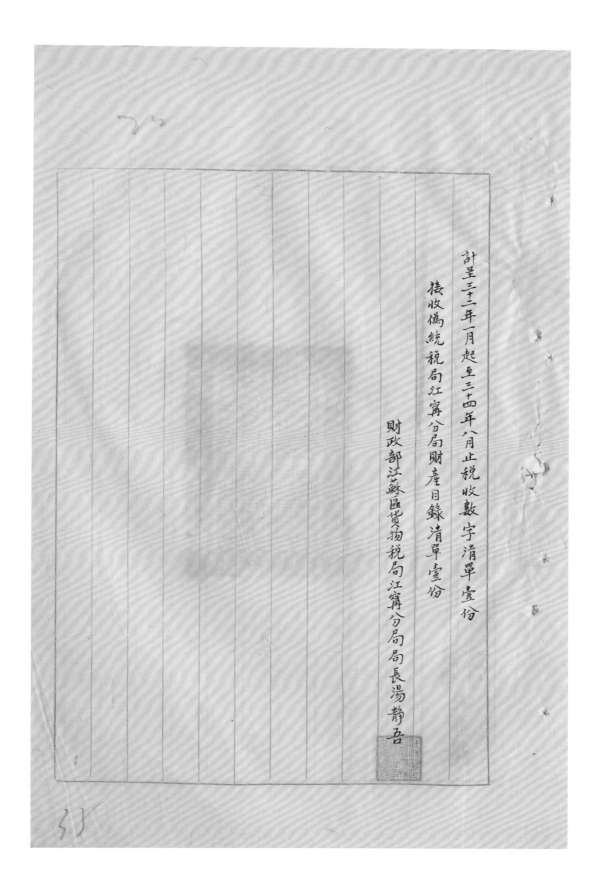

中華民國三十四年十二月二十六日

校對 監印 馬騰清

56

三十二年一月起至三十四年八月止税收數字清單

三十二年度一月至十二月共收税欵僞幣貳百零玖萬陸仟捌百伍拾玖元玖角玖分

三十三年度一月至十二月共收税欵僞幣陸百肆拾貳萬叁仟捌百柒拾壹元伍角叁分

三十四年度一月至八月共收税欵僞幣壹仟玖百玖拾玖萬肆仟玖百貳拾捌元叁角伍分

以上共收税欵僞幣貳仟捌百伍拾壹萬伍仟陸百伍拾玖元捌角柒分

三十二年度前無會計賬目可查

37

财政部江苏区货物税局关于报送本区在抗战期内被敌伪所征税款清单致财政部税务署的呈
（一九四六年一月二十二日）

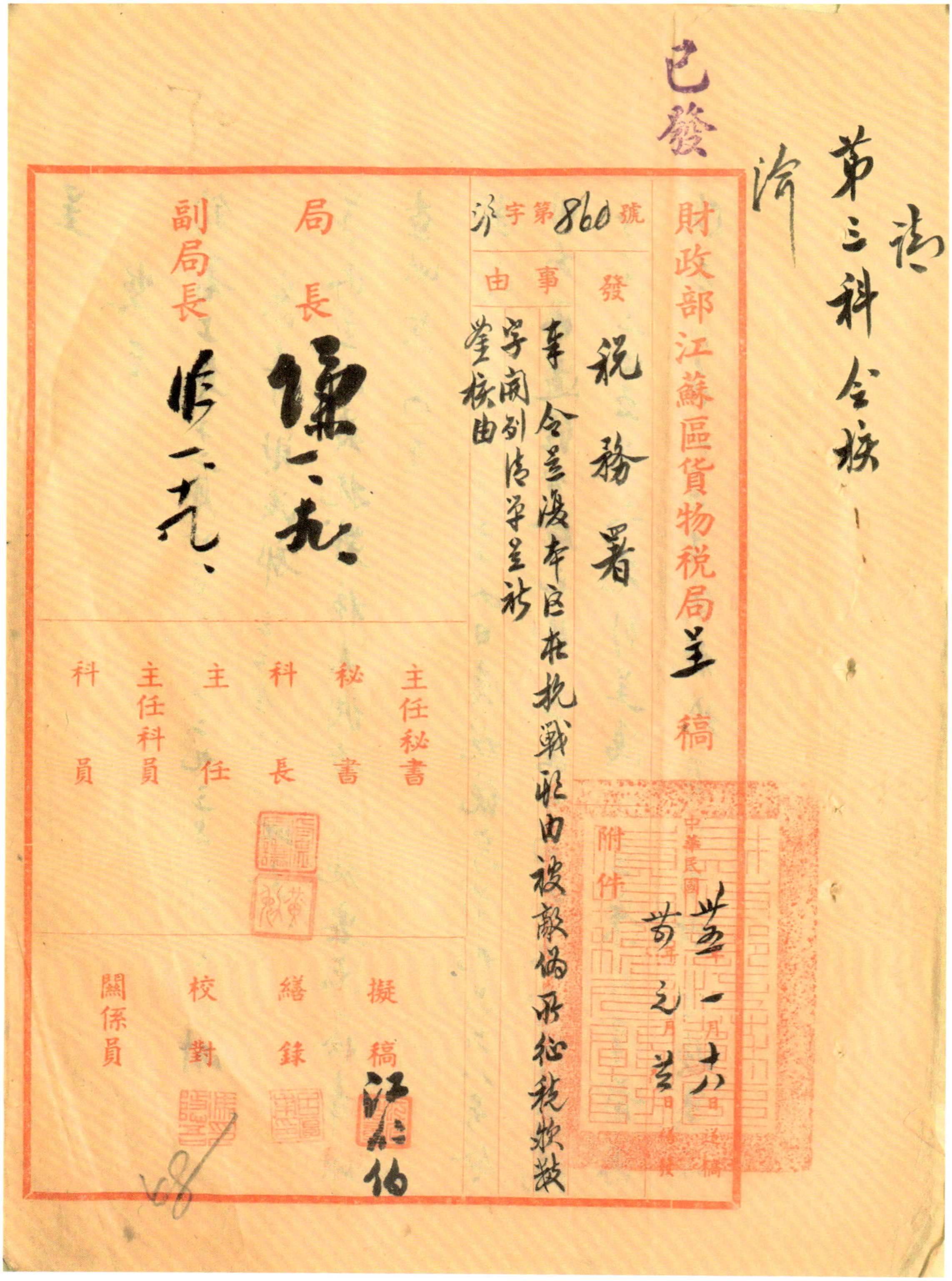
已發

第三科 令核

财政部江苏区货物税局呈稿

字第860号

发 税务署

事由 奉令呈送本区在抗战期内被敌伪所征税款数字开列清单呈祈鉴核由

局长 陈 一、十九

副局长 张 一、十九

主任秘书 秘书 科长 主任 主任科员 科员

附件

中华民国卅五年一月十八日

拟稿 缮录 校对 关系员

呈

案奉

鈞署上年十二月廿日第一一二九三号訓令内開

案奉　財政部三三金叙字此令

等因並附發抗戰損失調查實施要点一份奉此

查此案前奉

鈞署上年十一月二十四日處税統字第九六六八号令

同前因遵經分令已未立各分局遵照办理並以滬

字第二四五号文先行呈復在案兹奉前因

除本區各地原有統税機關公有財產損失數

字俟各分局查報到局彙案呈復外所有本
區在抗戰期內自三十二年偽稅務局及偽印花
局成立後被敵偽所征稅款一項茲謹就職局
以次接收之偽江蘇稅務局及偽江蘇印花稅
稅局檔卷內分別查明列表備文呈復仰祈
鑒核呈請實為公便謹呈
財政部稅務署署長姜
副署長陳

附呈偽江蘇稅務局及偽江蘇印花稅局卅二年
、成立起至卅四年八月止所征稅款數目表一份

10

財政部江蘇區貨物稅局

全銜

附：伪江苏税务局一九四三年起至一九四五年八月止经收各税数目表及伪江苏印花烟酒税局一九四三年起至一九四五年八月止实收税款数目表

偽江蘇稅務局三十二年起至三十四年八月止經收各稅數目表

年度	32		33		34		合計		備攷
統稅	798,848,506	42	2,769,976,926	90	18,115,278,119	37	21,684,103,552.	69	
特稅	14,572,453	03	19,647,662	44	41,507,099	58	75,727,215.	05	
消費稅			258,537,415	12			258,537,415.	12	(7至12月稅收)
總計							C.R.B. 22,018,368,182.	86	

偽江蘇印花菸酒稅局三十二年起至三十四年八月止實收稅款數目表

年度	32		33		34		合計		備攷
印花菸酒稅	72,845,611	28	283,790,404	24	527,866,957	81	884,502,973.	33	
總計							C.R.B. 884,502,973.	33	

說明
①三十二年前共征若干因無案可稽難以查核
②偽組織所征消費稅普遍開征始於卅三年七月迄卅四年一月起此項捐稅改隸地方征收故本表所列亦僅有卅三年七至十二月半年之收數
③上列數字係根據偽組織之逐年總帳而來實際此項收數並不可靠蓋偽局人員層層中飽所攫得之數恐十不及一也

江都分局、财政部江苏区货物税局关于抗战期间税收损失等情的往来公文（一九四六年四月十六至二十九日）

江都分局致江苏区货物税局的呈（一九四六年四月十六日）

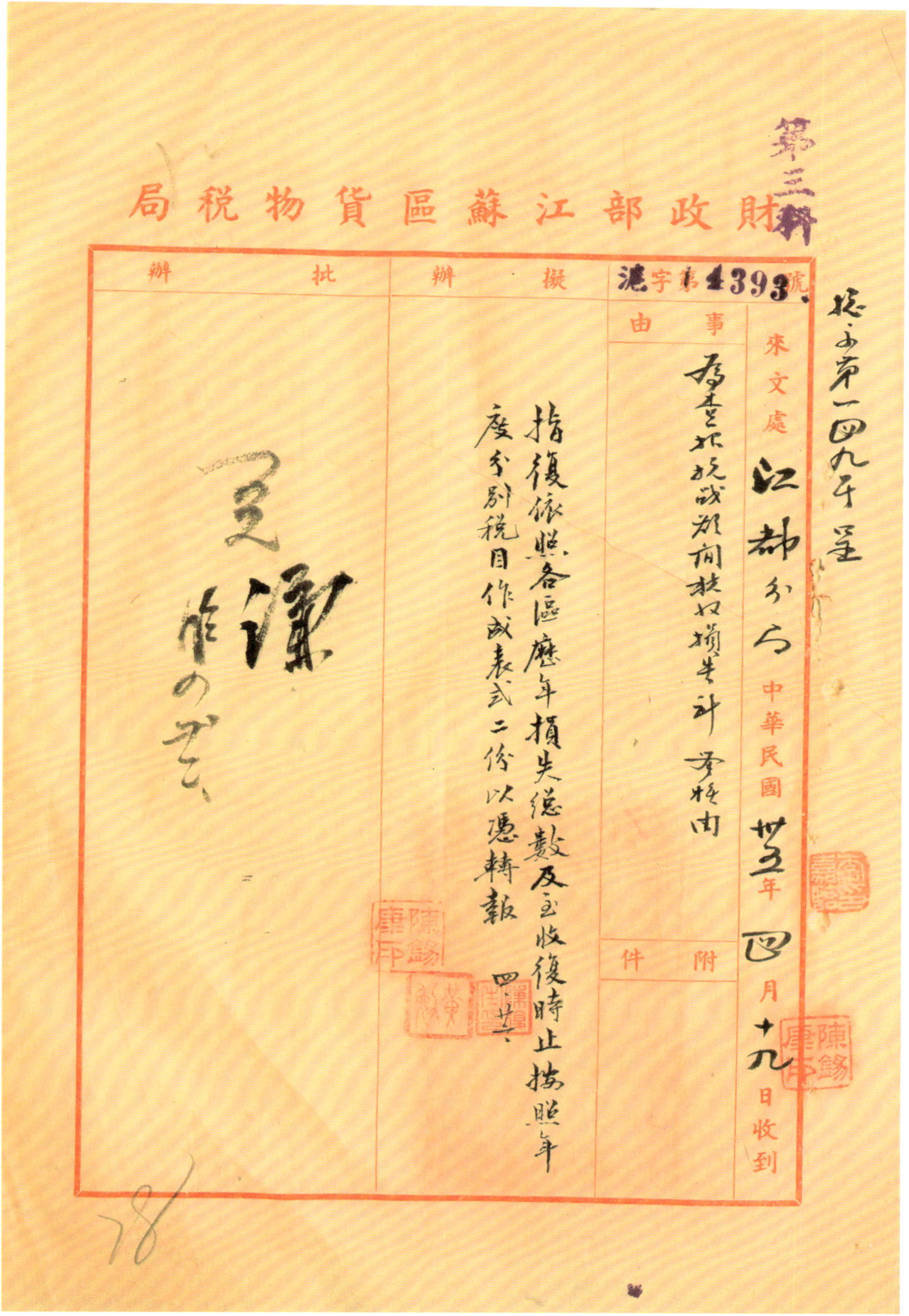

財政部江蘇區貨物稅局

滬字第4393號

來文處：江都分局

總字第一四九號 呈

事由：為呈報抗戰期間稅收損失計 呈祈鑒核由

中華民國卅五年四月十九日收到

附件

擬辦：指復依照各區歷年損失總數及至收復時止按照年度分別稅目作成表式二份以憑轉報 四廿六

批辦：呈 閱

財政部江蘇區貨物税局江都分局呈

摘由：為查報抗戰期間税收損失仰祈鑒核由

總 一四九
三十五 四 十六

案奉

鈞局滬三字第二三三六號卯微代電飭於電到三日内迅將抗戰損失一案調查具報等因奉此查本局所接收偽江都區税務局文卷均係斷簡殘篇整理至感困難以致遷延時日關於「原屬税務署之各機關財産損失」一項數字無案可稽未敢臆斷至「屬税務署之各機關税收損失」數字已就所接收之卷内查有三十一年各月份偽泰東區税務局報解税收之代電十二紙核算全年税收偽票十三萬一千五百八十四元四角二分依當時法幣兩元折合偽幣壹元計算共計法幣弍拾陸萬叁仟壹百陸拾捌元捌角肆分查揚州係民國二十六年十二月淪陷自民國二十七年至三十四年止閤時八載依據偽税局三十一年度税收推算

財政部江蘇區貨物税局江都分局

揚一元一一一1000甲

79

共計稅收損失法幣弍百壹拾萬零伍仟叁百伍拾元零柒角弍分正奉令前因理合具文呈報

鈞局仰祈

鑒核謹呈

財政部江蘇區貨物稅局 局　長傅

副局長李

江都分局局長戴道敬

江苏区货物税局致江都分局的指令（一九四六年四月二十六日）

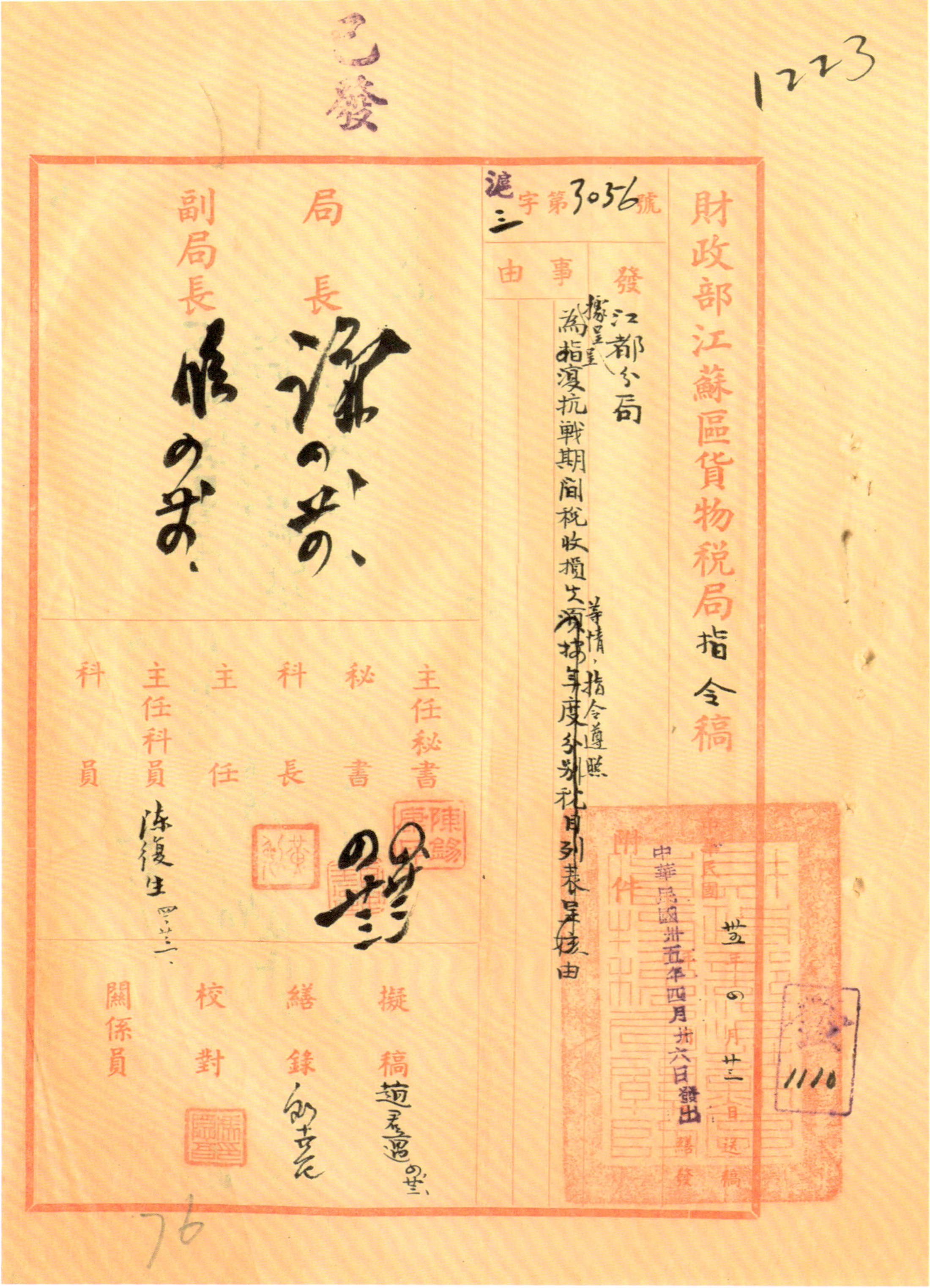

已發

12223

財政部江蘇區貨物稅局指令稿

滬三字第3056號

發 江都分局

據呈為指復抗戰期間稅收損失等情，指令遵照

事由 為指復抗戰期間稅收損失須按年度分類稅目列表呈核由

局長

副局長

主任秘書

秘書

科長

主任

主任科員 陳復生 四·廿一

科員

擬稿 趙君遇 四·廿

繕錄

校對

關係員

附件

中華民國卅五年四月廿六日發出

卅五年四月廿三日送稿

1110

76

指令　第　號

令江都分局局長戴道澂

卅五年四月廿六日呈一件為查報抗戰期間稅收損失仰祈鑒核由

呈悉。該分局及所屬對抗戰期間稅收損失總數究有若干，仰即切實調查，按照年度分別稅目作成表式二份，于文到三日內呈覆，以憑彙報，勿延為要。此令。

局長

江都分局致江苏区货物税局的呈（一九四六年四月二十九日）

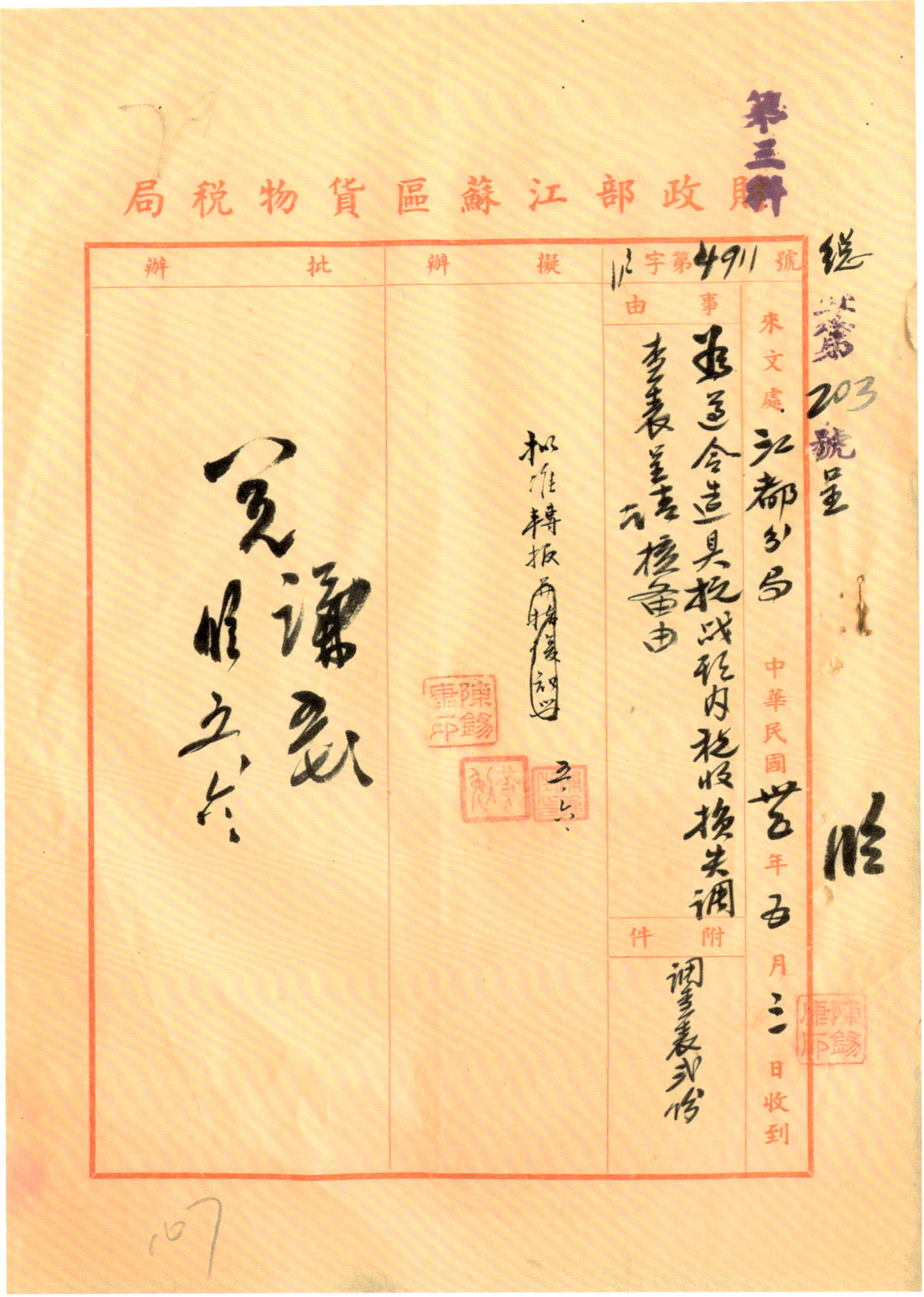

財政部江蘇區貨物稅局

第三科

總收第203號呈

號 字第4911

來文處：江都分局

中華民國卅五年五月三日收到

事由：為遵令造具抗戰期內抗戰損失調查表呈請核備由

附件：調查表式份

擬辦：擬准轉報

批辦：照議

財政部江蘇區貨物税局江都分局呈

摘由：為遵令造具抗戰期間税收損失調查表呈復鑒核由

總 203

三十五 四 二十九

如文

本年四月二十八日奉

鈞局滬三字第三〇五六號指令飭將職局及所屬在抗戰期間税收損失數字切實調查分別税目作成表式二份於文到三日内呈復等因奉此茲謹依據前所得之偽泰東區税務局三十一年度各月份税收數字分别款目造具調查表一式兩份理合具文呈賫

鈞局仰祈

鑒核轉報實為公便謹呈

財政部江蘇區貨物税局江都分局

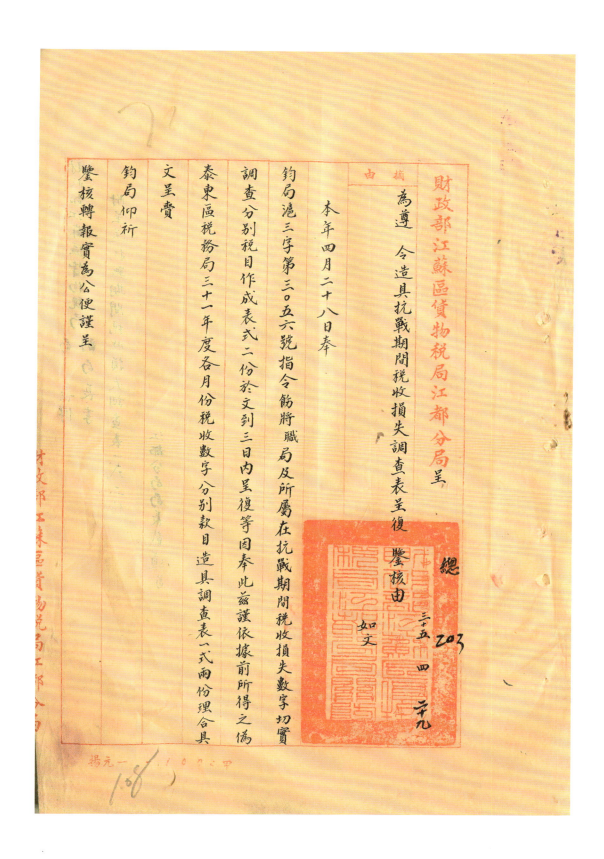

財政部江蘇區貨物稅局局長傅
副局長李

附呈送抗戰期間稅收損失調查表一式二份

江都分局局長戴道敬

105

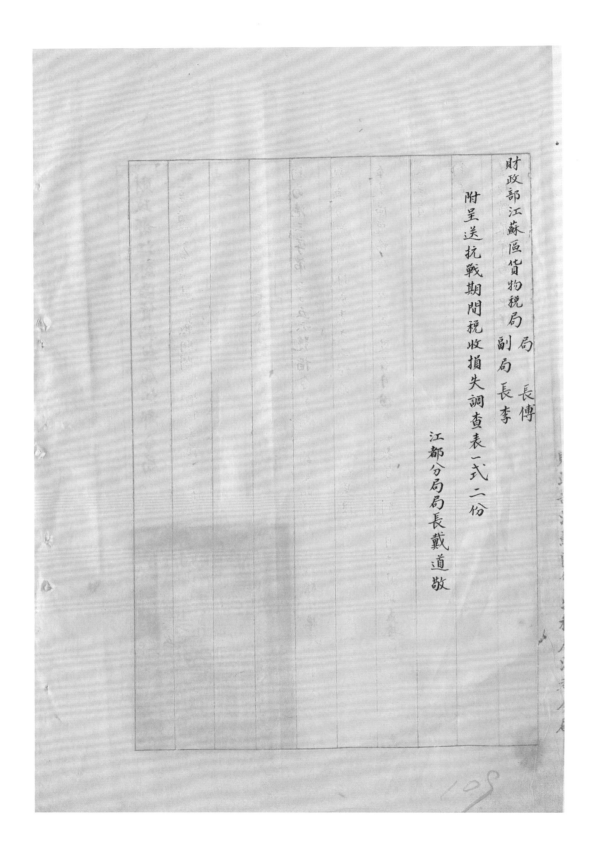

附：抗战期间税收损失调查表

財政部江蘇區貨物稅局江都分局
抗戰期間稅收損失調查表

年度	品類	徵起（偽幣）額		法幣弍元折合偽幣壹元合計數		備註
民國三十一年度	麥粉稅	83,530	60	167,061	20	（一）查本局接收偽江都區稅務局文卷均係斷簡殘篇，就所接收之卷內僅查有偽泰東區稅務局三十一年度各月份報解稅收之代電十二帋，本表所列數字係根據上項代電計列 （二）查蘇北係民國二十六年十二月淪陷，自民國二十七年至三十四年止共計歷時八載，本表所列之總數根据三十一年度数字推算 （三）當時法幣係偽幣壹元折合法幣弍元 （四）三十一年偽泰東區稅務局係管轄揚州泰州東台儀徵四縣
	麩皮稅	4,915	00	9,830	00	
	礦產稅	855	80	1,711	60	
	化裝稅	20,061	41	40,122	82	
	禽毛稅	15,258	00	30,516	00	
	茶叶稅	4,485	00	8,970	00	
	桐油稅	2,478	61	4,957	22	
民國三十一年合計		131,584	42	263,168	84	
自二十七年至三十四年合計		1,052,675	36	2,105,350	72	

110

上海县办公处关于填送民间所受敌伪发行钞票损失及财产损失报告表致松江分局的呈（一九四六年四月十八日）

103

2371

第三課

上海縣辦公處呈松江分局

事由	擬辦	批示	備考
為呈送財產損失報告表仰祈鑒核彙轉由			

附件：如文

抗戰財產損失條據業經飭據所受損失又地方損失並本處損失表呈送如數填報為荷

上字第九十九號

35年4月22日時到

松字第1113號

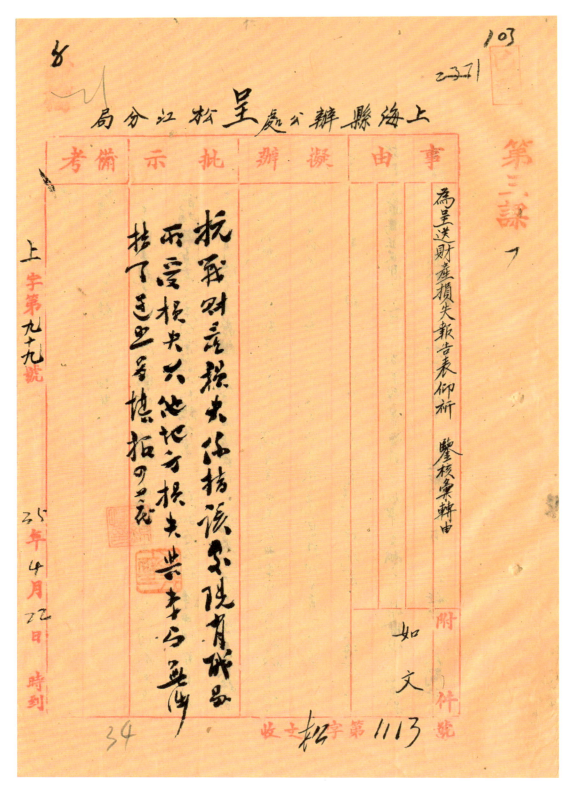

案奉
鈞局松總字第五〇九號代電內略開：
查戰事現已結束關於戰時公私損失亟待加緊調查以便向敵索償
該項調查表式本局前經以松總字第六七號訓令令仰遵照填報在案
迄已兩月除青浦縣辦公處遵照填報外其他各處均未遵辦具報殊屬
玩延茲將行政院制定抗戰損失調查實施要點照案抄發一份仰于電
到三日內遵照前發之報告表式迅速報以憑彙轉切勿再延為要
等因附發抗戰損失調查實施要點一份奉此查屬處轄境前係偽上海特別市
故對于敵偽征收稅捐之損失尚無確實統計至破壞金融之機構除偽上海特別
市復興銀行一家外其他並無設立現已由上海特別市市銀行接收矣民間所受

35

22

敵僞發行鈔票之損失據調查得截至本年三月廿一日止共僞幣一二十三萬一千四百七十萬元合法幣一千一百五十七萬三千五百元其他公私機關及人民債務之損失茲經填具財產損失報告表遵令呈送奉電前因理合備文具報仰祈

鑒核彙轉實爲公便

謹呈

松江分局局長陳

附呈送財產損失報告表一份

上海縣辦公處主任稅務員王伯倫

36

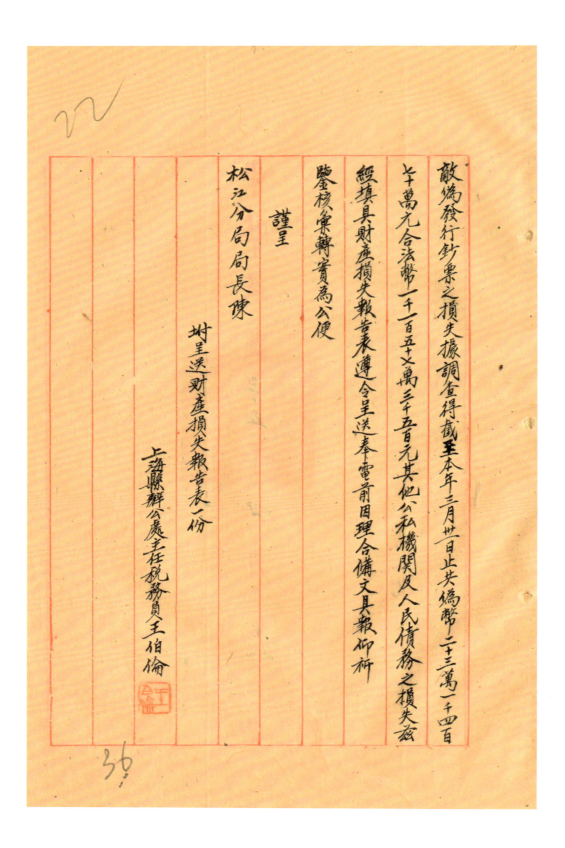

中華民國三十五年四月十八日

37